Serie de Historia y Ciencias Sociales

Editor General: Greg Dawes

Editor a cargo de la serie: Carlos Aguirre

Otros títulos publicados por Editorial *A Contracorriente*:

Marisol Montaño, Alejandro Solomianski y Sofia Wolhein (eds.), *Otras voces. Nuevas identidades en la frontera sur de California (Testimonios)*

Ana Peluffo (ed.), *Pensar el siglo XIX desde el siglo XXI. Nuevas miradas y lecturas*

Andrea Matallana, *El Tango entre dos Américas. La representación del tango en Estados Unidos, 1910-1939*

Brantley Nicholson y Sophia McClennen (eds.), *The Generation of '72: Latin America's Forced Global Citizens*

Carlos Aguirre (ed.), *Militantes, intelectuales y revolucionarios. Ensayos sobre marxismo e izquierda en América Latina*

Carlos Aguirre y Javier Villa-Flores (eds.), *From the Ashes of History: Loss and Recovery of Archives and Libraries in Modern Latin America*

Emilio del Valle Escalante (ed.), *Teorizando las literaturas indígenas contemporáneas*

Laura Prado Acosta, *Los intelectuales del Partido Comunista. Itinerario de Héctor Agosti (1930-1963)*

Diana Moro, *Sergio Ramírez, Rubén Darío y la literatura nicaragüense*

Adrián Scribano, *La sociología de las emociones en Carlos Marx* (En prensa)

Ariel Goldstein, *Prensa tradicional y liderazgos populares en Brasil* (En prensa)

Nicholas Henck, *Insurgent Marcos: The Political-Philosophical Formation of the Zapatista Subcommander* (En prensa)

DEL INTERNET A LAS CALLES:
#YOSOY132,
una opción alternativa de hacer política

Editado por
Raúl Diego Rivera Hernández
VILLANOVA UNIVERSITY

Editorial
A *Contra corriente*
Raleigh, NC

Reservados todos los derechos de esta edición para:
© 2016, Editorial *A Contracorriente*

All rights reserved for this edition for:
© 2016, Editorial *A Contracorriente*

ISBN: 978-1-945234-00-2

Library of Congress Control Number: 2016944125

Library of Congress Cataloging-in-Publication Data: pending

ISBN 10: 1-945234-00-8
ISBN 13: 978-1-945234-00-2

Edición y corrección: Viana Romero
Diseño de la tapa: Marco Vulgo

Esta obra se publica con el auspicio del Departamento de Lenguas y Literaturas Extranjeras de la Universidad Estatal de Carolina del Norte.

This work is published under the auspices of the DEPARTMENT OF FOREIGN LANGUAGES AND LITERATURES at NORTH CAROLINA STATE UNIVERSITY.

Distributed by the University of North Carolina Press, www.uncpress.org.

A l@s miles de chav@s que marcharon por primera vez en mayo de 2012, volantearon, patearon las calles, gritaron y descubrieron que no estaban sol@s.

A la memoria de Nadia Dominique Vera Pérez y su lucha incansable como integrante de la Asamblea #YoSoy132 en Xalapa.

Tabla de contenido

Agradecimientos

Mi agradecimiento sincero a los integrantes del #132 que participaron en esta publicación, en especial a Iván Benumea Gómez, Laura Elizabeth Guzmán Garibay, Israel Espinosa Ramírez, Ricardo Bernal Lugo y Guillermo Alan Naranjo Estrada.

También quiero reconocer el trabajo de diseñadores, fotógrafos y cineastas que contagiaron el libro de talento y creatividad: Martha Luz Muñoz Aristizábal, Ezequiel Reyes Retana, Marco Vulgo, Víctor Galindo y Hugo Cruz.

Estoy en deuda con Juan Cruz Duarte por su traducción al español del ensayo de Diana Taylor, y Mariana Hernández y Rojas por cuidar los detalles del libro hasta el último momento.

El manuscrito también se lo debo a Barbora porque fue la primera en apoyar esta publicación, sin dudar un instante en que este proyecto estaba hecho para mí.

A mi pequeña Luisa por transmitirme adrenalina de ternura con su risa en días grises.

Finalmente, agradezco el apoyo de Villanova University en la parte final de mi investigación para la publicación del libro.

INTRODUCCIÓN

ACTIVISMO EN LÍNEA Y ACTIVISMO EN LAS CALLES: CLAVES
POLÍTICAS PARA PENSAR AL #YOSOY132

Raúl Diego Rivera Hernández
VILLANOVA UNIVERSITY

La mañana del viernes 11 de mayo de 2012, el candidato a la presidencia
Enrique Peña Nieto (EPN), representante de la coalición del Partido Revolucionario
Institucional (PRI) y el Partido Verde de México (PVEM), vivió uno de los momentos más angustiantes de su campaña al enfrentar los reclamos de cientos de alumnos
de la Universidad Iberoamericana (UIA). EPN fue invitado al foro "Buen ciudadano
Ibero" para exponer su agenda de trabajo ante la comunidad académica. Después de
cancelar su participación en un par de ocasiones, se presentó en la institución jesuita
en la fecha señalada. Varios estudiantes, organizados previamente en redes sociales,
lo recibieron con máscaras, espuma de afeitar y pancartas con las consignas "Atenco
no se olvida",[1] "La Ibero no te quiere", "Fuera, Peña" y "Asesino". La indignación
en la Ibero también se extendió rápidamente a las redes sociales con dos *hashtags* que
se volvieron *trending topics*: #EPNlaIBEROnoTEquiere y #MeEscondoEnElBañoCo-
moPeña.[2] Los universitarios subían a Internet videos y fotografías desde sus teléfonos
celulares, y con el uso de las tecnologías de la información y la comunicación (tic)
transmitían en vivo el instante en que Peña Nieto perdía su aura de inmunidad alimen-
tada por las televisoras (Televisa y TV Azteca) y las casas encuestadoras.

Televisa posicionó la imagen de Enrique Peña Nieto desde que era gobernador del Estado de México (2005-2011), en los programas y los horarios de mayor
audiencia de la televisión. Seis años antes de la elección presidencial era innegable que
EPN era el candidato oficial de Televisa.[3] El favoritismo cínico por Peña Nieto diez-
mó el interés por el proceso electoral. ¿Para qué involucrarse en una contienda presidencial cuando los medios y las empresas de opinión pública mantenían una ventaja
de más de quince puntos entre EPN y su seguidor más cercano? ¿Cómo revertir en el

imaginario social la infalibilidad del candidato puntero? La reacción de los estudiantes de la Ibero representa un parteaguas en la coyuntura electoral, pero también un momento que marca la emergencia de una fuerza política no partidista impulsada por la juventud mexicana. La protesta que inició en las redes sociales pronto se extendió a las calles y puso en tela de juicio las narrativas de los medios de comunicación y las opiniones de la prensa que afirmaban el triunfo de EPN mucho antes de las votaciones. La indignación, el malestar ciudadano y la desconfianza con el proceso electoral surgieron de manera simultánea en la Ibero y en Internet, y el descontento de los estudiantes escapó de la gestión de las televisoras y la cúpula priista. Los sucesos del 11 de mayo de 2012 son un momento clave para entender la futura respuesta del Estado mexicano a la presión estudiantil y las marchas convocadas por jóvenes activistas en el país. Una reacción caracterizada por la represión de la protesta social en las calles y la puesta en práctica de una política de vigilancia electrónica: cuentas *hackeadas*, teléfonos intervenidos y espionaje de contenidos en Facebook.[4]

La indignación estudiantil estalló por tres razones: por la respuesta de Enrique Peña Nieto en el foro "Buen ciudadano Ibero" sobre la represión en Atenco: "Fue una acción determinada para restablecer el orden y la paz en el legítimo derecho que tiene el Estado mexicano de usar la fuerza pública"; por la manipulación cínica de contenidos informativos en medios como la Organización Editorial Mexicana (OEM), al publicar en la portada de sus diarios nacionales el encabezado "Éxito de Peña Nieto en la Ibero pese a intento orquestado de boicot"; por la descalificación de las protestas en las declaraciones de Pedro Joaquín Coldwell (entonces presidente del PRI), Arturo Escobar (coordinador de los diputados del PVEM en 2012) y José Carreño (ex director de la División de Estudios Profesionales de la Ibero), quienes asociaron los reclamos con "porros" y "acarreados" financiados por Andrés Manuel López Obrador (AMLO) y la izquierda.

La estrategia mediática para desacreditar la legitimidad de los reclamos estudiantiles fue desarticulada en un video de once minutos titulado "131 alumnos de la Ibero responden". La grabación se realizó a través de las redes sociales y apareció en YouTube el lunes 14 de mayo. Por medio de breves intervenciones, los universitarios hablan frente a la cámara con su credencial académica y revelan su nombre, número de matrícula y carrera de estudio. Los 131 participantes se definen como estudiantes de la Ibero rechazando el adjetivo de "porros" y "acarreados" divulgado en la televisión y la prensa.

> El nombre propio es el signo que opera como emblema, como condensación de un yo, una narrativa biográfica desde la que se participa; el número de expediente es un índice que permite ubicar con facilidad aspectos relevantes e importantes de la continuidad de un elemento (simbólico o material) con la realidad —en este caso, su condición de estudiantes—, y, finalmente, la credencial opera como un ícono, una

representación o signo que mantiene una relación de semejanza con el objeto representado (Reguillo, 2013).

El video es una herramienta política que funciona como derecho de réplica para reafirmar la legitimidad de las protestas y para exhibir la complicidad entre la clase política y los poderes fácticos. "131 alumnos de la Ibero responden" fue *trending topic* mundial y las redes sociales reaccionaron con muestras de apoyo y solidaridad en videos, tuits y mensajes de adhesión: los universitarios eran 131 y los cibernautas afirmaban que ellos eran el 132. Las televisoras no tuvieron otra alternativa que transmitir el video en cadena nacional por la presión de las audiencias y por tratarse de un fenómeno viral. En este contexto se consolidó Másde131, una asociación de estudiantes de la Ibero que hasta la fecha se mantiene activa.[5] El 18 de mayo, los alumnos de la Ibero convocaron a una primera marcha a las oficinas de Televisa Santa Fe y Televisa San Ángel con el *hashtag* #YoSoy132. La mayoría de los asistentes eran universitarios de instituciones privadas como la Ibero, el Instituto Tecnológico Autónomo de México (ITAM), La Salle, la Universidad Anáhuac y el Tecnológico de Monterrey (campus ciudad de México). A pesar de que las marchas no rebasaron los quinientos participantes, sí impactaron en la opinión pública por la presencia de un sector social no acostumbrado a movilizarse. Los universitarios de la Ibero y los asistentes a la #MarchaYoSoy132 captaron la atención de los medios porque no correspondían al perfil del estudiante de protesta tradicional, constantemente criminalizado, perseguido y desprestigiado.[6] Los universitarios que cuestionaron a EPN y quienes caminaron a las oficinas de Televisa, desestabilizaron el estereotipo —en términos de imagen mediática— de las disidencias en México. El *hashtag* #YoSoy132 brincó del Internet a las calles y en pocas semanas se consolidó como la etiqueta de la principal fuerza política no partidista en el país.

El impacto de #YoSoy132 en las campañas presidenciales fue inmediato.[7] #YoSoy132 convocó a una segunda manifestación —a la que se integraron las universidades públicas—, el 23 de mayo en el monumento conocido como Estela de Luz.[8] Ahí se concreta la primera demanda del movimiento: la democratización del sistema de medios de comunicación. Los organizadores se vieron superados porque jamás imaginaron la presencia de veinticinco mil ciudadanos. ¿En dónde habían estado todas estas personas durante las campañas y por qué eligieron esa fecha para expresar su descontento con el proceso electoral? ¿Qué es lo que trastoca el #YoSoy132 cuando en menos de dos semanas se vuelve la principal opción de resistencia política no partidista y el talón de Aquiles del PRI y Televisa? La primera pregunta se vincula con algo ya dicho. El involucramiento en las campañas fue mínimo porque la percepción general confirmaba que el resultado era inalterable. Las encuestas y la publicidad respaldaban lo que todos ya sabían: EPN marchaba con paso firme a Los Pinos. También hay que añadir dos cosas más. El Partido Acción Nacional (PAN) abandonó a su candidata Josefina Vázquez Mota en la mitad de la contienda y la campaña de Andrés

Manuel López Obrador, del Partido de la Revolución Democrática (PRD), mantuvo una estrategia de golpeteo a Peña Nieto sin resultados políticos efectivos. El desencanto panista y la falta de propuestas perredistas desestimularon el interés general por la carrera presidencial. Respecto a la segunda pregunta propongo tres hipótesis: al posicionar en la esfera pública la demanda de la democratización del sistema de medios —una exigencia que por años se había mantenido presente pero al margen de los principales debates en el país—, #YoSoy132 modifica el discurso, el lenguaje y la relación de la ciudadanía con los contenidos informativos en la televisión, la prensa y la radio. Por otro lado, la irrupción de #YoSoy132 cuestiona la idea generalizada de la apatía de la juventud: la energía, vitalidad y rapidez de articulación de #YoSoy132 refutó la pasividad con la que los jóvenes han sido asociados tradicionalmente. En tercer lugar, #YoSoy132 planteó una manera distinta de entender la política.[9] Esto es, si por su parte la política profesional y el pensamiento normativo reducen y restringen los canales de participación democrática a la vía electoral, la representatividad partidista y la opción institucional, #YoSoy132 genera alternativas para implicar políticamente a la ciudadanía: activismo en línea y activismo en las calles, impulso de medios independientes de comunicación, creación de mesas de trabajo sobre distintas problemáticas sociales, propuestas formales para la modificación de políticas públicas, y eventos culturales y artísticos de concienciación política.

La emergencia de #YoSoy132 representó un reto de imaginación política en Internet y en las calles.[10] La Web 2.0 se constituyó como el principal espacio de organización, difusión y planeación de acciones colectivas en México y el extranjero. Debido al carácter de movimiento-red, varios integrantes de #YoSoy132 empezaron a usar, con más frecuencia, las plataformas en línea para mantener una comunicación más eficiente.

> De un lado están los que dicen que jamás habían participado en una "asamblea", que no entendían ni habían experimentado el debate con otros, el disenso, la búsqueda de acuerdos, porque lo suyo era fundamentalmente el clictivismo, un involucramiento a través de los dispositivos digitales. En el otro lado están los que vienen de la cultura asamblearia y que se muestran fascinados por su descubrimiento de la "potencia" de las redes sociales (Reguillo y Rea, 2012).

Para muchos jóvenes, el #132 significó una oportunidad de intervenir en la vida pública y un espacio de libertad para poner en práctica sus conocimientos en campos tan diversos como las comunicaciones, el arte, la ciencia política, el periodismo y el diseño gráfico.[11] #YoSoy132 irrumpe en un contexto electoral prácticamente resuelto y se declara apartidista pero político, a pesar de que muchos integrantes no simpatizaban con EPN y con el retorno del PRI al poder. Los consensos generales antes de la elección del 1° de julio fueron dos: la negativa de apoyar a los candidatos —ni siquiera a López Obrador[12]— y el llamado a ejercer un voto libre e informado. El

Imagen 1. Una mujer vestida de luto y con el rostro pintado de calavera simulando la "democracia muerta" camina frente a un grupo de policías que custodian las oficinas del TEPJF, 31 de agosto de 2012. Foto: Hugo Cruz.

#132 se definió también como un movimiento pacífico y plural, además de respetuoso de otras vías de lucha. Este punto resultó problemático por dos razones: primero, porque al constituirse como un movimiento pacífico cayó en una paradoja: el reconocimiento de otras formas de lucha incluso no pacíficas; segundo, porque al adoptar el principio de pluralidad, el movimiento asumió múltiples problemas sociales en su agenda y generó tensiones, divisiones y desacuerdos sobre la prioridad y la urgencia para atender cada uno. La diversidad de culturas políticas en el interior de #YoSoy132 también fue un agravante cuando el Tribunal Electoral del Poder Judicial de la Federación (TEPJF) validó la victoria de EPN. Estas culturas políticas, sintetizadas —según el ensayo de Iván Benumea— en una corriente "antisistémica" y en otra "institucionalizada", lograron consensos durante las campañas presidenciales; sin embargo, una vez que se confirmó el triunfo oficial del candidato priista, las diferencias políticas se hicieron más evidentes porque la agenda electoral ya no obligaba a los integrantes del #132 a unirse en un frente común.[13]

Además de constituirse como un movimiento apartidista, político, pacífico, plural y diverso, #YoSoy132 sorprendió en su declaratoria de principios por su organización horizontal y sin líderes. Esta necesidad de apartarse de pirámides jerárquicas y de personalidades carismáticas no fue una decisión espontánea, sino una característica central que se venía dando en otros ciclos de movilización global como la Primavera Árabe, el 15M y Occupy Wall Street. La articulación de #YoSoy132 desde las redes sociales produce una sensación de repartición democrática de responsabilidades y funciones. Sin embargo, esto puede ser una simple ilusión, especialmente si se piensa que el manejo de las cuentas electrónicas y la planeación de convocatorias para salir a las calles son responsabilidad de unos cuantos miembros de la agrupación y no de todos.[14] En cuanto al asunto del liderazgo, #YoSoy132 creó la figura del vocero por escuela, un representante universitario encargado de exponer la agenda de trabajo de su facultad o instituto durante las asambleas. A pesar de que en ningún momento se nombró a un dirigente del movimiento, la personalidad de algunos voceros y sus virtudes intelectuales fueron reconocidas dentro y fuera de #YoSoy132 como figuras centrales del esquema organizativo.

El contexto internacional también es clave para reflexionar sobre #YoSoy132 y el nacimiento de una nueva cultura global de protesta, que inició con la Primavera Árabe en 2011 y se extendió al 15M en España y el Occupy Wall Street en Estados Unidos.[15] Los eslóganes de estos ciclos de movilización son un referente de cómo estas resistencias se piensan ante el sistema contra el que se rebelan: "Somos el 99%" (la abrumante mayoría de la población frente al 1% de la élite), "No nos representan" (el rechazo a los partidos políticos y gobernantes) y "Ahora nosotros damos las noticias" (la emergencia del ciudadano periodista). Las críticas a estas expresiones de descontento, inclusive de voces académicas inesperadas, se centraron en su incapacidad de formular demandas claras.[16] En una entrevista, Rossana Reguillo comentó que figuras intelectuales como Slavoj Žižek y Zygmunt Bauman regañaron a los manifestantes "porque se divierten o porque son pura pasión [...] pero la cuestión de fondo es que de esa manera no acumulan poder, de momento. Estamos acostumbrados a esas formas tradicionales" (2012).[17] Los ciclos de movilización global del 2011 no son explicables a partir de modelos teóricos establecidos para comprender los movimientos sociales del siglo pasado. Primero, porque la Web 2.0 ha redefinido nuevas formas de organización política y ahora es imprescindible analizar la interdependencia del activismo en línea y el activismo en las calles. Segundo, porque estamos ante un tipo de política dispersa y un tipo de participación ciudadana intermitente, motivada por temporadas de exaltación y encantamiento, pero también por rachas de un desencanto colectivo que se percibe por la ausencia de cuerpos en la plaza y por la disminución del uso de Internet con fines políticos. Ahora bien, el carácter de esta política dispersa e intermitente no asegura que los manifestantes y los indignados desaparezcan, simplemente corrobora un estado de expectación "alterable" en cualquier instante. Tercero, porque los métodos de protesta se transformaron radicalmente. El humor y la risa ahora son elementos imprescindibles de las guerrillas artísticas y del activismo. La política no se piensa más como un espacio solemne y restringido a una minoría, sino como un lugar abierto en el que la estética y la carnavalización son imprescindibles para transmitir consignas, mensajes y las exigencias de los activistas. Cuarto, porque las emociones han sido reconocidas como catalizadoras políticas y desencadenadoras de la acción social, no sólo la racionalidad instrumental desata la indignación popular. Quinto, porque los ejemplos de la Primavera Árabe, el 15M, Occupy Wall Street

Imagen 2. Marcha del 7 de julio de 2012 sobre avenida Reforma como parte de las acciones contra los resultados de las elecciones presidenciales del 1° de julio. Foto: Hugo Cruz.

y #YoSoy132 son insurgencias —como sugiere el texto de Benjamín Arditi en este volumen— mucho más próximas a transformar el mundo que a regirlo y gobernarlo por su cuenta. Los estallidos de indignación en las plazas simbolizaron un hartazgo colectivo que más allá de proponer soluciones acumulaba la frustración, el malestar y la rabia de millones de ciudadanos conscientes de la urgencia de repensar un nuevo contrato social (Benski y Langman, 2013: 532).

Del Internet a las calles surge como una necesidad doble: reflexionar sobre el uso y el manejo de las redes sociales en las acciones colectivas planeadas por #YoSoy132 y otros movimientos globales, es decir, analizar la relación y la interdependencia entre el ciberactivismo y el activismo tradicional; segundo, pensar en las opciones alternativas de participación ciudadana que emergen con estas nuevas formas de organización en un contexto de crisis de legitimidad de partidos políticos, medios de comunicación, líderes sociales y estructuras jerárquicas tradicionales. El libro es también una apuesta multidisciplinaria para aproximarse a la complejidad de #YoSoy132 y otros ciclos de movilización. Los académicos estamos frente al reto de consolidar espacios de inves- tigación colaborativa que contemplen metodologías teóricas de trabajo, pero también novedosos aportes y conocimientos de los activistas desde las asambleas, las acam- padas y los medios independientes. Los lentes de la antropología y la sociología, con los que se miraban e interpretaban los procesos de acción colectiva, requieren ahora de herramientas de visión alternativas procedentes de los estudios culturales, el *perfor- mance*, la tecnopolítica y las tecnologías de la información y la comunicación, además de una sensibilidad reivindicativa del capital político de las emociones y los afectos que atraviesan la Web 2.0 y las calles: la emotividad de un tuit después de la marcha, la energía de los cuerpos emplazados transmitida por *live streaming*, los sentidos de pertenencia y adhesión generados desde un *hashtag* y las plataformas en Internet como espacios eventuales de iniciación y formación política.[18]

La riqueza del libro reside en la apuesta por un trabajo colectivo sobre aconte-cimientos muy recientes y procesos sociales en constante transformación. *Del Internet a las calles* se entiende como un desafío para pensar la política de manera distinta desde las acciones e iniciativas de #YoSoy132. La publicación cuenta con once ensayos, un manifiesto y varios materiales visuales que incluyen fotografías, infografías, dibujos y gráficas. Además el libro ofrece un componente en línea [URL http://go.ncsu.edu/ yosoy132libro] en el que los lectores tendrán acceso a las imágenes a color que apare-cen publicadas en este mismo volumen así como algunos recursos adicionales.

Los primeros dos textos del manuscrito se ubican en un periodo anterior a la emergencia de #YoSoy132. Benjamín Arditi abre el libro con un estudio de las insurgencias de 2011 y 2012 que iniciaron en el norte de África y se extendieron por los países árabes, Europa, Estados Unidos y Latinoamérica. El ensayo critica el pen-samiento de Žižek, quien sugiere que estas insurgencias son incapaces de formular un plan. Arditi argumenta que las insurgencias no emergen con una agenda política bajo el brazo —aunque esto no quita la posibilidad de que articulen una propuesta en el futuro—; según él, las insurgencias actúan como performativos políticos, "funcionan como mediadores evanescentes o portales que comunican al mundo existente con uno posible". Esto significa que están más próximas a generar las condiciones para la transformación del mundo que para gobernarlo. La investigación se centra en dos casos concretos: la Primavera Árabe y las protestas estudiantiles en Chile.

El otro ensayo que aborda un tema previo a la aparición de #YoSoy132 co-rresponde a Diana Taylor. La autora reconoce la centralidad de las emociones y las pasiones en los ciclos recientes de movilización global y la importancia de los medios independientes para la articulación de estas expresiones afectivas; sin embargo, su análisis se enfoca en el escenario post-electoral mexicano de 2006, un contexto polí-tico marcado por un plantón de casi dos meses en Paseo de la Reforma, apoyado por miles de simpatizantes de Andrés Manuel López Obrador, que exigían un recuento "voto por voto, casilla por casilla" en la elección presidencial. Taylor explora la impor-tancia de los cuerpos y las emociones en la política cuando las redes sociales todavía no se extendían en México, y se interesa en los cuerpos que actúan en el espacio pú-blico en relación a los medios de comunicación tradicionales.

Arnau Monterde y Pablo Aragón presentan un estudio novedoso desde la disciplina de la tecnopolítica. Toman como punto de partida el análisis de casi dos millones y medio de tuits de junio a diciembre de 2012, relacionados con acciones colectivas y eventos de #YoSoy132. Monterde y Aragón afirman que #YoSoy132 se consolida como un movimiento-red a partir de tres características: la primera se vincula con la construcción de su propio espacio mediático; la segunda enfatiza el carácter descentralizado de las redes para la comunicación, y la tercera se constituye a partir de una analogía con otros movimientos globales: el 15M en España y el Occupy Wall Street en Estados Unidos.

El trabajo de Laura Elizabeth Guzmán Garibay presenta de manera detallada y con ejemplos muy específicos el uso de las redes sociales hacia el interior y el exterior de #YoSoy132. La autora reflexiona sobre la repercusión de éstas para difundir información, facilitar la organización entre grupos y agilizar la libre expresión de ideas entre los usuarios. Sin embargo, reconoce que las redes sociales tienen limitaciones: "No construyen movimientos sociales porque nunca será igual una marcha de cuarenta mil personas a un *trending topic* de una semana". La investigación selecciona cuidadosamente momentos de interconectividad del activismo en línea y el activismo en las calles, desde el nacimiento de #YoSoy132 hasta la represión y criminalización de la protesta social del 1° de diciembre de 2012.

Ignacio Corona aborda tres aspectos relevantes con respecto a la emergencia de #YoSoy132: primero, la creación de una nueva esfera pública en la que se posibilita el flujo de información y comunicación desde las plataformas en Internet y las redes sociales; segundo, el énfasis en la capacidad de representación del #YoSoy132 al utilizar desde su constitución medios propios para autorrepresentarse cuando los partidos políticos son "los únicos autorizados para representar a la ciudadanía en el sistema político mexicano". Tercero, la apertura de canales participativos ciudadanos que se alejan de las opciones ofertadas por la política tradicional. La nueva esfera pública y su potencialidad en términos de participación social, según Corona, presenta desafíos para entender formas alternativas de organización y de hacer política.

Israel Espinosa Ramírez asume la posición de ex comentarista de #TodosSomos132, un programa de televisión por Internet que se transmitió por más de dos años en RompevientoTV. Su texto resalta el valor informativo y comunicativo de los medios independientes para visibilizar actores y problemáticas sociales que no caben en las pantallas de las televisoras. Los medios como Rompeviento y su barra de programación no están sometidos a intereses particulares o comerciales y tienen la ventaja de hacer pública su línea editorial: "Abajo y a la izquierda". Lo interesante de esta política es que la referencia a la izquierda, según el autor, no es una afiliación de tipo partidista, sino una elección de tipo disidente.

El escrito de Ricardo Bernal hace una crítica muy atractiva al trabajo del sociólogo Roger Silverstone, quien establece que los medios son esenciales en los proyectos para construir democracias. Bernal coincide con él pero problematiza sobre un punto omitido por Silverstone: el hecho de que la posibilidad de consolidar una verdadera democracia está en las manos de consorcios con intereses lucrativos sin prioridades democráticas. A partir de este cuestionamiento, el ensayo presenta las ventajas, las oportunidades y los espacios de libertad que abren los medios alternativos para ejercer un periodismo social comprometido con la información; sin embargo, Bernal se muestra escéptico en otros campos, como el de las redes sociales, y discute las visiones ciberoptimistas que apuestan por su carácter político emancipador.

Diana Guillén presta especial atención a la marcha del 23 de mayo de 2012, una caminata de la Estela de Luz al Zócalo convocada por la Ibero, y se interesa en la relación entre el espacio urbano y la configuración de nuevas identidades colectivas y su significado territorial. El ensayo de Guillén explica una serie de elementos y formas de protesta innovadoras de #YoSoy132, a diferencia de otras expresiones de indignación tradicionales. Una de las secciones más sugestivas del texto corresponde a la lectura crítica de la trascendencia política y el peso simbólico del Zócalo, representados en ejemplos de acciones contenciosas planeadas por distintos movimientos sociales con el fin de hacerse presentes en el centro político más importante del país.

Mi ensayo investiga el protagonismo de Artistas Aliados en las manifestaciones de #YoSoy132 y el fenómeno de la protesta social como experiencia estética. El humor, la risa, el arte, y los gestos lúdicos y carnavalescos de Artistas Aliados en las marchas dieron pie a novedosos métodos de resistencia creativa. La investigación se concentra esencialmente en las proyecciones al aire libre del Frente Autónomo Audiovisual (FAA) en espacios como Televisa. Por último, el escrito propone una lectura de las producciones del FAA en clave emotiva y de memoria colectiva, una estética cinematográfica que invita a la reflexión política y a la catarsis emocional en las calles.

Guillermo Alan Naranjo Estrada presenta una crónica ensayística desde su participación como abogado defensor de los presos políticos del 1° de diciembre. El texto mezcla los testimonios de varios participantes en las protestas en el Palacio de San Lázaro y de personas arrestadas arbitrariamente en distintos puntos del Centro Histórico. El escrito reconstruye los hechos violentos y la represión de la ciudadanía —que se manifestaba pacíficamente— el día de la toma de posesión de Peña Nieto como presidente. El autor narra cómo se constituyó un frente civil, la Liga de Abogados 1° de diciembre, para la defensa de los detenidos, y describe los esfuerzos de la Liga y del #132 para liberarlos.

El texto de Iván Benumea Gómez presenta una reflexión sobre por qué #YoSoy132 no logró articularse como una fuerza política de largo aliento. El autor sugiere que las diferencias en el interior se hicieron irreconciliables a partir del 31 de agosto de 2012, fecha del fallo del Tribunal Electoral del Poder Judicial de la Federación (TEPJF) para validar el triunfo de Peña Nieto. Benumea afirma que la diversidad de ideologías políticas no fue un tema de discusión durante el proceso electoral. El texto señala que tanto la corriente "institucionalista" como la corriente "antisistémica" del #132 supieron lidiar con sus diferencias, pero después del 31 de agosto cada una impuso su agenda. Así, los conflictos al interior acabaron por diezmar la unidad del movimiento.

El libro cierra con un magnífico manifiesto de Guiomar Rovira Sancho. Se trata de una acción poética que sintetiza la tarea que se ha propuesto esta publicación: aproximarse a las novedosas alternativas políticas emergentes del papel del activismo en las redes sociales y el activismo en las calles. Para concluir con esta sección, incluyo un fragmento del manifiesto que se puede leer como un guiño a la sabiduría que encierra la filosofía zapatista: "Queremos un mundo donde quepan muchos mundos". Rovira Sancho se apropia de esta frase y la reinterpreta con estas palabras: "Cabemos todos en un *hashtag* porque no es una sala ni un auditorio, /no es una asamblea ni una plaza: /es un lugar donde no hay límite de aforo y la ventana está abierta".

Después del #YoSoy132…

Los medios de comunicación y el poder ejecutivo dieron un duro golpe a la protesta social y una demostración de su poder con la criminalización y represión de los manifestantes del 1° de diciembre. Aquí es importante destacar que la administración de Miguel Ángel Mancera —Jefe de Gobierno del Distrito Federal y adscrito al PRD— inició el mismo día de la toma de protesta de EPN y marcó el retorno de la violencia de Estado contra activistas, estudiantes y periodistas.[19] Las marchas, los mítines y las convocatorias del #132 perdieron simpatizantes a finales de 2012. Sin embargo, en otras regiones del país y en el extranjero algunas células del movimiento se mantuvieron activas.[20] En la actualidad es difícil hablar de una organización colectiva en la que los jóvenes se identifiquen como #YoSoy132, pero también es innegable que muchos siguen desarrollando proyectos políticos con sus grupos afines. Algunos apostaron por el periodismo alternativo y las publicaciones en línea como la revista *Hashtag*; otros se han volcado a programas de comunicación social y medios independientes como el Colectivo Informativo por Internet Másde131. También siguen presentes varios cineastas y fotógrafos del Frente Autónomo Audiovisual de Artistas Aliados que acompañan las causas sociales con sus cámaras de video (Comunidad Cinematográfica por Ayotzinapa) y el Colectivo Artístico Rexiste, cuya estética incluye el esténcil, el muralismo y los carteles políticos. Estos ejemplos concretos, más allá de pronosticar el fin del #132, proponen una continuidad de iniciativas conectadas con otras luchas en México, especialmente con la surgida a partir de la desaparición en Iguala, Guerrero, de 43 estudiantes normalistas de la Escuela Normal Rural "Raúl Isidro Burgos" de Ayotzinapa[21] y el asesinato de seis personas la noche del 26 y la madrugada del 27 de septiembre de 2014.[22]

Los 43 normalistas viajaron a la ciudad de Iguala con la intención de tomar autobuses de pasajeros para asistir a la marcha del 2 de octubre en la ciudad de México, fecha en que se conmemora el aniversario de la masacre de estudiantes de 1968. Las escuelas normales rurales representan espacios de disidencia, consciencia social e ideas progresistas incompatibles con las reformas neoliberales implementadas por el Estado. Luis Hernández Navarro explica que Ayotzinapa "es uno de los últimos baluartes de la Revolución Mexicana de 1910-1917, con sus promesas de una reforma agraria radical y educación libre, laica y gratuita para todos" (2015: 10). Las normales rurales aceptan exclusivamente a hijos de campesinos y jóvenes de familias con escasos recursos. Estos muchachos son formados como docentes de escuela primaria y al concluir sus estudios trabajan en sus comunidades como profesores. Una de las exigencias académicas de las normales rurales consiste en implicar a los estudiantes en las luchas sociales, por eso la toma de camiones y otras acciones como el boteo en las carreteras para obtener recursos.[23] Ayotzinapa representa un foco rojo para el Estado, y la desaparición de los 43 puede analizarse como un mensaje del gobierno a los grupos disidentes. Los hechos de Iguala son un crimen de Estado por acción (participación de la policía municipal, estatal y federal en el asalto a los autobuses de los normalistas) y por omisión (la no intervención del 27 Batallón de Infantería del Ejército, a pesar del conocimiento de la situación). La indignación por la desaparición de los 43 estalló cuando el entonces Procurador de la República, Jesús Murillo Karam, afirmó categóricamente en una rueda de prensa que los jóvenes habían sido asesinados e incinerados por el cártel de los Guerreros Unidos, organización criminal que opera en los estados de Guerrero y Morelos. La "verdad histórica", como fue llamada en ese momento, eximió tanto a la policía como al ejército de su responsabilidad en los crímenes y exhibió al narco como el único culpable.

Bernardo Gutiérrez, experto en tecnopolítica, investiga cómo las redes sociales digitales están modificando el comportamiento político de las sociedades latinoamericanas y analiza especialmente el caso de Ayotzinapa y los *hashtags* que lo acompañan. Para Gutiérrez (2015), "la explosión nacional y global de Ayotzinapa fue posible gracias, entre otras cosas, a la actividad de los nodos de #YoSoy132". Por ejemplo, algunos nodos como @global132, @132extranjero, @Coordinadora1DM, @YoSoyMedia132 o @masde131 "fueron muy relevantes en la explosión del #YaMeCansé". El #YaMeCansé surgió el 7 de noviembre de 2014 cuando Murillo Karam informó que existían elementos suficientes "para determinar que ahí [en el basurero de Cocula] los mataron, los incineraron". Afirmó en rueda de prensa que se trataba de una "verdad histórica" irrefutable, y después de responder por una hora a los medios dijo: "Muchas gracias. Ya me cansé". La frase se convirtió en *hashtag* y en la tendencia número uno a nivel mundial. El comentario se viralizó porque resumió terminantemente la falta de voluntad del gobierno mexicano para resolver el caso de la desaparición de los normalistas. Además del #YaMeCansé, Gutiérrez menciona la interacción de "las redes de las revueltas globales, como el 15M español, las protestas de Brasil, u Occupy Wall Street, en *hashtags* como #Caravana43 (Estados Unidos), #Eurocaravana43 (Europa) o #caravana43sudamérica",[24] con diferentes "ecosistemas mexicanos previos (zapatismo, huelga de 1999, #YoSoy132)". A pesar del diagnóstico del fin de #YoSoy132 lanzado por los medios de comunicación en diciembre 2012, los ejemplos anteriores demuestran que hasta la fecha existe una "intensa sincronía de diálogos internacionales" (Gutiérrez, 2015) que siguen retroalimentando en las redes sociales digitales la indignación, la solidaridad y la esperanza.

Dieciocho meses después de la desaparición de los 43, el Grupo Interdisciplinario de Expertos Independientes (GIEI), designado por la Comisión Interamericana de Derechos Humanos (CIDH), informó que los 43 no fueron incinerados en el basurero de Cocula, como afirmaba la "verdad histórica" defendida por Murillo Karam.[25] El informe de septiembre 2015 del GIEI, presentado apenas unas semanas antes del primer aniversario de los hechos en Iguala, volvió a reavivar la indignación global por los crímenes perpetrados por el Estado con el *hashtag* #MentiraHistórica. Las pruebas contundentes en forma de testimonios, videos y relatos de los sobrevivientes, que incriminan al Estado (policías municipales, estatales y federales) en la desaparición forzada, o la omisión (la no intervención del ejército cuando los estudiantes eran asaltados por el fuego), evidencian la profunda crisis de derechos humanos que se vive en México. Las protestas del 26 de septiembre de 2015 congregaron a miles de personas en distintas plazas del mundo para reclamar justicia y el derecho a la verdad sobre lo sucedido con los 43. La indignación y la rabia, como en un *déjà vu* histórico, replicaron las consignas del viernes 11 de mayo en la Ibero: "Fuera Peña, fuera Peña" y "Asesino, asesino". Los gritos en 2012 de los universitarios no presagiaron la violencia por venir en la noche del 26 y la madrugada del 27 de septiembre de 2014, fecha en que se nos revelaría que con la desaparición de los 43 estábamos viendo la cara de Medusa... o el horror mismo.

Bibliohemerografía

BENSKI, TOVA & LAUREN LANGMAN. (2013). "The Effects of Affects: The Place of Emotions in the Mobilizations of 2011" en *Current Sociology*, vol. 61, no. 4, (July), pp. 525-540.

GERBAUDO, PAOLO. (2012). *Tweets and the Streets: Social Media and Contemporary Activism.* London: Pluto Press.

GIBLER, JOHN. (2015). "Los desaparecidos. La crónica del 26 de septiembre de 2014, el día en que 43 estudiantes mexicanos desaparecieron —y por qué esto puede ser un punto de inflexión para el país" en *The California Sunday Magazine*, consultado el 6 de octubre en <https://stories.californiasunday.com/2015-01-04/mexico-the-disappeared-es>.

GRUPO INTERDISCIPLINARIO DE EXPERTOS INDEPENDIENTES (GIEI). (2015). *Informe Ayotzinapa: Investigación y primeras conclusiones de las desapariciones y homicidios de los normalistas de Ayotzinapa.* Comisión Interamericana de Derechos Humanos, consultado el 6 de octubre de 2015 en <http://www.centrodemedioslibres.org/wp-content/uploads/2015/09/Informe-Ayotzinapa-GIEI-CIDH.pdf>.

Gutiérrez, Bernardo. (2015). "#Ayotzinapa: la expansión global de una causa" en *Horizontal*, septiembre 25, consultado el 6 de octubre de 2015 en <http://horizontal.mx/ayotzinapa-la-expansion-global-de-una-causa/>.

Hernández Navarro, Luis. (2015). "Ayotzinapa: el dolor y la esperanza" en *El Cotidiano*, núm. 189 (enero-febrero), pp. 7-17.

Pastrana, Daniela. (2011). "El delito de protestar en México" en Rabinovich, Magrini y Omar Rincón (eds.), *"Vamos a portarnos mal" [Protesta social y libertad de expresión en América Latina]*. Bogotá: Friedrich Erbert, pp. 329-342.

Perugorría, Ignacia y Benjamín Tejerina. (2013). "Politics of the encounter: Cognition, emotions, and networks in the Spanish 15M" en *Current Sociology*, vol. 61, no. 4, (July), pp. 424-442.

Proceso. (2015). "Ocho meses antes, Nadia responsabilizó a Javier Duarte de cualquier cosa que le pasara" en *proceso.com.mx*, agosto 3, consultado el 6 de octubre en <http://www.proceso.com.mx/?p=412164>.

Reguillo Cruz, Rossana. (2012). "Jóvenes en red toman la calle" en *Revista Ñ*, junio 29, consultado el 15 de julio de 2014 en <http://www.revistaenie.clarin.com/ideas/Entrevista-Rossana-Reguillo-Jovenes-toman-la-calle_0_728327173.html>.

——. (2013). "Disidencia: Frente al desorden de las cajas abiertas —México, breve y precario mapa de lo imposible" en *E-Misférica*, vol. 10, no. 2, consultado el 15 de julio de 2014 en <http://hemisphericinstitute.org/hemi/es/e-misferica-102/reguillo>.

Reguillo Cruz, Rossana y Daniela Edith Rea Gómez. (2012). "#YoSoy132: la primavera mexicana" en *Anfibia*, consultado el 15 de julio de 2014 en <http://www.revistaanfibia.com/cronica/yosoy132-la-primavera-mexicana-2>.

Robles Maloof, Jesús. (2014). "La guerra abierta de Enrique Peña Nieto contra Internet", 21 de abril, consultado el 10 de septiembre de 2015 en <http://www.vice.com/es_mx/read/la-guerra-abierta-de-enrique-pena-nieto-contra-Internet>.

Rovira Sancho, Guiomar. (2014). "El #YoSoy132 mexicano: la aparición (inesperada) de una red activista" en *Revista CIDOB d'Afers Internacionals*, núm 105, (abril), pp. 47-66.

Tejerina, Benjamín, Perugorría, Ignacia, Tova, Benski, et. al (2013). "From Indignation to Occupation: A New Wave of Global Mobilization" en *Current Sociology*, vol. 61, no. 4, (July), pp. 377-392.

Vice News (2015). "Ayotzinapa: A Timeline of the Mass Disappearance That Has Shaken Mexico", septiembre 25, consultado el 6 de octubre de 2015 en <https://news.vice.com/article/ayotzinapa-a-timeline-of-the-mass-disappearance-that-has-shaken-mexico>.

VILLAMIL, JENARO. (2012). *El sexenio de Televisa: Conjuras del poder mediático*. México, D. F.: Grijalbo.

ŽIŽEK, SLAVOJ. (2012). *The Year of Dreaming Dangerously*. London: Verso Books.

Notas

1   Los habitantes de San Salvador Atenco captaron la atención nacional en noviembre de 2001 al marchar con sus machetes a la ciudad de México para manifestarse en contra de la construcción de un aeropuerto en sus tierras ejidales. En este contexto político surge el Frente de Pueblos en Defensa de la Tierra (FPDT), un símbolo de lucha en el sexenio de Vicente Fox Quesada (2000-2006). El FPDT resistió la presión política y mediática por varios meses y el 21 de agosto de 2002, Fox y el gobernador del Estado de México, Arturo Montiel Rojas (1999-2005), dieron por perdido el megaproyecto. La historia no paró ahí. Cuatro años después, el 3 y 4 de mayo de 2006, Enrique Peña Nieto, recién electo como representante del poder ejecutivo del Estado de México, ordenó el uso de la fuerza pública para desalojar a un grupo de floristas ubicados en el mercado Belisario Domínguez de Texcoco. El FPDT se solidarizó con los comerciantes y se enfrentó a un operativo de policías municipales, estatales y federales. La violencia en Atenco provocó la muerte de dos jóvenes, Javier Cortés y Alexis Benhumea, y varios líderes campesinos, como Ignacio del Valle, Héctor Galindo y Felipe Álvarez fueron acusados de "secuestro equiparado". En la represión de Atenco, según da a conocer el informe del Comité Cerezo, "se estrenó la política de la tortura sexual como una manera de castigo en contra de los defensores" (citado en Pastrana, 2011: 336).

2   La intensidad de las protestas obligaron a EPN a refugiarse en los sanitarios por unos cuantos minutos hasta que su equipo de campaña encontró la forma de sacarlo de la Ibero. La réplica en Internet no se hizo esperar y los *ectivistas*, o acarreados virtuales del candidato puntero, impulsaron dos tendencias en apoyo al priista: #LaIberoConPeña y #EctivismoConEPN.

3   "Peña tuvo a lo largo de sus seis años como mandatario del Estado, a los que suman casi doce meses como precandidato y tres meses de campaña, un trato favorable y una clara alineación de los contenidos de Televisa" (Villamil, 2012: 37).

4   Para casos y ejemplos concretos, ver el texto "La guerra abierta de Enrique Peña Nieto contra Internet" de Jesús Robles Maloof. Disponible en http://www.vice.com/es_mx/read/la-guerra-abierta-de-enrique-pena-nieto-contra-Internet.

5   El trabajo de Másde131 se puede conocer a través de su página en Internet: http://www.masde131.com/.

6   La manipulación y criminalización mediática de la protesta social en México merece un libro aparte. Las estrategias de las televisoras para desprestigiar a #YoSoy132 fueron cuatro: la puesta en duda de su carácter apartidista al vincularlo con el PRD y AMLO; más adelante, las maniobras se centraron en criticar la demanda de la democratización de medios cuando #YoSoy132 decidió no dar entrevistas y declaraciones o publicar en los espacios ofertados por Televisa, Milenio y El Universal, sino hacerlo a través de sus propios medios electrónicos independientes: sitios web, cuentas de Twitter y noticieros estudiantiles, por mencionar algunos. El desprestigio también apareció por vía de la cooptación: Antonio Attolini, vocero del ITAM y una de las personalidades más visibles de #YoSoy132, entró a formar parte de Televisa en el programa Sin filtro. Esta situación

desembocó en un linchamiento mediático y en redes sociales al #132 por aceptar una oferta de la televisora que tanto había criticado. De la manipulación se pasó a la criminalización mediática con la toma de posesión de EPN el 1° diciembre. Ese día los disturbios y la violencia afuera del Palacio de San Lázaro y en las calles del Centro Histórico fueron adjudicados a integrantes del #132, cuando en realidad los videos, las fotografías y los testimonios ciudadanos confirmaban la presencia de grupos infiltrados en las protestas pacíficas convocadas por agrupaciones civiles.

7   El primer gran triunfo de #YoSoy132 fue lograr que las dos televisoras en el país, Televisa y TV Azteca, transmitieran en cadena nacional (canal 2 y canal 13), el segundo debate presidencial del 10 de junio de 2012. Emilio Azcárraga Jean y Ricardo Salinas Pliego, presidentes de ambas empresas, se negaron a mostrar el primer debate en sus canales de mayor audiencia, así que se pudo seguir sólo a través de canales con una cobertura limitada. La presión del #132 no terminó ahí, pues exigió al Instituto Federal Electoral (IFE) que coordinara un tercer debate. El IFE rechazó la demanda y #YoSoy132 asumió la tarea de organizar otro debate —sin intervención del IFE ni de las televisoras— con medios independientes y transmisión en vivo por YouTube. EPN fue el único candidato que rechazó la invitación al evento.

8   El éxito de la marcha en la Estela de Luz hizo que los organizadores se animaran a convocar a una Asamblea General Interuniversitaria, en las islas de la UNAM, el 30 de mayo de 2012. Ahí se formaron las mesas temáticas de #YoSoy132 con la participación de más de cincuenta universidades y 7 000 estudiantes. Tres semanas después del viernes negro en la Ibero, #YoSoy132 tenía miles de simpatizantes y una agenda política nutrida.

9   Guiomar Rovira Sancho acierta al decir que estamos ante "la política de cualquiera" (2014: 40) y particularmente frente a una forma distinta de entender la política, "se trata entonces del fin de una concepción de la política de los políticos (institucionalizada, regulada), o de los activistas (militantes conscientes, comprometidos, organizados), a favor de imágenes y eventos diseminados por cualquiera más allá de las fronteras de lo inmediato, lo local o lo nacional" (2014: 49).

10 Ignacia Perugorría y Benjamín Tejerina explican que la democracia real se logra por dos vías distintas: una de tipo presencial con la participación en acampadas, asambleas, mesas de trabajo y comisiones; la otra, por el uso de medios *online* desterritorializados y sin la mediación del cuerpo (2013: 435).

11 La fuerza de #YoSoy132 radica en su capacidad de conjuntar el *capital simbólico* de creatividades, estéticas, emociones, ideas y afectos como el motor central de sus acciones.

12 #YoSoy132 rechazó la postura partidista, pero su aparición en la contienda electoral benefició a AMLO más que a cualquier otro candidato.

13 El ensayo de Iván Benumea Gómez "Trascendiendo la coyuntura electoral: consensos y tensiones al interior de #YoSoy132" explica detalladamente este punto.

14 Ver el libro *Tweets and the Streets* (2012) de Paolo Gerbaudo para un cuestionamiento de la horizontalidad y la falta de líderes en la Primavera Árabe, el 15M y Occupy Wall Street.

15 Benjamín Tejerina *et al.*, explican el fenómeno de la transformación de las plazas como Tahrir, Puerta del Sol y Zuccotti Park en esferas públicas y espacios para madurar ideas políticas y construir nuevos sentidos de comunidad (2013: 382).

16 Slavoj Žižek en *The Year of Dreaming Dangerously* argumentó que estas movilizaciones "expresan una rabia auténtica, que sigue siendo incapaz de transformarse, siquiera, en un programa positivo mínimo para un cambio sociopolítico" (Žižek, 2012: 78). Para una crítica

del pensamiento de Žižek, ver el ensayo de Benjamín Arditi en este volumen.

17 La entrevista completa a Reguillo está disponible en http://www.revistaenie.clarin.com/ideas/Entrevista-Rossana-Reguillo-Jovenes-toman-la-calle_0_728327173.html.

18 La educación política de algunos integrantes del #132 no se explica sin darle un justo valor a las emociones y los afectos colectivos. Primero, la entrada de muchos jóvenes en la política está mediada por su participación en el movimiento, es decir, les toca vivir la adrenalina de la primera marcha, familiarizarse con la cultura asamblearia, volantear y trasnocharse para tener listo el cartel para el día siguiente. Segundo, cuando no es posible el encuentro cara a cara, los debates y las discusiones se trasladan a la Web 2.0 con el fin de agilizar la toma de decisiones. Por último, las relaciones afectivas que se construyen de manera híbrida, dentro y fuera de Internet, generan con el tiempo dinámicas emocionales de empoderamiento como la consolidación de amistades y el nacimiento de una sensación de esperanza colectiva.

19 Uno de los casos más recientes de violencia contra la libertad de expresión ocurrió el 31 de julio de 2015 en un multihomicidio en un departamento de la colonia Narvarte de la ciudad de México. Las víctimas fueron el fotoperiodista exiliado temporalmente de Veracruz, Rubén Manuel Espinosa Becerril, y la promotora cultural e integrante de #YoSoy132 de Xalapa, Nadia Dominique Vera Pérez. También fueron asesinadas una joven de 18 años recién mudada a la capital del país (Yesenia Quiroz), una muchacha de 29 años de origen colombiano (Mile Virginia Martin) y una empleada doméstica de 40 años de edad (Alejandra Olivia Negrete Avilés). En una entrevista con RompevientoTV, ocho meses antes de su muerte, la antropóloga y activista Nadia Vera Pérez acusó públicamente al gobernador de Veracruz Javier Duarte de Ochoa de cualquier cosa que pudiera sucederle. La nota periodística y el video están disponibles en http://www.proceso.com.mx/?p=412164.

20 Está pendiente una publicación que incorpore las experiencias, aprendizajes y acciones de #YoSoy132 en diferentes estados de la República y en las asambleas internacionales que apoyaron al movimiento.

21 Para una cronología de los trágicos eventos del 26 y 27 de septiembre de 2014 en la ciudad de Iguala, se recomienda "Ayotzinapa: A Timeline of the Mass Disappearance That Has Shaken Mexico", disponible en https://news.vice.com/article/ayotzinapa-a-timeline-of-the-mass-disappearance-that-has-shaken-mexico.

22 Tres estudiantes normalistas de Ayotzinapa murieron asesinados en Iguala: Daniel Solís Gallardo, Julio César Ramírez Nava y Julio César Mondragón Fontes. A este último le desollaron el rostro.

23 "Una de las 'actividades' —como los normalistas llaman a sus acciones—más comunes es la toma de camiones. Viajar a observar a maestros en zonas rurales es parte esencial del currículo, pero la escuela nunca ha tenido muchos vehículos ni presupuesto para alquilarlos o adquirirlos [...]. Desde hace mucho tiempo, para conseguir transporte, los normalistas acuden a las terminales de autobuses cercanas o hacen un bloqueo en la carretera, luego abordan un autobús detenido y le informan al chofer y a los pasajeros que el vehículo será empleado 'con fines educativos para la Escuela Normal de Ayotzinapa'" (Gibler, 2015).

24 Las caravanas de marzo, abril y mayo de 2015 por Estados Unidos, Europa y Sudamérica encabezadas por padres de familia, maestros, estudiantes normalistas y activistas, tenían por objetivo informar a la sociedad civil y medios de comunicación internacionales que el

caso Ayotzinapa no está resuelto.

25 Ver el apartado número 5 titulado "El peritaje sobre dinámica del fuego en el basurero de Cocula" (145-156) del *Informe Ayotzinapa: investigación y primeras conclusiones de las desapariciones y homicidios de los normalistas de Ayotzinapa* (septiembre 2015). Disponible en http://www.centrodemedioslibres.org/wp-content/uploads/2015/09/Informe-Ayotzinapa-GIEI-CIDH.pdf.

Las insurgencias no tienen un plan, ellas son el plan: performativos políticos y mediadores evanescentes[1]

Benjamín Arditi
Facultad de Ciencias Políticas y Sociales
Universidad Nacional Autónoma de México, UNAM
barditi@unam.mx

Resumen

El 2011 resultó ser un año extraordinario. La convergencia de insurgencias en torno a tiempos y geografía le imprimió un tono político a las estaciones. Los comentaristas hablaban de la Primavera Árabe, el Verano Europeo y el Otoño Estadounidense. La revista *TIME* incluso designó al manifestante como su personaje del año. Posteriormente surgieron revueltas similares en México, Turquía y Brasil. Algunos cuestionaron su falta de planes y propuestas. Esta crítica es injusta, pues confunde la disrupción de lo dado con la tarea de reconfigurarlo. Las insurgencias no son prácticas políticas cotidianas o ejercicios de elaboración de políticas públicas:[2] son actos colectivos en los que la gente dice "¡Basta!" y se niega a continuar como antes. Son operadores de la diferencia: las insurgencias son el plan en el sentido de que el medio es el mensaje. Abren posibilidades que pueden o no materializarse pero nos ayudan a vislumbrar algo diferente por venir, son performativos políticos —los participantes comienzan a experimentar aquello por lo cual luchan— y funcionan como mediadores evanescentes o portales que comunican al mundo existente con uno posible. Discuto estos puntos en relación con el remanente material de dos insurgencias: la Primavera Árabe y las movilizaciones estudiantiles en Chile.

PALABRAS CLAVE: INSURGENCIA, #YoSoy132, OWS, POLÍTICA, OCUPACIONES.

Abstract

2011 turned out to be an extraordinary year. The clustering of insurgencies in relation to time and geography gave a political tone to the seasons: commentators spoke of the Arab Spring, the European Summer, and the US Fall. TIME magazine even named "the protester" person of the year. Similar revolts emerged in the following years in Mexico, Turkey and Brazil. Some faulted them for their lack of plans and proposals. This criticism misses the point as it confuses the disruption of what has been given with the task of reconfiguring it. Insurgencies are not standard political practices or policy-making exercises. They are about saying "Enough!" and refusing to go on as before. They are operators of difference: insurgencies are the plan in the sense that a medium can be the message. They open up possibilities that may or may not prosper but nonetheless allow us to glimpse something different to come, they are political performatives —participants start to experience what they strive to become— and they function as vanishing mediators or portals that bring different worlds into contact with one another. I address these points vis-a-vis the material remainder of two insurgencies, the Arab Spring and the student mobilizations in Chile.

Keywords: insurgencies, #YoSoy132, OWS, politics, occupy movements.

¿Causas perdidas o pérdida de la pérdida?

En su artículo "Shoplifters of the World Unite" (2011), cuyo título es un juego de palabras con la frase "¡Proletarios del mundo, uníos!" de Marx o un guiño a la canción de The Smiths que lleva el mismo nombre, Slavoj Žižek describe los disturbios del Reino Unido del verano de 2011 como una "protesta de grado cero, una acción violenta que no exige nada". Los participantes no tenían un mensaje y se parecían más a lo que Hegel llamaba "la chusma" que a un sujeto revolucionario emergente. El problema para Žižek no es la violencia callejera como tal sino su incapacidad de ser lo suficientemente asertiva: es una violencia que aparece como "furia y desesperación impotentes disfrazadas como una demostración de fuerza; es la envidia disfrazada de carnaval triunfante" (Žižek, 2011).

Luego, Žižek desplaza su atención hacia las insurgencias en Egipto y España. Comenta el derrocamiento de dinastías de autócratas corruptos y las acciones de los indignados españoles que acamparon en plazas públicas justo antes de las elecciones de mayo de 2011 para protestar contra el desempleo y, en general, contra la falta de perspectivas de futuro para los jóvenes. No cabe duda de que Žižek simpatiza con los insurrectos, pero también se muestra pesimista en cuanto a sus posibilidades de salirse con la suya. Por eso nos pide que "evitemos caer en la tentación del narcisismo de la causa perdida: es demasiado fácil admirar la belleza sublime de levantamientos que están condenados al fracaso" (Žižek, 2011).

Su consejo es desconcertante dado que Žižek escribió un libro titulado *En defensa de las causas perdidas*. ¿Por qué sus causas perdidas son defendibles mientras que las otras son callejones sin salida? ¿Por qué alega que Egipto y España son falsos positivos de la emancipación si las causas perdidas que él abraza fracasan tan estrepitosamente como las demás? Su criterio es si tienen o no un programa de cambio. Las causas recientes no lo tuvieron. Ellas "expresan una rabia auténtica que no logra convertirse en un programa positivo de cambio sociopolítico. Expresan el espíritu de la revuelta sin revolución" (Žižek, 2011). Su fracaso radica en no poder generar una propuesta para reemplazar el *status quo*. Sin un plan, las revueltas carecen de la dignidad de las revoluciones y están condenadas a convertirse en causas perdidas del tipo narcisista.

Esto es poco convincente. Sigmund Freud y Jacques Lacan veían al narcisismo primario como un momento inevitable en el desarrollo de un organismo humano. Esto se debe a que la unidad no es una rasgo distintivo de los infantes, sea porque el infante está inicialmente inmerso en un caos de instintos auto eróticos que se satisfacen de manera anárquica o porque no logra superar una imagen fragmentada del cuerpo (Lacan, 2009: 102-103). El sentido de totalidad —la posibilidad de decir "Yo"— no existe desde un comienzo y debe ser formado o configurado. El narcisismo primario es el vehículo para la formación del "Yo", pues al tomarse a sí mismo como un objeto amoroso el infante comienza a percibirse como una entidad unificada (Freud, 1992: 74-75). Es el lado positivo del narcisismo y no debe confundirse con su variante patológica, que surge cuando el sujeto queda atrapado en la entropía de un amor por sí mismo después de que el "Yo" ha sido configurado. Las insurgencias pasan por algo similar al narcisismo primario debido a que su noción de quiénes son y qué quieren no están dados desde el comienzo. La identidad colectiva es una tarea y no algo que se pueda dar por sentado. El narcisismo tiene un papel en la formación de su primera persona del plural. Este "nosotros" se va forjando sobre la marcha, a medida que la gente enfrenta a sus adversarios y trata de dilucidar quiénes son, qué quieren y cómo van a lograr su cometido. Žižek asume que la veta narcisista de estas insurgencias los llevará a convertirse en causas perdidas. Se olvida de que algo de amor por sí mismo es necesario para ir configurando un "nosotros" a partir de las multiplicidades que forman parte de las pulsiones rebeldes.

En segundo lugar, su crítica es poco convincente porque las insurgencias recientes le brindan al pensamiento político la oportunidad de reconciliarse con la pérdida de la pérdida, un tema hegeliano que el propio Žižek alguna vez describió con gran elegancia y persuasión como el descubrimiento de que nunca tuvimos lo que creímos haber perdido: es una pérdida sin duelo, una pérdida afirmativa. Nos aleja de los argumentos esencialistas sobre la plenitud de la libertad, la opresión, la maldad, la justicia o la identidad pues nos hace conscientes de que estos conceptos y experiencias siempre carecieron de un núcleo esencial. La pérdida de la pérdida modifica nuestro pensamiento sobre las insurgencias; nos lleva a decir adiós a una gramática de la emancipación que nunca sirvió de gran cosa. Contar con alternativas al orden existente puede ser muy útil, pero no desempeña un papel determinante en las rebeliones. Esto hace que podamos comenzar a pensar la diferencia entre las insurgencias y las iniciativas programáticas sin tener que invocar una jerarquía de etapas o niveles en la que los programas se ubican por encima de las insurgencias en la cadena alimenticia de la política. La diferencia es de naturaleza y no de grados o etapas: las insurgencias buscan perturbar el *status quo* mientras que los programas quieren gobernarlo.

La alusión a *Comprender los medios de comunicación* (1996) de Marshall McLuhan en el título de este artículo sirve de guía respecto a cómo hacer este desplazamiento de nuestra comprensión de las insurgencias. McLuhan sostiene que en los estudios de comunicación es importante prestar atención a los mensajes o contenidos, pero que si sólo prestamos atención al contenido podemos perder de vista el impacto radical que tienen los propios medios. Su tesis es que los medios son el mensaje: ellos crean un ambiente nuevo o modifican el precedente al cambiar la forma en que la gente hace las cosas y se relaciona entre sí. Usa el ejemplo del foco eléctrico, un medio sin mensaje que hizo obsoleto el régimen que organiza el trabajo, la diversión y el descanso de acuerdo con si es de día o de noche. Las insurgencias que surgieron en las plazas Tahrir, Taksim y Zuccotti también buscan modificar la partición de lo dado. Ellas *son* el plan en el sentido de que el hecho de que ocurran es significativo en sí mismo, independientemente de lo que proponen. Las demandas, manifiestos, programas y demás cosas que asociamos con el contenido se van viendo sobre la marcha. Lo propio de las insurgencias no es diseñar un nuevo orden sino abrir posibilidades mediante un desafío de nuestros imaginarios y mapas cognitivos. Para ponerlo de manera ligeramente distinta —y quizá también más fuerte dado que va más allá de la discusión acerca de la presencia o ausencia de programas—, la elaboración de programas y políticas no es el momento más alto de las insurgencias, algo así como un indicador de que dejaron de ser revueltas para convertirse en revolución; es más bien una señal de que el activismo insurgente ha sido rebasado por la política habitual (el *mainstream*). Esto es algo perfectamente legítimo y hay que celebrarlo, pero debemos tener muy claro que no es eso lo que caracteriza a la actividad rebelde.

Voy a sustentar estas ideas desde tres ángulos. Comienzo viendo a las insurgencias como pasadizos o conectores entre mundos, entre el que tenemos ahora y otros posibles: son la puesta en acto de una promesa de algo otro por venir. Luego caracterizo a las insurgencias como "performativos políticos", pues en ellas se comienza a vivir aquello por lo que se lucha. El tercer modo de abordar estas insurgencias es compararlas con lo que Fredric Jameson llama "mediadores evanescentes", aunque para ello tenemos que recargar esta noción con las posibilidades del éxito y el fracaso en la estructura misma de los mediadores y alegar que nada se desvanece sin dejar un rastro o remanente. En la última sección discuto los remanentes materiales de las insurgencias con referencia a dos experiencias, la Primavera Árabe y la movilización estudiantil en Chile.

Sobre programas e insurgencias

Las insurgencias desencadenadas por una mezcla ecléctica de rebeldes en lugares que van desde el Magreb, Yemen y Siria hasta España, Chile, Israel, Nueva York, México, Turquía, Brasil y otras partes, crearon el escenario para una articulación y una puesta en escena muy pública de reclamos y deseos. Expresaban el hartazgo con la impunidad de los poderosos y con la farsa de una justicia social inexistente. Sus banderas incluían los derechos humanos y la democracia, la educación gratuita y laica, la vivienda asequible, tarifas de transporte razonables y buena calidad de los mismos, responsabilizar a las empresas financieras por su papel en la crisis, la obscenidad de una distribución tan desigual del ingreso, la falta de empleos y perspectivas de futuro para la mayoría y la insatisfacción con los políticos corruptos e incompetentes. "Podemos empezar —señala Cocco— diciendo que lo que caracteriza estas manifestaciones es que no representan exactamente nada, a la vez que, por un tiempo más o menos largo, expresan y constituyen todo" (Cocco, 2013). Se alejan de los modos convencionales de la organización política, dejan en evidencia los problemas que hay a través de la representación y reivindican un modo de democracia radical nacida de la interface entre las redes sociales y las calles.

Su enojo se plasmaba en inscripciones tales como "Si no nos dejan soñar, no les dejaremos dormir", "Sólo porque no lo ves no significa que no esté ocurriendo", "Perdón por las molestias, estamos cambiando el mundo", "La barricada cierra la calle pero abre el camino", "No somos antisistema, el sistema es antinosotros", "No nos representan", "Nadie puede predecir el momento de la revolución", "Si yo no ardo, si tú no ardes, si nosotros no ardemos, ¿quién iluminará esta oscuridad?" También se reflejaba en consignas como "Somos el 99%" y "Wall Street es nuestra calle", que servían para generar identidad.

Lo que no se encuentra en estas protestas es un esbozo programático de cómo sería la sociedad futura. Esto se debe a que estos insurgentes y quienes los precedieron en la práctica de la emancipación actuaban impulsados por la creencia de que las condiciones actuales dañan la igualdad, la libertad y la justicia social, y de que su acción puede hacer que surja un mundo más justo y equitativo. Tal vez les habría gustado tener un esbozo de cómo sería el mundo distinto que anhelaban, pero organizar el futuro no era su prioridad, pues ya estaban comenzando a cambiar las cosas por el solo hecho de manifestarse, llevar a cabo ocupaciones y en general desafiar el *status quo*.

La paradoja es que los críticos tienen razón cuando dicen que estas revueltas carecen de un programa sociopolítico, pero no se percatan de que esto no es necesariamente una debilidad. Por un lado, como dice Manuel Castells, "la insurgencia no empieza con un programa ni una estrategia política" (Castells, 2012: 30), y si lo hiciera, podría ser contraproducente. En Occupy Wall Street, agrega Castells, "el movimiento era popular y atractivo para muchos porque estaba abierto a todo tipo de propuestas y no presentaba posiciones políticas específicas que habrían suscitado apoyo pero también oposición en su seno" (185). Por otro lado, las políticas (en el sentido de *policy*) no son asunto de las insurgencias, pero si llegaran a necesitarlas, se las ingeniarán para contar con ellas. Paul Krugman (2011) lo expresó muy bien al decir que cuando vemos algo como las protestas de Ocupa Wall Street en Nueva York (y sus réplicas subsecuentes a escala global), "no debemos preocuparnos demasiado por su falta de detalles específicos", dado que lo suyo es impulsar un cambio en el ambiente político;

los detalles vendrán después y serán llenados por gente que se dedica a elaborar políticas (Krugman, 2011).

Las insurgencias que precedieron a éstas tampoco tenían un plan trazado. No lo encontraremos en el Caracazo venezolano de 1989 —que Jon Beasley-Murray (2010: 265, 269) describe como la primera de las rupturas sociales que señalan el final del pacto social de la modernidad, un indicador de la presencia continua de la multitud y un presagio de los giros a la izquierda en América Latina— ni en la Guerra del Agua y del Gas de 2000 y 2003, que obligaron a reconsiderar la privatización de las empresas de servicios en Bolivia. Tampoco lo hubo en las protestas que movilizaron a la sociedad argentina en 2001 en torno a la consigna "Que se vayan todos, que no quede ni uno solo" (donde "todos" se refiere a los políticos corruptos e incompetentes) y que con el tiempo condujeron a la renuncia del presidente Fernando de la Rúa. Ocurre lo mismo con los movimientos a favor de la democracia en el Mediterráneo, América Latina y Europa oriental en las décadas de 1970 y 1980. Para ellos, la democracia era un término que funcionaba menos como el nombre de un régimen político que como una superficie de inscripción para una variedad de aspiraciones y deseos. *Democracia* significaba básicamente 'algo distinto de lo que tenemos ahora'. El "algo distinto" incluía cosas tales como que uno no pondría en riesgo su empleo, no iría a la cárcel ni sería torturado por expresar su oposición a la Junta, el partido u hombre fuerte del momento. La democracia también se veía como una manera de empoderar a la gente para exigir que las autoridades se hicieran responsables por sus decisiones. Pero era raro encontrar propuestas sistemáticas sobre cómo sería la estructura de un régimen democrático. Los que reivindicaban a la democracia luchaban por la dignidad y el futuro y no tenían un programa de lo que vendría después: al igual que quienes participaron en las revueltas de Cairo a Estambul y Río de Janeiro, querían transformar el campo de experiencia para que sus voces y anhelos contaran.

Por eso debemos ser muy claros: estas experiencias nos recuerdan que rebelarse es decir "¡Basta!" porque quienes participan no quieren que las cosas sigan como antes. Consignas tales como más participación, justicia, o una vida mejor difícilmente cuentan como un plan o alternativa al orden existente. Esta es la norma más que la excepción. Quienes no lo aceptan están mirando la poesía de las revueltas a través del espejo retrovisor de las narrativas decimonónicas de la emancipación. Según esta narrativa, los afines se reúnen, discuten lo que quieren, preparan un manifiesto o documento básico y salen en busca de seguidores. Las rebeliones de años recientes no prestan demasiada atención a plan trazado pues saben que los manifiestos y los programas se van elaborando en el camino.

Lo que Jacques Derrida describió como la promesa de la justicia, la democracia y la hospitalidad por venir es útil para entender lo que está en juego en una rebelión. *Por venir* no significa que hoy no tenemos justicia o democracia pero que las tendremos en el futuro. Ésta sería una visión pasiva y religiosa de la promesa, una que oscila entre esperar a Godot y rezar para que venga el Mesías. Pero no hay nada de contemplativo o piadoso en el tipo de promesa que tengo en mente al invocar a Derrida: no se espera la llegada de Godot o de un Mesías sino que se actúa para que algo aparezca. Así es como veían el mesianismo Walter Benjamin, Franz Rosenzweig y otros que disentían del judaísmo rabínico dominante en los años veinte. Ellos eran los *dohakei haketz*, dice Michael Löwy, los que no esperan al Mesías sino que apresuran el fin de los tiempos: se embarcan en un activismo mesiánico para precipitar su llegada (Löwy, 2003: 166). Y por supuesto, cuando Benjamin habla del Mesías se está refiriendo a una experiencia intramundana: es la revolución, no la redención dada por las escrituras o la divina providencia. Pero la estructura de lo por venir tampoco ignora las imágenes de lo que vendrá. Los rebeldes no son como las parejas embarazadas que prefieren no saber el sexo de su bebé por nacer. Cada época sueña a la siguiente, dice Michelet, cada época intenta imaginar cómo saldrán las cosas. Estos sueños se dan en un escenario polémico donde la gente experimenta con imágenes de pensamiento provisionales, contradictorias y múltiples que circulan entre comunidades de acción embarcadas en controversias sobre qué hacer.

Nada de esto constituye un modelo o programa, aunque algunas personas pueden haber creído que sí. Las rebeliones no tenían planes claros de lo que vendría después pero supusimos que sí los tenían. La actitud celebratoria ante la pérdida de la pérdida que mencioné antes se empalma con el reconocimiento de que deberíamos habernos desprendido de esta idea hace mucho tiempo. Lo hacemos ahora diciendo que la apertura a algo distinto por venir implica pasar por la experiencia de que nunca tuvimos lo que pensábamos que habíamos perdido. La democracia, al igual que la justicia y la hospitalidad, siempre estará por venir en el sentido de que nunca dejará de llegar (no tiene una figura o destino final), pero habrá comenzado a ocurrir a medida que luchamos para que suceda.

Decir que las cosas empiezan a ocurrir en el camino no es caer en un pensamiento fantasioso. Tampoco significa que uno abrace una postura voluntarista o una variante de las meditaciones de Humpty Dumpty: en la política cotidiana del *mainstream*, al igual que en los procesos insurgentes, las palabras no significan lo que queramos que signifiquen y las acciones no ocurren porque queramos que sucedan. Decir que las cosas comienzan a ocurrir a medida en que nos abocamos a la tarea de llevarlas a cabo significa más bien que estamos posicionándonos en el terreno de los performativos políticos. Éste es mi segundo ángulo para abordar las insurgencias. El término se inspira en la teoría de los actos de habla de J. L. Austin (1982), quien define a los performativos como enunciados que no pueden separarse de las acciones que anuncian. Por ejemplo, "Sí, juro", "Los declaro marido y mujer" o "Está usted arrestado" son enunciados rituales que requieren contextos de validez específicos: un proceso judicial en el caso del juramento, una ceremonia civil para la boda y policías con una orden judicial para el arresto. Por su parte, los performativos *políticos* son acciones y declaraciones que anticipan algo por venir a medida que los participantes empiezan a experimentar —conforme comienzan a vivir— aquello por lo que luchan *mientras* luchan por ello. Lo viven incluso sabiendo que se trata de una experiencia sumamente precaria fuera de comunidades de acción que apuestan por algo distinto por venir.

Todd Gitlin expresa bien este punto en sus reminiscencias acerca del activismo estudiantil del movimiento Students for a Democratic Society (SDS, Estudiantes por una Sociedad Democrática), que presidió a comienzos de la década de 1960. Dice Gitlin: "Sólo podías comenzar a ser libre si actuabas como si ya lo fueras; esto implicaba, tanto como fuera posible —y sólo tú sabías qué era posible—, desembarazarse del lastre institucional que intentaba convencerte de que nada era realmente posible" (Gitlin, 2012). Medio siglo más tarde David Graeber hace eco de esta idea cuando habla acerca de la táctica de la acción directa en Ocupa Wall Street: "Para quienes quieren crear una sociedad basada en el principio de la libertad humana, la acción directa es simple y llanamente insistir en actuar como si uno ya fuera libre" (Graeber, 2011).

Este "como si" de la libertad —al igual que de la igualdad o la justicia— es el pan cotidiano de la política emancipadora. Nos proporciona un puente para conectar a los performativos políticos con lo que Žižek denomina la utopía en acto o utopía escenificada. Lo cito:

> En el corto circuito entre el presente y el futuro nos es permitido, como por efecto de un estado de Gracia, actuar por un breve instante *como si* el futuro utópico [...] estuviera a la vuelta de la esquina, listo para ser tomado. La revolución no se vive como una dificultad presente que tenemos que soportar por la felicidad y libertad de las generaciones futuras, sino como la penuria del presente sobre el cual la felicidad y la libertad futura ya proyectan su sombra: *ya comenzamos a ser libres al luchar por la libertad, ya comenzamos a ser felices mientras luchamos por la felicidad,* sin importar cuán difíciles sean las circunstancias (Žižek, 2002: 559 [las cursivas son suyas]).

Es evidente que para él no todas las utopías fueron creadas iguales. Las convencionales son un universo sin un síntoma pues constituyen un no-lugar atascado en el limbo de la pureza discursiva. En cambio, la variante escenificada o en acto nos dice algo sobre la dimensión performativa de la política emancipadora. La utopía en acto anticipa algo por venir a medida en que la gente empieza a experimentar aquello en lo que busca convertirse. Žižek juega con la posibilidad de reconocer la naturaleza performativa de esta utopía, cuando describe el tránsito del hipotético "como si" de la libertad y la felicidad al más imperativo "ya comenzamos a ser" libres y felices. Es una felicidad *de facto* más que *de jure,* aunque se tendría que ver si la felicidad puede ser algo más que *de facto*. Nada de esto requiere un programa para vislumbrar el futuro o un plan trazado para llegar a eso.

Jacques Rancière tiene su propia manera de pensar la ausencia de programas. Lo plantea como una pregunta retórica: "¿No necesitamos acaso delimitar una temporalidad específica, una temporalidad de la 'existencia de lo inexistente' para que el proceso de subjetivización política tenga sentido?". Su respuesta es muy clara: "Prefiero invertir el argumento y decir que el esbozo del futuro es una consecuencia de la invención política y no su condición de posibilidad. Los revolucionarios inventaron un 'pueblo' antes de inventar su futuro" (Rancière, 2011: 13). La especificación del futuro es lo que he descrito como planes y programas. Cuando Rancière minimiza su función en las luchas emancipadoras, no está diciendo que las representaciones del futuro son una mera ocurrencia de último momento. Sólo quiere enfatizar que los revolucionarios suelen ocuparse de ellas más tarde, en el proceso mismo de tratar un daño. Esto se debe a que para él la política comienza cuando aparecen sujetos de enunciación tales como "Nosotros los marginados", "Somos el 99%" o, de manera más general, el "We, the people" (nosotros, el pueblo) de la declaración de la independencia estadounidense. En otras palabras, comienza con un pueblo o *demos*.

El "pueblo", claro está, no es un hecho sociológico sino un operador de la diferencia; es el nombre de un paria, una parte que no tiene parte, la parte de los incontados o de quienes se niegan a aceptar lo que se supone deben ser, decir o ver. Escenifican nombres como *igualdad, libertad* o *dignidad*, que no tienen lugar en el contexto actual pero que podrían llegar a existir en otra configuración de la experiencia sensible. Los insurgentes del Magreb a Madrid y de Nueva York a Río de Janeiro eran un pueblo en este sentido. Eran lo que Rancière denomina el "entre medio", un proceso de subjetivización que los alejaba de donde se supone debían estar y hacía que comenzaran a experimentar lo que aún no había arribado. Esto es precisamente lo que pretende hacer cualquier política emancipadora: abrir posibilidades en vez de diseñar el nuevo orden. Las insurgencias son síntomas de nuestro devenir-otro. Al igual que la madriguera del conejo blanco de *Alicia en el país de las maravillas*, las insurgencias son pasadizos o portales que conectan mundos distintos, que conectan el presente con la posibilidad de algo otro por venir.

Las insurgencias como mediadores evanescentes: Jameson recargado

Con esto podemos pasar al tercer ángulo para pensar las revueltas emancipadoras, pues su condición como conectores entre mundos nos permite tratarlas como mediadores evanescentes. Fredric Jameson (1973) acuñó esta expresión para describir la tesis de Max Weber acerca del papel del protestantismo en el paso del mundo premoderno al capitalismo contemporáneo. Un mediador evanescente es "un agente catalítico que permite el intercambio de energías entre dos términos que de lo contrario se excluirían mutuamente" (Jameson, 1973: 8). El protestantismo operaba como agente catalítico al diseminar la racionalidad orientada hacia fines que el capitalismo necesitaba para florecer. Esto fue una consecuencia inesperada de las reformas de Lutero y Calvino. En el mundo medieval los monasterios eran enclaves de racionalización: los monjes practicaban una forma de racionalidad medios-fines al estructurar su vida interior de tal manera que pudieran estar más cerca de Dios y ser dignos de él. El protestantismo extendió esta racionalidad a todos los campos de la vida; lo hizo al poner fin al aislamiento de la vida monástica, es decir, al exigir que los sacerdotes vivieran entre sus fieles y que el mundo como tal se volviera un monasterio en el sentido de orientar las acciones en torno a los valores religiosos (1973: 76, 77). Pero con el tiempo el protestantismo se desvaneció del escenario histórico del capitalismo. No es que el capitalismo abrazara el ateísmo o que la gente perdiera la fe en Dios y dejara de ir a las iglesias. El capitalismo sencillamente se había afianzado lo suficiente como para poder operar sin tener que apoyarse en la ética protestante.

El jacobinismo tuvo el mismo destino: "Funcionó —dice Jameson— como un guardián de la moralidad revolucionaria, de los ideales democráticos, universalistas y burgueses, labor de la que puede prescindirse en Thermidor, cuando se asegura la victoria práctica de la burguesía y un sistema explícitamente monetario y mercantil puede cobrar vida" (1973: 78). Trátese de jacobinismo o de protestantismo, un mediador evanescente "funciona como agente de cambio y transformación social, sólo para ser olvidado una vez que el cambio ha ratificado la realidad de las instituciones" (1973: 80).

Los mediadores evanescentes son útiles para discutir las insurgencias en la medida en que ambos son conectores o pasadizos entre el mundo existente y algo otro por venir. Pero tenemos que recargar la noción para expandir su fuerza explicativa. El primer paso en esta dirección es considerar la indecidibilidad de sus resultados. Jameson —al igual que Žižek, quien se refiere a los mediadores evanescentes frecuentemente en sus escritos— sólo se ocupa de los mediadores exitosos, de los que hacen su trabajo y después desaparecen. ¿Y qué hay con el fracaso? ¿No debemos incluirlo también en la estructura de las posibilidades del concepto? Me imagino que Jameson diría que no porque un mediador que fracasa no califica como mediador. Esto se debe a que, como cité antes, un mediador es "un agente catalítico que permite el intercambio de energías entre dos términos que de lo contrario se excluirían mutuamente" y "funciona como agente de cambio". Si ponemos el acento en la última parte de esta cita, en el mediador como "agente de cambio", entonces el éxito, asumiendo que pudiéramos ponernos de acuerdo acerca de cómo medirlo, es el único resultado compatible con un mediador evanescente. Un catalizador que no conduce a nada simplemente no cuenta como mediador. Sin embargo, si ponemos el énfasis en la primera parte de la cita, lo relevante ya no es la capacidad de asegurar un cambio sino la acción de intercambio en cuanto tal. Este paso del cambio al intercambio conlleva algo más que la sonoridad de las palabras involucradas. Hay intercambio independientemente de si genera un cambio o no. Esto es decisivo. Nos indica que un mediador evanescente, como "agente catalítico que permite el intercambio de energías", siempre está expuesto a la doble posibilidad de que el intercambio logre modificar lo dado o que se esfume sin pena ni gloria como entropía o energía no productiva. El desenlace del intercambio precipitado por el catalizador —sea como partero del cambio o no— deberá ser juzgado retrospectivamente y no sin controversia. No hay un desenlace claro y definitivo para este tipo de controversia. Quienes participaron en los eventos inventariados bajo el rótulo de "Mayo de 1968", por ejemplo, se propusieron cambiar el mundo. Hemos estado rememorando su gesto por más de cuatro décadas y aún no hay consenso acerca de qué es lo que lograron. Las interpretaciones oscilan entre describir a Mayo de 1968 como un fracaso colosal —la Quinta República sobrevivió, y también el capitalismo— y como un precursor de la sociedad posdisciplinaria y, por lo tanto, como un mediador evanescente de la sociedad en la que vivimos ahora. De ahí que podemos tomar como regla general que el resultado de un proceso de mediación es indecidible, o al menos ambivalente, ya que la eficacia del catalizador no puede ser tratada fuera de una polémica o desacuerdo.

La teoría de los actos de habla contempla esta bifurcación de opciones. Hemos visto que los enunciados performativos no pueden separarse de las acciones que enuncian. Pero no se puede garantizar la efectividad de esas acciones. Por eso Austin califica los desenlaces. Cuando tienen éxito, los denomina "felices" o "afortunados" (como en el caso de dos personas que son casadas por una autoridad competente), mientras que cuando no alcanzan su objetivo pasan a ser infortunios o enunciados desafortunados (si el matrimonio en cuestión es declarado nulo porque un impostor se hizo pasar por el juez de paz). Lo importante aquí, al menos para mi argumento, es que el éxito y el infortunio no modifican la naturaleza de un performativo. Un enunciado desafortunado sigue siendo un performativo.

Quiero usar este razonamiento para sostener algo análogo en el caso de los mediadores evanescentes: el éxito y el infortunio forman parte de su estructura de posibilidades. Pero a diferencia de los performativos, o por lo menos de la visión más convencional acerca de éstos, el desenlace de los mediadores evanescentes es objeto de controversia y raramente podrá ser resuelto de una vez por todas. Ilustré este punto con el ejemplo de Mayo de 1968. Las insurgencias que dan paso a un orden diferente, o que modifican regiones de éste y después se desvanecen, son mediadores felices o exitosos, mientras que las luchas emancipadoras que no van a ninguna parte en su esfuerzo por modificar el campo de la experiencia son infortunios. Pero en ambos casos estamos ante mediadores evanescentes, ante agentes catalíticos que facilitan un intercambio. La necesidad no tiene un papel en este proceso. Las insurgencias desafortunadas son causas perdidas no porque no se hayan preocupado de planear su itinerario sino porque sus enemigos fueron más listos que ellos, porque colapsan bajo el peso de rencillas internas, o por muchas otras razones. Cuáles mediadores se volverán causas perdidas y cuáles tendrán la oportunidad de perder de manera digna (o incluso de triunfar como mediadores exitosos) depende de la fortuna de la contingencia.

Ahora podemos pasar a examinar el segundo aspecto de la actualización o recarga del concepto de mediador evanescente de Jameson. Uno se refería a la posibilidad del fracaso. El otro tiene que ver con el peso de lo evanescente en el concepto de mediador evanescente. Vimos que para Jameson el destino de estos mediadores es "ser olvidados una vez que el cambio ha ratificado la realidad de las instituciones". No hay ambigüedad en esta afirmación: hoy están aquí y mañana quedan fuera de la jugada para tarde o temprano terminar en el limbo del olvido. Esta caracterización de los mediadores me parece excesiva e innecesaria. Nada se desvanece sin dejar rastro, ciertamente no el recuerdo de un divorcio complicado, la euforia de la victoria o la vivencia de oportunidades desperdiciadas. Lo que se fue persiste en las huellas que deja en la realidad que ayudó a forjar. Esto es cierto incluso en el caso de los infortunios, como cuando la gente desarrolla un apego melancólico a un objeto perdido. Tal es el caso de la revolución comunista vislumbrada por los socialistas decimonónicos y concebida por viejos luchadores como la tierra prometida. Incapaces de aceptar la pérdida, quedan atrapados en una cinta de Moebio de discusiones interminables acerca de lo que salió mal y de lo que pudo haber sido si sólo hubieran hecho esto o lo otro. Lo que se va no termina de irse del todo.

Uno de los ejemplos más claros acerca de esta negativa de pasar al olvido lo brinda la teoría de la transición a la democracia resultante de un estudio comparativo sobre procesos de democratización impulsado por el Wilson Center en la década de 1980. Guillermo O'Donnell y Philippe Schmitter (1986) escribieron las conclusiones. En ellas describen las transiciones como un interregno —intervalo entre dos reinados, órdenes de gobierno o regímenes, en este caso, los autoritarios y democráticos— y esbozan el itinerario estándar del paso del autoritarismo a la democracia. Las transiciones inician con el surgimiento de tensiones y divisiones entre los duros y los blandos (o los halcones y las palomas) de la coalición gobernante. Esto reduce las posibilidades de consenso entre los que mandan, relaja su control sobre el respeto a las prohibiciones, abre microclimas donde las garantías individuales tienen por lo menos una tolerancia discrecional, los disidentes pueden lograr un cierto margen de acción y con el tiempo desemboca en la resurrección de la sociedad civil. Esta última es el momento de gloria de los movimientos sociales, quienes llevan la batuta de la lucha por la democracia. Y ello se debe a que los partidos políticos están disueltos, acosados, desorganizados o son tolerados selectivamente cuando los gobiernos autoritarios quieren una coartada para sus excesos y buscan una fachada democrática. Las transiciones terminan cuando las nuevas reglas democráticas están listas, los partidos políticos ya operan con libertad y el país celebra las elecciones fundacionales de su democracia. Éste es el momento en el que los partidos se reapropian de lo que siempre vieron como suyo —el manejo de la cosa política, que para ellos son básicamente los ámbitos ejecutivo y legislativo—, y los movimientos sociales, una vez hecho lo que tenían que hacer, abandonan el escenario para regresar a lo social, que es de donde vinieron y donde realmente pertenecen.

En la narrativa de estos "transitólogos", los movimientos aparecen como una suerte de actores sustitutos de los partidos políticos, como jugadores de reserva que se ocupan de la política mientras dure el estado de excepción de las transiciones para luego volver a la banca, por decirlo así, del juego político que es asumido por sus jugadores titulares. Hoy es difícil sustentar esta visión de la política. Los movimientos pueden haber sido los mediadores evanescentes de la democracia pero se quedaron en el escenario político en vez de irse a casa después de cumplir con su tarea. Esto se debe a que no sabían que estaban haciendo el trabajo de otros y no tenían un hábitat propio y exclusivo pese al calificativo de *social* que acompaña al sustantivo *movimiento*. Simplemente hicieron lo que se suele hacer cuando se quiere cambiar el orden existente: o actúas o te preparas para más de lo mismo, lo cual por lo general significa más tiempo bajo el yugo del autócrata de turno.

Cuando terminaron las transiciones, los movimientos se convirtieron en parte de la política. De paso, ayudaron a configurar el escenario posliberal en el que actualmente estamos insertados. Lo denomino "posliberal" no porque la política electoral haya llegado a su fin y ahora el nombre *política* designe otro tipo de actividades y actores. Es un escenario posliberal porque la política democrática de las elecciones, los partidos políticos y toda la parafernalia de la representación territorial coexiste con otros medios y formas de agregar voluntades, procesar demandas y actuar como oposición. Los movimientos sociales son uno de estos medios y formas. Son un suplemento de la representación que expande la política más allá del marco democrático liberal clásico.

La presencia política de los movimientos después de las transiciones nos recuerda que los mediadores son más que parteros de un modo de producción, un régimen o una nueva estructura conceptual. No nada más desaparece cuando termina su trabajo. Las cosas se desvanecen, pero pocas veces se van sin dejar rastro. Los mediadores evanescentes tienen una vida espectral incluso cuando no son los arquitectos e ingenieros de lo que sea que vendrá. El espíritu protestante "se desvaneció" cuando se generalizó la racionalidad medio-fin que necesitaba el capitalismo, pero la consigna de ser austeros y el imperativo moral de ahorrar para las épocas de vacas flacas persistieron como parte de la educación moral de los agentes del mercado, al menos hasta que el consumismo exacerbado —y, en consecuencia, la generalización de la deuda, o dicho de manera más elegante, la disponibilidad del crédito mediante el uso de tarjetas y de un sinfín de mecanismos financieros— se volvió el motor del crecimiento capitalista.

Las insurgencias como las que he estado discutiendo pueden ser vistas como mediadores evanescentes. Nos conectan con la posibilidad de que venga algo otro, razón por la cual las comparé con la madriguera del conejo blanco de *Alicia en el país de las maravillas*: son intentos de negociar canales de comunicación entre mundos inconmensurables, de conectar mundos existentes y mundos posibles. Pedirles que también nos proporcionen anteproyectos de un orden futuro es exigirles algo que no son. Los rastros de estas insurgencias-mediadores subsisten en las secuelas del momento rebelde. Esta persistencia no es un accidente en lo que de otra manera habría sido un funcionamiento normal de los mediadores. Al igual que el fracaso, es parte de su estructura de posibilidades. El corolario de todo esto es que los mediadores no están en una relación de exterioridad pura y simple con los resultados que facilitan. Son operadores del poder constituyente en la medida en que contribuyen a moldear la escena que ayudan a crear.

El estatus provisional de las insurgencias

De lo anterior se desprende que si las insurgencias se convierten en causas perdidas no será porque tengan o no un plan. Será el resultado de las acciones que emprendan (o tal vez de su inacción) en la relación estratégica con sus adversarios. Esto vale incluso si los críticos progresistas asumen el papel de genio malo cartesiano: pueden acusar a los rebeldes de estar en falta por no tener un programa sociopolítico, pero no lograrán hacerles creer que no son nada mientras piensen que son algo.

Alguien podría objetar estos argumentos y decir que, aunque esto fuera cierto, la ausencia de un proyecto de futuro convierte eventos como los que vimos en 2011 y luego en lugares como México, Turquía y Brasil en ocurrencias meramente episódicas. Terminarían languideciendo con el regreso de los rituales repetitivos de la política habitual. La respuesta a esta objeción sólo puede ser un escueto. ¿Y qué? Todas las insurgencias son episódicas. La política emancipadora no es un perpetuo presente en el que la revuelta está a la orden del día. Es más bien algo extraordinario: literalmente, fuera de lo ordinario. Rancière describe la política —o la práctica de la igualdad a la que denomina *emancipación*— como algo que ocurre muy de vez en cuando. Esto no quiere decir que le niegue duración, sólo que es poco común dado que lo que tenemos habitualmente es dominación. Para él, "la política es el trazado de una diferencia que se esfuma" y cuya "existencia no es para nada necesaria, sino que adviene como un accidente siempre provisorio en la historia de las formas de la dominación" (Rancière, 2006: 68). Las palabras clave aquí son "que se esfuma", "provisorio" y "accidente": ellas marcan la distancia que separa a los rebeldes de la política institucional.

Walter Benjamin comprendió muy bien este carácter inusual de la revuelta. Para él, la gente que se subleva pone las cosas en movimiento para punzar el continuo de la historia. Buscan interrumpir el tiempo de la dominación, razón por la que invoca la imagen de los revolucionarios franceses disparando a los relojes en distintos sitios de París: el gesto de los insurrectos buscaba resaltar que estaban interrumpiendo la continuidad de la historia, de la historia de los vencedores. Michael Löwy (2003: 147) actualiza esta imagen benjaminiana al recordarnos algo que ocurrió en 1992, cuando muchos países se preparaban para celebrar los quinientos años de la llegada de Cristóbal Colón a América el 12 de octubre. El conglomerado televisivo y de comunicaciones más grande de Brasil, la red *O Globo*, erigió un reloj que marcaba el tiempo que faltaba para el 12 de octubre. La población indígena no tenía nada que celebrar y muchos se apostaron ante el reloj para dispararle: querían impedir que siguiera registrando la historia de su dominación.

Todo esto nos indica que el momento insurgente tiene la naturaleza de un evento o un acontecimiento: las huellas de muchos sueños y esfuerzos organizativos están presentes en él pero, en esencia, es algo que no se planea y que es difícil de capturar dentro de un sistema de reglas porque éstas son precisamente lo que se cuestiona. Éste es un rasgo compartido de las experiencias insurgentes recientes desde Egipto hasta España y Brasil, así como de las varias iniciativas de ocupación de espacios públicos. Como ya mencioné, todas ellas son "el trazado de una diferencia que se esfuma". Esta naturaleza evanescente de las insurgencias no las convierte en una suerte de fuegos fatuos, llamaradas que encienden la imaginación pero que no logran cambiar gran cosa. La ocupación del espacio público da visibilidad a una causa que se va definiendo a sí misma en el camino y que funciona como catalizador para energizar a quienes simpatizan con ella. Estas experiencias han sido cruciales para desplazar los ejes de la conversación nacional de manera tal que se incluyen los temas de desigualdad, injusticia económica, corrupción, impunidad y falta de participación y responsabilidad. Para volver a la analogía con el argumento de McLuhan acerca del papel de los medios de comunicación de masas, el contenido no es irrelevante pero tampoco es tan importante: el medio es el mensaje en la medida en que se aboca a reconfigurar el entorno vivido. De modo parecido, son las insurgencias más que sus propuestas las que constituyen el plan en la medida en que buscan modificar los límites del *status quo* y las narrativas a través de las cuales entendemos el mundo en el que vivimos. Las ocupaciones y las asambleas generales a las que aquéllas dan origen son la característica visible e icónica de las rebeliones que con el tiempo se desinflarán o mutarán en otros modos de acción colectiva.

¿Debemos entonces decir que la meta de las insurgencias es convertirse en la política habitual (*mainstream*)? Eso sería un error. Es cierto que gobernar o llegar a ser gobierno puede ser la consecuencia deseada de sus acciones. Esto se debe a que todas las rebeliones muestran una diversidad de corrientes, incluyendo a las que apuestan por programas sociopolíticos y modelos acerca de la sociedad futura. Pero el destino de las revueltas no puede ser convertirse en gobierno. Primero porque si así fuera, nos veríamos obligados a concluir que hay una línea ininterrumpida que conecta a las revueltas emancipadoras y la administración de un nuevo *status quo*. Esto sólo les daría la razón a los críticos que cuestionan las rebeliones por no venir con planes o incluso con un juego de políticas bajo el brazo. Segundo, hay que repetirlo: las insurgencias no son ni más ni menos que el ya mencionado "trazado de una diferencia que se esfuma" que ponen al *status quo* en contacto con otros mundos posibles y así constituyen anticipaciones de algo por venir que ya comienza a ocurrir a través de las acciones de quienes actúan para crear algo otro.

Los remanentes materiales de las insurgencias

Veamos ahora las secuelas de estas insurgencias. He mencionado varias veces que el mero hecho de que ocurran ya es significativo. Muchas de las revueltas que he mencionado fracasarán si medimos el éxito en función del cambio de régimen (suponiendo que pudiéramos ponernos de acuerdo acerca de cuál es la magnitud de cambio que se necesita para poder hablar de un cambio significativo). Pero incluso si fracasan, o se desvanecen como infortunios, habrán tenido un remanente espectral. Immanuel Wallerstein describe el movimiento Ocupa Wall Street como "el suceso político más importante en los Estados Unidos desde los levantamientos de 1968, de los que es descendiente directo o continuación" (2011). Concluye diciendo que habrá triunfado y dejado un legado incluso si se desintegra debido al cansancio o la represión (2011).

A veces el remanente es el papel ejemplar de los insurgentes que captura la imaginación de la gente en tierras lejanas. Se vuelve variantes de lo que Kant veía como indicador de nuestro progreso moral. Para él, las revoluciones son la señal de ese progreso debido al entusiasmo que generan entre los espectadores, quienes no siendo actores directos, se sienten tocados por el drama que se desarrolla en las calles y expresan públicamente su simpatía por un bando u otro (Kant, 1999: 105). El tomar partido se manifiesta de manera planetaria de dos maneras: en la solidaridad con las luchas de los oprimidos fuera del propio país y en la apropiación y emulación de su espíritu insurgente por parte de quienes lo ven desde lejos. La Primavera Árabe es uno de los casos ejemplares. *Tahrir*, que significa 'libertad' en árabe, ha funcionado como un significante del cambio que ha energizado a disidentes de todo el planeta. El epicentro de Ocupa Wall Street en Nueva York cambió el nombre de Zuccotti Park por el de "Plaza de la libertad", y en las manifestaciones contra el costo de la vivienda en Israel era posible ver letreros escritos a mano con la leyenda: "Tahrir Tel Aviv".

Hay en todo esto un elemento del internacionalismo clásico, así como una réplica consciente de actos y gestos ejemplares. Pero el entusiasmo generado por los levantamientos rompe con la territorialidad en otro sentido. Se expresa en las calles pero también se desdobla al manifestarse, en tiempo real, en el espacio intensivo y extensivo de las redes sociales que cortan a través de husos horarios, procesan eventos en tiempo real y los pone bajo el microscopio en un flujo aparentemente interminable de comentarios que son retuiteados, gustados y compartidos día y noche. Al igual que los canales de noticias por cable que transmiten las 24 horas —aunque sin los filtros del pago por la suscripción o la línea editorial de los canales—, las redes sociales nunca duermen y hacen que sea más difícil contener un fenómeno dentro del entorno en el que aparece. No estoy sugiriendo que sin las plataformas en red las insurgencias no existirían o se disiparían sin pena ni gloria. Sólo quiero subrayar que las redes sociales dislocan la territorialidad al ignorar las fronteras nacionales y al crear información a una velocidad y escala que sólo puede describirse como vertiginosa. Twitter, Facebook y las demás redes sociales han pasado a ser cajas de resonancia de las insurgencias; rompen la jaula de la territorialidad, así como la distinción tradicional entre espectador y actor. Están creando un verdadero *espectactor*, un espectador que también actúa, un lugar de enunciación en el que es difícil distinguir entre el actuar y el ser espectador.[3]

Pero tal vez lo más notorio de este remanente de las luchas emancipadoras es que también se aprecia en el desplazamiento de los mapas cognitivos mediante los cuales entendemos el estar juntos en comunidad. Este desplazamiento es tan material como el cambio de gobernantes, la reforma de las constituciones o el diseño de nuevas instituciones. Voy a usar dos ejemplos para ilustrarlo.

La Primavera Árabe: demoliendo el mito de la omnipotencia del poder

El primero nos lleva al norte de África y sus alrededores. Toda una generación de egipcios, tunecinos, libios, sirios y yemenitas creció bajo la sombra de algún dictador y sus secuaces. Los esfuerzos continuos para debilitar la voluntad de resistencia de la gente reforzaron lo que los psicólogos llaman "indefensión aprendida" (*learned helplessness*). El artista británico Damien Hirst describió esta indefensión muy bien en su escultura *The Acquired Inability to Escape* (*La incapacidad de fuga aprendida*). En la escultura hay un escritorio y una silla dentro de una vitrina. Desde ahí se puede ver muy bien lo que está afuera, pero la presencia sutil del cristal transmite la sensación angustiante de que no hay salida.

Las autoridades usaron mecanismos bien conocidos para generar esta indefensión aprendida. Uno es el culto a la personalidad que ensalza la figura del líder como Primer Trabajador, Primer Deportista o Primer Loquesea de la nación —o para usar la variante norcoreana, simplemente Querido Líder. La corrupción y el clientelismo también tienen un papel: aseguran la lealtad o al menos la conformidad pasiva de empresarios, comerciantes, sindicatos y otros grupos de presión organizados. Y no podemos olvidar el terror generado por el hostigamiento cotidiano, la detención arbitraria y la tortura. El terror busca infundir una desconfianza paranoica hacia los demás y la creencia de que toda resistencia es inútil porque nada escapa a la mirada y los oídos de la policía y su red de informantes. Al igual que la servidumbre voluntaria descrita por Etienne de la Boétie, la indefensión o impotencia aprendida impide que la gente perciba alternativas. Todos están tan desconcertados como los angustiados comensales de la película *El ángel exterminador* de Luis Buñuel, quienes luego de llegar a una cena elegante se ven, inexplicablemente, incapaces de salir de casa de su anfitrión a pesar de que las puertas están abiertas y nadie los está deteniendo. Los tiranos buscan reproducir este desconcierto al fomentar el mito paralizador de una población impotente que enfrenta a un líder y un régimen omnipotentes, omnipresentes e irremplazables.

Las insurgencias muestran que se puede deshacer el encantamiento del poder porque en realidad el emperador está desnudo. Ellas desplazan los marcos de referencia de la gente al ofrecerles ventanas de posibilidades, la madriguera del conejo blanco de *Alicia en el país de las maravillas* que describí como pasadizo hacia otros mundos intramundanos. Los encuentros entre extraños en el espacio de la Plaza Tahrir constituyeron algo más que una convergencia de cuerpos o una suma de individuos. La gente sentía la euforia de poder hacer algo por el mero hecho de estar juntos. Esto es precisamente lo que señala Maurice Blanchot sobre Mayo de 1968: los sesentayocheros no estaban tan interesados en tomar el poder pues lo suyo era "dejar que se manifestara, más allá de cualquier interés utilitario, una posibilidad de ser-juntos" (Blanchot, 1999: 75-76). La circulación de imágenes de la experiencia de ocupar Tahrir y de la resistencia a los ataques de las fuerzas del gobierno precipitó una conectividad exacerbada que reverberó mucho más allá de los confines de la plaza. La dimensión física de la ocupación fue completada por un ser-juntos virtual en el que confluían muchos más que querían cambiar su mundo. La gente que estaba en la plaza y en otras partes de Egipto sentía que podía tocar el cielo a través de su ser-juntos. En esos instantes insurgentes, Tahrir fue una puesta en acto del pueblo en el sentido de un *demos* que se resiste a su sometimiento.

El ritmo y la dirección del cambio pueden ser subsecuentemente cooptados y colonizados por la Hermandad Musulmana y otras variantes de la ortodoxia. También puede haber un retorno del ejército (que es realmente una renuencia a dejar de manejar los hilos del poder) y del viejo partido gobernante luego de que éste se reagrupe. O tal vez lo que veamos sea toda una gama de nuevos empresarios políticos. Pero incluso cuando esto suceda, si es que de verdad ocurre, es poco probable que haya un retorno de la autocracia con ropaje y rostros distintos. Primero porque hay algo que cambió en el impulso de la protesta. Asef Bayat, uno de los observadores más citados de los sucesos en Egipto, lo ve en el desplazamiento de las coordenadas de la política en las calles del mundo árabe. Ésta, dice, funciona como un espacio para la manifestación de disenso y sentimientos colectivos por parte de quienes tienen pocos canales institucionales para expresarse (Bayat, 2011). Anteriormente las calles eran un escenario para la disidencia religiosa y nacionalista, pero lo que vemos hoy es una lucha postideológica que combina anhelos de dignidad nacional con justicia social y democracia. Además, la configuración de los movimientos que toman la calle es más pluralista, se percibe en ellos un deseo de experimentar con modos de movilización que se desmarcan del repertorio habitual de las protestas al incorporar campañas de boicot, arte de protesta, activismo en el ciberespacio, etc., y hay también un cierto desdén por la política de los partidos (Bayat, 2011). En segundo lugar, las cosas cambian porque una restauración nunca puede ser un simple retorno de lo mismo. Es como en las postrimerías de la

Guerra Fría en países como Paraguay, Bolivia o Guatemala: a medida en que los militares eran desplazados del gobierno, los nuevos líderes descubrían que el anticomunismo había dejado de ser una coartada para la impunidad y que debían adoptar algún tipo de libreto democrático para gozar de aceptación internacional.

En el caso del Magreb ocurre algo análogo: una restauración no puede apostar por el retorno de lo mismo. Para citar a Abourahme, luego del levantamiento contra el gobierno de Mubarak y la posterior caída de la autocracia, "ciertos formatos y mecanismos políticos han sido rebasados y se han tornado obsoletos (por ejemplo, la cleptocracia, el paternalismo o la seguridad). Puede que reaparezcan de la mano de las fuerzas represivas del aparato estatal, pero ya perdieron su utilidad como pilares de la política" (Abourahme, 2013: 719). Y tercero, los egipcios (al igual que los tunecinos, libios, sirios, etc.) ya habrán perdido gran parte del asombro reverencial que sentían en presencia del poder y los poderosos. Un comentarista lo expresó muy bien: "Por todo el mundo árabe, los activistas hablan de haber traspasado la barrera del miedo a tal punto que hasta la represión más dura ya no desaliente a nadie" (Black, 2011). No es que desaparezca el miedo sino que ya no opera como un freno absoluto para la acción. Éste es uno de los efectos colaterales más importantes de la Primavera Árabe, sobre todo en el caso del levantamiento sirio, donde la gente ha mostrado un valor admirable ante la implacable brutalidad del gobierno: salen a las calles pese a su temor y no porque no lo sientan.

Lo importante es que los poderosos pierden su aura sagrada. Las imágenes de tiranos desorientados sometidos a juicios televisados, que se esconden de las cámaras o que huyen al extranjero con el dinero que robaron del erario público tienen un gran valor didáctico. Nos acercan a una experiencia similar a la de los franceses cuando guillotinaron a Luis XVI. Si éstos aprendieron que un pueblo podía funcionar sin su rey, que la sociedad podía representar su unidad sin el anclaje del cuerpo real, las naciones del Magreb descubrieron que la omnipotencia del poder de sus autócratas descansa sobre bases sumamente frágiles que pueden ser desmontadas por la acción colectiva. No se trata de presunciones subjetivas o sucesos anecdóticos sino de la pedagogía existencial de la práctica política emancipadora. Sus lecciones sobreviven en la imaginación popular mucho después de que termina la efervescencia en las calles.

La revuelta estudiantil en Chile

El segundo ejemplo nos lleva a Chile, frecuentemente mencionado como modelo del éxito de las políticas neoliberales. Y se menciona a pesar de que su índice Gini de 0,50 en 2011 lo convierte en el país con la mayor desigualdad de ingresos entre los miembros de la OCDE (2014) y, en términos globales, lo coloca como el 13° país más desigual de todo el planeta. El costo de la educación es el más alto entre los países de la OCDE después de los Estados Unidos, y su presidente en 2011 (Sebastián Piñera) sostuvo públicamente que la educación es un bien de consumo.

Los estudiantes de colegios y universidades desafiaron las políticas de financiamiento para la educación. El grueso de los chilenos apoyaron la causa, aunque sólo fuera porque los egresados de las universidades comienzan su vida laboral con una deuda enorme y sus padres tienen que pagarla si ellos no encuentran trabajo. Las encuestas señalan que el índice de aprobación de los estudiantes en el momento más álgido de las protestas era mucho más alto que el del presidente de derecha, su coalición política e incluso que el de la oposición de centro izquierda. Durante los meses de julio y agosto de 2011 el 77% de las personas encuestadas tenía una opinión positiva de los líderes estudiantiles y casi 82% expresó su apoyo a los reclamos del movimiento. En contraste, la aprobación del presidente era del 26% y la de su Ministro de Educación apenas llegó al 19%. A la coalición de centro izquierda "Concertación por la democracia" no le fue mucho mejor: sólo el 17% aprobó su desempeño (véanse *La Tercera* 2011a y 2011b; Centro de Estudios Públicos 2011).

Los estudiantes parecían inmunes a la fatiga de las protestas, casi 210 en un periodo de ocho meses (Koschutzke, 2012: 19). Organizaron movilizaciones regulares para exigir educación pública gratuita (más de 400 000 personas en manifestaciones en todo el país) y ocuparon escuelas (más de seiscientas) y universidades (diecisiete) a sabiendas de que esto podría llevarlos a graduarse con un año de retraso. También estaban bien versados en técnicas de teatro de guerrilla: hicieron "besatones" por la educación gratuita, una movilización relámpago de zombis (los muertos vivientes de un sistema educativo disfuncional) que bailaban al ritmo de "Thriller" de Michael Jackson frente al palacio presidencial y un maratón urbano de 1 800 horas (una hora por cada millón de dólares que se necesitaba para financiar la educación de 300 000 estudiantes al año) alrededor de la sede del gobierno.

La insurgencia estudiantil de 2011 y 2012 no logró modificar las políticas educativas del gobierno. Tampoco pudo asegurar su compromiso para cambiar un modelo educativo en el que los recursos con los que cuenta una municipalidad —reflejo de la fortaleza de su base fiscal— determinaran la calidad de las escuelas públicas dentro de su jurisdicción. Pero además de poner la educación en la agenda de los actores políticos tradicionales, el activismo estudiantil ha logrado perturbar el *status quo* de varias maneras: abrió una discusión sobre los límites de la educación superior privatizada o que no está lo suficientemente financiada. También hizo que la gente tomara consciencia de las secuelas de por vida de las políticas públicas que convalidan la desigualdad en la asignación de recursos para las escuelas. Pero tal vez lo más importante a nivel simbólico es que los estudiantes desmantelaron la idea de que la educación es un bien de consumo.

Las movilizaciones también cuestionaron los modales de mesa de la política nacional, que en la era posterior a Pinochet concebía las exigencias radicales como pesadillas de un pasado político primitivo, celebraba el consenso y privilegiaba el discurso técnico de personas con agendas profesionales, metas limitadas y escasa pasión. Esto se debe en parte a la manera en que el discurso institucional procesó (o evitó procesar) las secuelas traumáticas del derrocamiento del presidente Salvador Allende durante el otro 11 de septiembre, el de 1973. La clase política evita hablar del gobierno de Pinochet como ejemplo de barbarie, al menos en público. Según los modales de mesa chilenos hay que hablar de "golpe" y "tiempos difíciles", algo que recuerda a la época en la que en Gran Bretaña se usaba el eufemismo de "Los problemas" (*The troubles*) para describir la guerra en Irlanda del Norte en la década de los setenta. En 2011, el Ministerio de Educación chileno llegó al extremo de modificar los libros de texto de primaria y eliminar *dictadura* como el sustantivo para referirse a los diecisiete años de gobierno de Pinochet. Lo sustituyó por *régimen militar*, expresión más neutra y menos comprometedora (Acuña, 2012).

Pero lo reprimido se las ingenia para regresar, lo cual es interesante, pues nos recuerda que la represión amedrenta a la gente pero no es infalible. En Chile lo reprimido regresó de la mano de la movilización estudiantil. La política más polarizada que impulsaron los estudiantes animó al país a salir del prolongado estado de excepción en el que había estado viviendo durante casi cuatro décadas. Esto se puede apreciar en las encendidas controversias entre los estudiantes y los funcionarios gubernamentales transmitidas en vivo por los medios de comunicación, o en su negativa a recular de las confrontaciones con la élite política. Su crítica incesante de las políticas educativas del gobierno de derecha tampoco dejó indemne a la opositora "Concertación por la democracia". La Concertación implementó reformas bien intencionadas durante sus cuatro administraciones consecutivas; en general dejó intacto el modelo educativo neoliberal heredado de la época de Pinochet. Los estudiantes se negaron a blanquear las políticas educativas de la Concertación diciendo que ésta había tenido dos décadas para desarrollar una alternativa. Fue refrescante que criticaran tanto al gobierno como a la oposición. Hizo que el consenso dejara de ser una obsesión y, al menos durante los muchos meses de protestas en 2011 y luego en 2013, movió el vector de la política de los comités del Congreso o comisiones de expertos a las manifestaciones en las calles. Su posición les permitió salir del esquema maniqueo de las disputas entre el gobierno y la oposición.

La revuelta estudiantil también debilitó la narrativa triunfalista que los chilenos se han estado contando a sí mismos durante las últimas tres décadas: que Chile es diferente —más racional, menos inestable y con una visión que hace de él un socio natural del Primer Mundo— en relación con otros países porque allí el mercado sí funciona y los indicadores macroeconómicos son sólidos. El discurso empresarial atraviesa el espectro político chileno y prevalece entre todas las clases, edades y ocupaciones. Su ubicuidad sólo puede compararse con el discurso gerencial que permea la cultura de control y auditoría (*audit culture*) de las universidades británicas, donde algo que no se somete a evaluación y medición periódica resulta en principio sospechoso, donde los despidos se denominan *reestructuraciones* y los documentos internos se refieren a los jefes de departamento como *supervisores inmediatos (line managers)*. Las protestas estudiantiles en Chile hicieron imposible esconder las divisiones de clase incrustadas en el sistema educativo y sensibilizaron a la gente de las consecuencias de por vida de la movilidad social. La obstinada negativa de los estudiantes a echarse para atrás en su crítica del privilegio, la exclusión y la percepción de la educación como un bien de consumo contribuyó a despojar el modelo económico neoliberal del privilegio inmunitario del que había gozado. Probablemente, las protestas estudiantiles hicieron posible que el propio *establishment* político —o al menos su componente de centro-izquierda— comenzara a aceptar que el cuestionamiento del mercado como mecanismo primario para asignar recursos y premios había dejado de ser un tema tabú.

En conclusión, el remanente espectral de la revuelta estudiantil es que logró perturbar el *status quo* al debilitar la obsesión de los chilenos por el consenso, al poner a discusión los espectros del pasado y al cuestionar el triunfalismo del discurso neoliberal. Sus protestas le dieron un remezón a una política de antesalas y comités de expertos y abrieron el discurso político a la posibilidad de lidiar con el trauma del golpe que derrocó a Allende y dejó a Pinochet. En la última frase de la novela de Philip Roth, *El lamento de Portnoy*, el psicoanalista participa por única vez en el diálogo tras cerca de 300 páginas de soliloquio de Portnoy. Dice: "Bien. Ahora nosotros quizá poder empezar. Jawohl?" Hay que ser cautelosos con las analogías, pero tal vez ahora los chilenos puedan aligerar el peso de sus fantasmas para que "quizá poder empezar. Jawohl?" a retomar su historia desde donde la dejaron en 1973.

***

Ya sea que observemos los eventos relacionados con la Primavera Árabe o las movilizaciones estudiantiles en América del Sur y las encabezadas por los movimientos #Ocupa en otros lugares, todos tienen grandes expectativas acerca de lo que vendrá pero no cuentan con modelos de cómo será el futuro. Son sucesos episódicos y en algún momento serán rebasados por viejos y nuevos operadores políticos embarcados en la práctica cotidiana de manejar la maquinaria gubernamental. Pero la vida espectral de las insurgencias después de su muerte será todo menos etérea porque impregna las prácticas y las instituciones, así como las maneras de ver y de hacer.

La materialidad de este remanente se manifiesta en los cambios cognitivos que producen las insurgencias: el aprendizaje adquirido de la vida en las calles y de la participación en asambleas generales para planear los siguientes pasos; en los recuerdos de estas experiencias, en los líderes que pudieran surgir en el proceso de ocupación, en las asociaciones y campañas subsecuentes que fomentan y en los cambios de políticas que generan.

La inventiva es otra cara de esta materialidad: los activistas inventaron el "micrófono humano" para darle la vuelta a la decisión del Departamento de Policía de Nueva York de prohibir el uso de megáfonos y amplificadores de sonido en actos públicos a menos que contaran con un permiso policial que no iban a conceder. Se trata de una solución anacrónica y decididamente *low tech* ideada por jóvenes que se sienten más a sus anchas con el uso de las nuevas tecnologías de la información. El familiar *"Mic check!"* (prueba de sonido) podía oírse en los actos de los ocupas cuando un orador u oradora subía al podio sin micrófono en la mano o la solapa. La frase preparaba a la asamblea para una manera inusual de amplificar el sonido: la gente repetía a coro lo que decía la persona que hablaba para que quienes estaban lejos también pudieran oír lo que decía. (Reguillo, 2012: 33-34). A primera vista, la experiencia del micrófono humano podría haberse confundido con una escena de *La vida de Brian* de Monty Python. En esa película, Brian le dice a la multitud que está reunida bajo su balcón: "Todos ustedes son individuos", a lo que la multitud responde a coro: "¡Sí, todos somos individuos!". Pero el *mic check!* no era nada parecido a eso. Lejos de ser una expresión de conformismo era una solución *ad hoc* para un problema práctico. Constituía una manera de ser-juntos en el sentido que Blanchot le da a esa expresión cuando habla de 1968.

Las tácticas ideadas por los activistas se vuelven parte de un saber práctico colectivo, una jurisprudencia política que funciona como caja de herramientas disponible para que la use quien quiera. No siempre es fácil determinar la paternidad de esas tácticas y procedimientos porque a medida en que comienzan a circular se vuelven recombinantes conforme la gente los adapta a sus necesidades. Las asambleas de Ocupa Wall Street adaptaron un lenguaje de señas con las manos para expresar acuerdo, desacuerdo, moción de orden o el bloqueo de propuestas. En Siria, donde el gobierno ordenó a sus fuerzas disparar sobre los manifestantes, los activistas adaptaron un tipo de reunión fugaz que llamaron *tayar*, un equivalente de las muchedumbres relámpago: se reunían durante 10 minutos y se dispersaban antes de que llegara la policía o el ejército. El grito de "No nos representan" de los indignados españoles es heredero del "Que se vayan todos" de Argentina.

El remanente material de las insurgencias también se observa en los artefactos culturales que dejan: consignas, canciones, grafitis, manifiestos, panfletos, fotografías, películas, blogs, sitios de Internet y una serie de testimonios en los medios sociales como Twitter y Facebook. También se refleja en el torrente de congresos, talleres, publicaciones (incluida ésta), entrevistas, análisis de los medios, evaluaciones por parte de los y las activistas y conversaciones cotidianas que intentan comprender la experiencia de estas insurgencias tiempo después de que ya pasaron.

Por eso, incluso en el fracaso (si lo medimos por la ausencia de planes para la sociedad futura), las insurgencias habrán tenido éxito.

Bibliohemerografía

Abourahme, Nasser. (2013). "'The Street' and 'the slum'. Political form and urban life in Egypt's revolt" en *City: analysis of urban trends, culture, theory, policy, action*, vol. 17, no. 3, pp. 716-728.

Acuña, Esteban. (2012). "En Chile sí hubo dictadura", *El ciudadano,* enero 8, consultado en enero de 2012 en <http://www.elciudadano.cl/2012/01/08/46777/en-chile-si-hubo-dictadura/>.

Austin, John L. (1982). *Cómo hacer cosas con palabras.* Barcelona: Paidós.

Bayat, Asef. (2011). "A New Arab Street in post-Islamist Times" en *Foreign Policy,* 26 de enero, consultado en octubre de 2013 en <http://mideastafrica.foreignpolicy.com/posts/2011/01/26/a_new_arab_street>.

Beasley-Murray, Jon. (2010). *Post-hegemonía: teoría política y América Latina.* Buenos Aires: Paidós.

Black, Ian. (2011). "A year of uprisings and revolutions: uncertainty reigns in the Arab world" en *The Guardian,* diciembre 13, consultado en diciembre de 2012 en <http://www.guardian/.co.uk/theguardian/2011/dec/13/arab-world-uprisings-2011-future>.

Blanchot, Maurice. (1999). *La comunidad inconfesable.* México, D. F.: Arena Libros.

Boal, Augusto (1980). *Teatro del oprimido 1.* México, D. F.: Nueva Imagen.

——. (1998). *Legislative Theatre: Using Performance to Make Politics.* London & N. Y.: Routledge.

Castells, Manuel. (2012). *Redes de indignación y esperanza. Los movimientos sociales en la era de Internet.* Madrid: Alianza.

Centro de Estudios Públicos (CEP). (2011). *Estudio nacional de opinión pública,* (junio-julio), consultado en noviembre de 2011 en <http://www.cepchile.cl/dms/lang_1/doc_4844.html>.

Cocco, Giuseppe. (2013). "Revuelta Brasileña: entrevista a Giuseppe Cocco" en *Lobo Suelto,* junio 23, consultado en junio de 2013 en <http://anarquiacoronada.blogspot.com.es/2013/06/revuelta-brasilena-entrevista-giuseppe.html>.

Gitlin, Todd. (2012). "Fifty Years Since the 60's. Marking Anniversary of Manifesto That Birthed Movement" en *Forward,* mayo 14, consultado en mayo de 2012 en <http://forward.com/articles/156050/fifty-years-since-the-s/?p=all>.

Graeber, David. (2011). "On Playing By The Rules — The Strange Success of #OccupyWallStreet" en *Naked Capitalism,* octubre 19, consultado en octubre de 2011 en <http://www.nakedcapitalism.com/2011/10/david-graeber-on-playing-by-the-rules-%E2%80%93-the-strange-success-of-occupy-wall-street.html>.

Freud, Sigmund. (1992). "Introducción del narcisismo", en *Obras Completas de Sigmund Freud,* vol. XIV. Buenos Aires: Amorrortu, pp. 65-98.

JAMESON, FREDRIC. (1973). "The Vanishing Mediator: Narrative Structure in Max Weber" en *New German Critique*, no. 1, pp. 52-82.

KANT, IMMANUEL. (1999). "Si el género humano se halla en progreso constante hacia mejor" [1798], en *Filosofía de la historia*. México, D. F.: Fondo de Cultura Económica, pp. 95-122.

KOSCHUTZKE, ALBERTO. (2012). "Chile frente a sí mismo. Los límites del fundamentalismo de mercado y las protestas estudiantiles" en *Nueva Sociedad*, no. 237 (enero-febrero), pp. 17-31.

KRUGMAN, PAUL. (2011). "Confronting the Malefactors" en *New York Times*, octubre 6, consultado en octubre de 2011 en <http://www.nytimes.com/2011/10/07/opinion/krugman-confronting-the-malefactors.html>.

LA TERCERA. (2011a). "81.9% de los chilenos simpatizan con demandas de estudiantes", consultado en octubre de 2011 en <http://www.latercera.com/noticia/educacion/2011/07/657-377552-9-819-de-chilenos-simpatiza-con-demandas-de-estudiantes-segun-encuesta.shtml>.

———. (2011b). "Movilización mantiene alto apoyo", consultado en noviembre de 2011 en <http://papeldigital.info/ltrep/2011/08/13/01/paginas/013.pdf>.

LACAN, JACQUES. (2009). "El estadio del espejo" en *Escritos*, vol. 1. México, D. F.: Siglo XXI, pp. 99-105.

LÖWY, MICHAEL. (2003). *Walter Benjamin: aviso de incendio*. Buenos Aires: Fondo de Cultura Económica.

MCLUHAN, MARSHALL. (1996). *Comprender los medios de comunicación*. Barcelona: Paidós.

O'DONNELL, GUILLERMO Y PHILIPPE SCHMITTER. (1986). *Transiciones desde un gobierno autoritario: conclusiones tentativas sobre las democracias inciertas*. Barcelona: Paidós.

ORGANISATION FOR ECONOMIC CO-OPERATION AND DEVELOPMENT (OECD). (2014). "OECD Income Distribution Database: Gini, poverty, income, Methods and Concepts", consultado en diciembre 2014 en <http://www.oecd.org/social/income-distribution-database.htm>.

RANCIÈRE, JACQUES. (2006). "Diez tesis sobre la política" en Iván Trujillo (ed.), *Política, policía, democracia*. Santiago: LOM Ediciones, pp. 59-79.

———. (2011). "The Thinking of Dissensus: Politics and Aesthetics" en Paul Bowman y Richard Stamp (eds.), *Reading Rancière*. Londres/Nueva York: Continuum, pp. 1-17.

REGUILLO, ROSSANA. (2012). "Human Mic: Technologies for Democracy" en *NACLA Report on the Americas*, 45.3, pp. 33-34.

WALLERSTEIN, IMMANUEL. (2011). "The Fantastic Success of Occupy Wall Street", consultado en octubre de 2011 en <http://www.iwallerstein.com/fantastic-success-occupy-wall-street/>.

ŽIŽEK, SLAVOJ. (2002). "A Plea for Leninist Intolerance" en *Critical Inquiry*, 28.2, pp. 542–66.

———. (2011). "Shoplifters of the World Unite" en *London Review of Books,* agosto 19, consultado en agosto de 2011 en <http://www.lrb.co.uk/2011/08/19/slavoj-zizek/shoplifters-of-the-world-unite>.

Notas

1 Este capítulo se basa en la ponencia presentada en el King Juan Carlos I Center por invitación del Hemispheric Institute for Performance and Politics de New York University, Nueva York, el 20 de septiembre de 2011. Fue publicado en la revista *Journalism, Media and Cultural Studies,* vol.1, n° 1, 2012, y luego en español en *Debate Feminista,* año 26, núm. 46, México, 2012, pp. 146-169. Esta versión es más extensa y actualizada.

2 Describo las movilizaciones como las de los indignados del 15M, Occupy Wall Street y #YoSoy132 como "insurgencias" para no utilizar el término "movimientos", sociales o de otro tipo. Las experiencias a las que hago alusión son más cercanas a los esquemas de comunicación distribuida y a los sistemas red que a los modos de comunicación, conectividad y difusión que solemos asociar con nuevos o viejos movimientos: en las insurgencias hay menos preocupación por liderazgos; la cooperación y las funciones se asignan más por capacidades que por jerarquías; las demandas no son el punto de partida de las acciones, etc. Puede que esta renuencia a hablar de "movimientos" resulte ser infundada y haya que abandonarla más adelante, pero por el momento me parece pertinente describir las movilizaciones contemporáneas como "insurgencias".

3 Le debo a Patricia Ybarra la mención de Augusto Boal, el activista y director de teatro brasileño, quien también habla del espectador como actor. Lo hace en *Teatro del oprimido* y luego en *Legislative Theatre* y otros textos más. En las traducciones al inglés de su trabajo aparece el término *spect-actors* para designar a un espectador que desestabiliza la separación ente la audiencia y lo que ocurre sobre el escenario. Como en la *Pedagogía del oprimido* de Paulo Freire, Boal propone una pedagogía político-performativa en la que el espectador asume un papel activo para transformar el entorno vivido de subordinación y miseria (Boal, 1980: 13-24; Boal 1998: 7, 54). Mi desarrollo de la noción de *espectactor* no se deriva de Boal sino de una lectura del escrito de Kant acerca del progreso moral (Kant, 1999: 103-109) que posteriormente conecto con el uso de redes sociales en las insurgencias contemporáneas. En ese artículo, Kant dice que la revolución es el signo del progreso, no tanto por lo que hacen o dejan de hacer sus líderes sino por lo que pasa por la cabeza de los espectadores que tal vez no participan en la lucha callejera pero toman partido. Se trata de una acción, no de una observación pasiva de los eventos: quien expresa sus opiniones en público queda expuesto a las consecuencias que se deriven de ello. Con esto como punto de partida, tomo al *espectactor* como un modo de subjetivación que desestabiliza la distinción entre actores políticos y espectadores. Las redes sociales actualizan y radicalizan el carácter borroso de las fronteras entre observar y actuar. Lo hacen incluso si reconocemos que la efectividad de algunos modos de acción en la Web 2.0 es objeto de polémica.

La política de la pasión[1]

Diana Taylor
New York University

Resumen

¿Qué opciones de justicia política y económica tiene la gente cuando el proceso electoral se ha violado o está dañado, los medios de comunicación secuestrados en manos de los agentes de poder, y las instituciones oficiales no pueden pronunciarse de manera transparente y legítima? En este estudio examino el resurgimiento e incluso la centralidad del cuerpo en la política contemporánea, refiriéndome a los movimientos políticos de activistas de México, Occupy Wall Street y otras protestas impulsadas por jóvenes. Este ensayo se centra en el *performance* de la activista y artista Jesusa Rodríguez durante las polémicas elecciones de 2006 en México, en las que dos millones de manifestantes se reunieron en el Zócalo (la plaza central de México y el corazón simbólico de la nación) para desafiar los resültados electorales a través de actos de desobediencia civil.

PALABRAS CLAVE: ELECCIONES PRESIDENCIALES 2006, PERFORMANCE, CUERPOS, POLÍTICA, EMOCIONES.

Abstract

What options for political and economic justice do people have when the electoral process has been violated or corrupted, the media sequestered in the hands of power-brokers, and when official institutions cannot adjudicate in a way that is seen as transparent and legitimate? In this study, I examine the resurgence and even centrality of the body in contemporary politics referring to activist political movements from Mexico to Occupy Wall Street and other youth-driven protests. This paper focuses on the performance activism of artist Jesusa Rodriguez during the 2006 Mexican contested elections, in which two million protesters gathered in the Zocalo (Mexico's central square and the symbolic heart of the nation) to challenge the election results through acts of civil disobedience.

KEYWORDS: 2006 PRESIDENTIAL ELECTIONS, PERFORMANCE, BODIES, POLITICS, EMOTIONS.

> What I shall have to say here is neither difficult nor
> contentious; the only merit I should like to claim for
> it is that of being true, at least in parts.
>
> J. L. Austin, *How to Do Things with Words*

I

Este capítulo explora las formas en que los cuerpos individuales y los afectos (la pasión) definen los conflictos políticos actuales que suceden en los márgenes o más allá de los partidos políticos y las jerarquías tradicionales. Basta con pensar en movimientos impulsados por el descontento generado por injusticias políticas y económicas: la llamada Primavera Árabe, el Verano Europeo, el Otoño Americano (Occupy Wall Street) y el Invierno Chileno de 2011. Los anteriores son unos cuantos ejemplos destacables de afectos que trascienden los sentimientos individuales para formar condiciones transnacionales (quizá coaliciones tácitas) de resistencia o incluso de revuelta. Aunque es evidente que la disposición temporal de estos eventos nos lleva a pensar equivocadamente que existe un ritmo natural o secuencial, dicho patrón también sirve para subrayar el hecho de que estos estallidos parecen ocurrir espontáneamente durante ciertos momentos históricos. Las décadas de 1930, 1960 y 2010 son apenas tres ejemplos. Al parecer, de la nada estallan protestas masivas, una tras otra. Palabras como *contagio* y *alineamiento* sugieren las varias formas en las que las personas pueden llegar a ser no sólo de un mismo sentir sino también un solo cuerpo: Canadá, Nigeria, México, Grecia, Israel, Portugal, Hong Kong, la Plaza Taksim en Estambul, Cairo.[2] En Brasil, 100 000 personas salieron a las calles (Romero y Neuman, 2013).[3] Marcelo Hotimsky del Movimiento Pase Libre (Movimento Passe Livre) de Brasil dijo: "No es algo que controlamos, o algo que incluso queramos controlar" (Romero y Neuman, 2013), aunque ciertamente los partidos políticos de izquierda y derecha intentan nombrarlo y cooptarlo. Muchos manifestantes reaccionan a las profundas desigualdades económicas locales exacerbadas por las disparidades de ingresos cada vez más crecientes en el mundo. Mientras que estos grupos pueden (sin saberlo) compartir una causa común, también transmiten y elaboran lo que Teresa Brennan llama "afectos energéticos" (2004: 51). Los INDIGNADOS, o las IDIGNADAS de España (como Manuel Castells los llama), las más de dos millones de personas que se manifestaron en más de ochocientas ciudades del mundo entre mayo y octubre de 2011 animadas por la indignación —como lo expresa claramente su nombre—, representan afecto puro (2012: 113). "De repente —escriben los analistas de la situación en Brasil— un país que una vez fue visto como un ejemplo estelar de un poder democrático ascendente se encuentra de cabeza por un levantamiento popular amorfo, sin líder y unificado en torno a un tema: un rechazo indignado y a veces violento de la política de siempre" (Romero y Neuman, 2013).

Pero los actos indisciplinados y las pasiones no pueden restringirse al "afuera": cruzan límites ideológicos, muestran miedos, ansiedades, prejuicios y esperanzas que animan las actitudes y las acciones del Estado mismo. Los comentaristas usualmente adjudican el afecto a la oposición, caracterizando a aquellos fuera de los sistemas políticos establecidos como irracionales o iracundos. Lo que Freud sugirió poco después de la Primera Guerra Mundial sigue siendo cierto en la actualidad: "Parece que las naciones todavía obedecen a sus pasiones mucho más fácilmente que a sus intereses" (1957: 288). La Alemania de Hitler es apenas un ejemplo extremo de las formas en que la movilización gubernamental de afectos y estructuras venenosas diseñadas para identificar y aborrecer a los adversarios crea las condiciones para sembrar un "pánico moral" que abruma todos los sistemas racionales y jurídicos diseñados para contener estos afectos y estructuras. El pánico moral surge, según Javier Treviño Rangel, "cuando un episodio, persona o grupo son definidos como una amenaza a ciertos valores o intereses sociales. Suponen un miedo irracional o un fenómeno fuera de control" (2009: 644-5). Por "política de la pasión" me refiero a la movilización de afectos con fines políticos en los niveles colectivos, estructurales y transideológicos que eluden los métodos tradicionales de organización de partidos y prácticas políticas, tales como el cabildeo y la votación.

Así, las decisiones políticas de la última década se han forjado crecientemente a través de la lucha afectiva y corporizada. La teórica mexicana Rossana Reguillo (2007) ha notado una tendencia a la despolitización de la política por medio de una política de la pasión que sobrepasa (y rechaza) las instituciones tradicionales. Convencidas de que el proceso electoral ha sido violado o corrompido, personas de todo el mundo con diferentes filiaciones políticas han estado reuniéndose, manifestándose, presionando y exigiendo un cambio a través de una **práctica activa** y no sólo discursiva o representacional.

El papel de los cuerpos físicos en los movimientos políticos ha sido ampliamente debatido en los Estados Unidos y en otros lugares desde la década de 1960; fue en esta época cuando las protestas callejeras dieron resultados exitosos en las manifestaciones a favor de los derechos civiles, las luchas feministas y en contra de la guerra. Desde entonces, por ejemplo, *Critical Art Ensemble* (Conjunto de Arte Crítico, CAE) argumentó en su texto *Electronic Civil Disobedience* (Desobediencia civil electrónica) lo siguiente:

> La nostalgia por el activismo de los sesenta repite indefinidamente el pasado como presente; desafortunadamente esta nostalgia también ha infectado a una nueva generación de activistas que no tienen memoria viva de los años sesenta. Debido a este sentimentalismo surgió la creencia de que la estrategia de "salir a las calles" funcionó entonces y funcionará ahora para enfrentar problemas actuales (1996: 10).

El CAE concluye: "¡En lo que respecta al poder, las calles son capital muerto! Nada que tenga poder para las élites se puede encontrar en las calles" (1996: 11). En lugar de bloquear el acceso a los edificios del gobierno y a lo que solían ser estructuras estables de poder, el CAE abogó por la desobediencia civil electrónica para bloquear el flujo de "capital de información" (1996: 9), la naturaleza "ondulatoria" de Deleuze de la sociedad de control (Deleuze, 1992).

El escarnio del afecto —de la nostalgia y el sentimentalismo— cegó a el CAE, a pesar de toda su genialidad. Si bien se centró en la idea de la eficacia, se olvidó de otros aspectos vitales de la desobediencia civil: el elemento visionario, el comunicativo, el afectivo y el contestatario. En lugar de reproducir indefinidamente el pasado como presente, podríamos plantear que las marchas y ocupaciones ensayan un presente democrático largamente prometido y largamente diferido. Al reunirse, aquellos que están en la oposición se identifican entre sí. Allí demuestran que la gente puede convertirse en participante activa; la protesta puede suceder; la resistencia no sólo es posible sino que está siendo recreada. Los proyectos artísticos y las actividades colaborativas les brindan a los manifestantes la fuerza y la concentración necesarias para mantener su activismo día tras día. Las calles ponen de manifiesto el hecho de que ESTAMOS AQUÍ. Visiblemente. Experiencialmente. Políticamente. No somos una abstracción como "los estadounidenses" o, en este caso, "los mexicanos", tampoco un número en una encuesta, un subgrupo o una circunscripción fácilmente divisible.

Para pensar en el *performance* político de una manera más amplia, tenemos que mirar el papel de las redes sociales y los medios digitales. Los movimientos de protesta recientes muestran el grado en que las separaciones y tensiones anteriores entre el activismo de calle y el activismo en línea parecen estar disolviéndose. Muchos manifestantes tienen teléfonos inteligentes; están siempre conectados, ya sea en la red o en contacto entre sí, y son, por supuesto, identificables para aquellos en el poder. El papel de las tecnologías digitales en alzamientos en todo el mundo incluye medios tradicionales —la radio, la fotografía y el video— y plataformas sociales electrónicas como Facebook y Twitter. Pero mientras los cuerpos físicos se expanden en sus cuerpos electrónicos y digitales, el equilibrio entre *on* y *off line* no siempre funciona de la misma manera. Cuando Mubarak deshabilitó el servicio de Internet en Egipto, la gente se lanzó a las calles; sin embargo, sabía a dónde ir porque por un par de años se habían estado desarrollando planes contestatarios en Internet. En Turquía, en cambio, los tuits informaron lo que estaba sucediendo en la Plaza Taksim a la población en general (Tucker, 2013). Sandra González-Bailón y Pablo Barbará (2013) también comentaron las protestas en Turquía de la siguiente manera:

> Hay muchas evidencias que sugieren que las redes sociales han sido fundamentales en la difusión de información, especialmente ante la ausencia de cobertura por parte de los medios tradicionales: para reclutar y movilizar a los manifestantes; para coordinar el movimiento sin la infraestructura de las organizaciones formales, y para

llamar la atención y el apoyo de la comunidad internacional. El hecho de que las redes sociales estaban en el corazón de estas protestas fue reconocido desafiantemente por el mismo Primer Ministro turco, cuando las describió como "la peor amenaza para la sociedad". También hay informes de que veinticinco personas fueron arrestadas por hacer uso de Twitter para difundir información sobre la protesta.

Los cuerpos y las redes sociales habitan el mismo —aunque expandido— mundo de poder. Las fuerzas represivas saben dónde localizar y arrestar a sus críticos, tal y como lo evidencian PRISM y otros programas de vigilancia y de recopilación de información. Manifestantes y soplones terminan en la cárcel o en prisiones de tránsito en los aeropuertos de Moscú. Aunque la mayoría de los levantamientos recientes implican formas mixtas de prácticas digitales y corporales, Ricardo Domínguez (2012) nos recuerda que la "vanguardia indígena" exige que consideremos la posibilidad de tierras sin calles y comunidades sin redes.

Pero, por ahora, en el contexto de los acontecimientos que ocurrieron en 2006, antes de la apropiación política de los medios sociales, voy a pensar en cuerpos que actúan en el espacio público en relación a los medios tradicionales —principalmente la publicidad y la televisión— que han sido dominados por poderosos intereses empresariales de la derecha política. Aunque no quiero reducir a una esencia la noción de los cuerpos, vamos a suponer que debido a razones históricas, fenomenológicas y políticas específicas, estos cuerpos dan al menos la ilusión de una estabilidad y una coherencia ontológica.

II

Ahora trataré las polémicas elecciones mexicanas de 2006, en las que dos millones de manifestantes se reunieron en el Zócalo (la plaza central de México y el corazón simbólico de la nación) para desafiar los resultados electorales a través de actos de desobediencia civil. Espero que este ejemplo aclare la importancia que tienen los cuerpos en la política, un aspecto que se puede extender a movimientos más recientes como Occupy Wall Street y otras protestas impulsadas por la juventud.

No voy a pormenorizar en las elecciones de 2006 y su relación con las elecciones de julio de 2012 ni con la política mexicana como tal. En cambio, me enfocaré en la eficacia y las limitaciones del *performance* como política, usando las elecciones de 2006 como un asombroso estudio de caso de varios *performances* simultáneos en la esfera pública: Andrés Manuel López Obrador (AMLO), Jefe de Gobierno del Distrito Federal y popular candidato presidencial del PRD, reunió a millones en el Zócalo cuando se enteró de que las elecciones habían favorecido a su oponente, Felipe Calderón, candidato del PAN.[4] Muchos creyeron entonces —y creen todavía— que la victoria de Calderón fue producto de un fraude electoral. Casi la mitad de los votos en las casillas designadas no coincidieron con el escrutinio final (Weisbrot, 2012). AMLO

Imagen 1. Toma de protesta de AMLO en el Zócalo del D.F. Foto: Cristina Rodríguez.

sabía que no tendría acceso a la televisión y a otros medios de comunicación.[5] Ahora todo dependía de los cuerpos. YouTube y Twitter todavía no se habían convertido en parte de la red de distribución que la política da por sentado hoy en día. Millones de mexicanos, preocupados de que el PAN podía haberse robado las elecciones después de siete décadas de una democracia ilusoria, exigieron un recuento de votos.[6]

Los manifestantes, organizados por la artista de *performance* y cabaret Jesusa Rodríguez, salieron a las calles y organizaron campamentos y una protesta pacífica masiva (plantón) que se prolongó durante cincuenta días. Obstruyeron el Zócalo de la ciudad de México y paralizaron el tráfico en avenida Reforma, la vía principal de la capital. Los manifestantes escenificaron una resistencia no violenta en la que 3 400 *performances* se llevaron a cabo.

AMLO tomó posesión como "presidente legítimo" en una ceremonia "simulada"; "simulada" en relación a la ceremonia "real" que fue opacada y reformulada como ilegítima. La toma de posesión oficial se llevó a cabo en una ceremonia de cuatro minutos en medio de una acalorada pelea en el congreso (García Navarro, 2010).[7]

Sin embargo, estas declaraciones, estas exhibiciones populares y actos ceremoniales estallaron en un contexto político de "pánico moral", en el que los adversarios de AMLO lo describieron como un "monstruo político", un "peligro para México" y un populista "mesiánico" (Treviño Rangel, 2009: 644).[8] Estos actos ilustran hasta qué punto el *performance* y la política, y el *performance* como política, comprenden múltiples repertorios culturales y prácticas legitimadoras superpuestas y a menudo controvertidas. Voy analizar la puesta en escena, el poder de los performativos políticos y de lo que llamaré *animativos políticos*, y el papel del espectador, que caracterizaron el escenario de una participación democrática que todavía está por venir.

El término *performativo*, tal y como lo entiende J. L. Austin, hace referencia al lenguaje que da origen a la realidad misma que anuncia, por ejemplo, la declaración del cura "Los declaro marido y mujer" tiene la fuerza de la ley (1975: 6-8). Legalmente, en algunas religiones, marido y mujer se vuelven "uno". Estas declaraciones son *performances* verbales que tienen lugar dentro de convenciones altamente codificadas; su poder se deriva de la legitimidad investida en actores sociales autorizados (el cura, el juez) más que en individuos. Todas las partes deben actuar de buena fe: sin cruzar los dedos al hacer una promesa, sin ignorar el mandamiento del cura cuando pide hablar ahora o callar para siempre. Estos incumplimientos podrían nulificar el acto en lugar de hacerlo "verdadero" o "falso". Incluso si fuera cierto que el acto se llevó a cabo, éste no habría logrado su cometido de legitimar una unión marital. En términos políticos, más que en términos lingüísticos, podríamos decir que los performativos pertenecen al ámbito de la cohesión interna, de la autoridad claramente definida, facultada por el consenso popular, y producen una versión reconocida y convenida de "lo real".

Los animativos —como yo los defino—, están basados en cuerpos. La conversión en "un cuerpo" excede la formulación discursiva. Los animativos son parte movimiento, como en la animación, y parte identidad, ser o alma, como en ánima o vida. El término abarca el movimiento fundamental que es la vida (dar vida a) o que anima la práctica corporal. Sus dimensiones afectivas incluyen el ser animado, comprometido y "conmovido". El término *ánimo* enfatiza otra dimensión del latín *animatus*: 'coraje', 'determinación', 'perseverancia'. Hace referencia también a 'animar' o 'dar ánimo'. Los animativos, entonces, son clave para la vida política. Castells nos recuerda que "las emociones son el motor de la acción colectiva" (2012: 134). Los animativos se refieren a las acciones que tienen lugar en las desordenadas y con frecuencia poco estructuradas interacciones entre individuos. Abarcan comportamientos corporales, experiencias y relaciones, a veces bulliciosos y agitados. Éste es entonces el reino de lo potencialmente caótico, anárquico y revolucionario al que Jack Halberstam (2013) se refiere como "lo salvaje", aquello que "perturba el orden de las cosas y produce nueva vida". El término *performativo*, en este ejemplo, podría indicar la fuerza jurídica del fallo emitido por el Tribunal Electoral del Poder Judicial de la Federación (TEPJF) del ganador de las elecciones de 2006; mientras que el concepto *animativo* señala el alboroto que se desató en el Zócalo y en el país.

Mis distinciones necesitan cierto énfasis. ¿Acaso los performativos son siempre codificados y convencionales, incluso cuando provocan la novedad que anuncian? El teórico político Benjamín Arditi señala el potencial utópico de los performativos: "Son acciones y declaraciones que anticipan algo por venir a medida que los participantes empiezan a experimentar —conforme comienzan a vivir— aquello por lo que luchan *mientras* luchan por ello" (2012: 4). Sin lugar a dudas, la expresión "Hágase la luz" inaugura la vida, aunque incluso aquí el acto depende del poder de un hablante autorizado: Dios. La obra de Austin, *How to Do Things with Words* (*Cómo hacer cosas con palabras*) es una extensa exploración de los grupos y subgrupos interconectados que definen qué son y qué no son los performativos; qué pueden y qué no pueden hacer. Los performativos, en el sentido que Austin les asigna, funcionan sólo dentro de las condiciones claramente demarcadas por él y, en ese sentido, siempre dependen de la autoridad y el consenso. Yo no iría tan lejos como para asociar los performativos con la soberanía y los poderes reguladores del Estado, como lo hicieron los debates en torno a Hobbes y los performativos en los años sesenta y setenta (Bertman, 1978: 44). Propongo que los performativos, como todas las otras formas de *performance*, pueden ser liberadores u opresivos, según el contexto. Pero me parece que los performativos dependen de estructuras convencionales para su eficacia. Sin embargo, por esa misma razón son susceptibles a la amenaza de trastorno.

Una de las cosas más interesantes de los escritos de Austin sobre performativos es su exposición de los múltiples ejemplos en que éstos pueden malograrse: hechos desafortunados, infelicidad, equivocaciones, invocaciones fallidas, aplicaciones erróneas, entre otras. Me parece que lo anterior ofrece valiosos casos de estrategias de resistencia contra convenciones y códigos dentro de los cuales los performativos reclaman un poder enunciativo. Ya he escrito acerca del "relajo" como un conjunto de acciones de interrupción espontánea que desafían a la autoridad, y que rompe (aunque sea por un momento) la configuración y los límites del grupo o la comunidad. Traducido al inglés como *commotion* y *ruckus*, o como *joke* o *laugh*, el "relajo" sólo funciona para alterar convenciones. No habría "relajo" sin una autoridad para ser desafiada o códigos de conducta que poner de cabeza. En mi libro *The Archive and the Repertoire* (*El archivo y el repertorio*) digo que el relajo es

> un acto de desvalorización, o lo que el fallecido intelectual mexicano Jorge Portilla llama "desolidarización" con las normas dominantes con el fin de crear una solidaridad diferente, una solidaridad alegremente rebelde —la solidaridad del que lleva las de perder. Es una forma "negativa" de expresión en el sentido de que se trata de una declaración en contra, nunca a favor de una posición. No obstante, el relajo no es amenazante porque es cómico y subversivo en formas que permiten un distanciamiento crítico en lugar de un desafío revolucionario. Es una digresión, no un ataque frontal (2003: 129).

El arte y las prácticas activistas a menudo afectan a los performativos. Un ejemplo: el colectivo Yeguas del Apocalipsis (integrado por Francisco Casas y Pedro Lemebel, dos artistas chilenos de *performance* homosexuales, radicales y brillantes) era el terror de eventos literarios y exposiciones de arte, dado su gusto por el escándalo y por aparecer sin invitación en eventos autodenominados de alta cultura.

> Para el encuentro de los intelectuales con Patricio Aylwin (presidente de Chile entre 1990 y 1994) previo a las elecciones de 1989, no fueron convocadas pero llegaron igual. Subieron al escenario con tacos y plumas y extendieron un lienzo que decía "Homosexuales por el cambio". Al bajar del escenario, Francisco Casas se lanzó sobre el entonces candidato a senador Ricardo Lagos y le dio un beso en la boca (Memoria chilena. Biblioteca Nacional de Chile).

Los performativos y los animativos, como dejan claro estos ejemplos, sólo funcionan juntos. Ninguna enunciación tiene significado sin la re-acción de los interlocutores o invocados. Los términos llaman la atención sobre diferentes actos políticos, apropiaciones y posiciones abarcadas por un término más amplio: *performance*. La razón de separar las formas en que estos diversos actos trabajan no es para cimentar distinciones y binarios, sino más bien (en el espíritu de Austin) para ampliar la gama de posibilidades y metodologías políticas dentro de la rúbrica más amplia de *performance*.

La eficacia de los performativos depende entonces del reconocimiento/acuerdo de los asistentes. Y también el destinatario promulga siempre una posición: puede ser de convenio o de consenso, de desidentificación, de disenso o de rechazo radical. Las dos millones de personas que se reunieron en el Zócalo denunciaron abiertamente los resultados divulgados desde arriba; apoyaron a su propio candidato como presidente legítimo, sin importar si esta acción produjo o no un hecho "real" ampliamente reconocido. Uso estos términos, entonces, no para ilustrar un entendimiento de la política definido por distinciones claras entre *alto/bajo*, *elitista/populista*, *real/simulado*. El espacio entre esos términos, ese espacio de fricción, contradicción, denuncia e interfaz resulta mucho más fructífero para mí en la comprensión de cómo las jerarquías y las estructuras políticas tradicionales se han expandido y desordenado por la política participativa contemporánea.

Los múltiples *performances* políticos de México (como todos los *performances*) deben ser entendidos *in situ*, dentro del contexto de los actos políticos que les dieron origen: las décadas de corrupción y fraude electoral, la pobreza endémica (50% de los mexicanos viven en la pobreza; 20% en pobreza extrema), la brutal batalla de imágenes librada en los medios durante las mencionadas elecciones, la irrupción de los pobres tradicionalmente marginados en el proceso electoral, la demostración de fuerza de los militares mexicanos después de las elecciones y las crecientes olas de violencia y violaciones a los derechos humanos que han ocurrido en diferentes regiones de México desde 2006, y que han dejado alrededor de 100 000 muertos y desaparecidos.[9]

El domingo después del anuncio de los resultados electorales, un millón de personas se reunieron en el Zócalo para mostrar su apoyo a AMLO. Desde ese momento, los diversos actos de protesta abrieron nuevos caminos, los actores sociales improvisaron sobre la marcha. La disputa por el poder era clara: por una parte, el PAN era el partido en el poder y tenía control de los recursos, de las fuerzas armadas y de las instituciones legitimadoras; hizo alianzas con el PRI (el partido que gobernó México por más de setenta años y que ahora está de nuevo en el poder), los medios de comunicación, los empresarios ricos en el norte de México y la derecha estadounidense. En el otro lado habían millones de personas: progresistas, intelectuales, jóvenes y un gran número de indígenas y mestizos que finalmente encontraron un lugar en un partido político. Por su parte, los Zapatistas condenaron las elecciones al alegar que el gobierno mexicano, el "mal gobierno", no los había apoyado ni había cumplido sus acuerdos; hicieron su propia campaña, "La otra campaña". Como un comentarista señaló, "La otra campaña" no es "otra" campaña, sino una campaña de "otros" (Ross,

2005). México se convirtió en un campo de entrenamiento masivo para la puesta de escenarios democráticos a través de la desobediencia civil.

AMLO inició la marcha desde el Auditorio Nacional; caminaron por Reforma hasta el Zócalo, la sede del poder ejecutivo por los últimos setecientos años, desde que los mexicas construyeron su *cue* (o templo principal) en el mismo lugar. Allí se encontraron con más seguidores, que habían venido de todo el país para unirse a él. Su exigencia era que cada voto fuera contado nuevamente: "Voto por voto, casilla por casilla".

Desde un punto de vista conceptual, este *performance* tenía fuerza política y simbólica, pero la puesta en escena planteaba un problema real. Jesusa Rodríguez (la más famosa intérprete de cabaret y activista de México) fue al Zócalo ese primer domingo y se encontró con una enorme tarima, un escenario vacío. El millón de personas que esperaban a AMLO no tuvieron nada que hacer durante las tres horas que le tomó al candidato desplazarse a pie del Auditorio Nacional al Zócalo. Cuando AMLO finalmente llegó, todos sus consejeros políticos y seguidores lo rodearon. Nadie podía verlo. Rodríguez recuerda haber pensado: "Un escenario es un escenario, y tiene sus reglas y normas. Alguien tiene que organizarlo; la gente tiene que poder ver y escuchar". Como Rodríguez señaló, muchos políticos no entienden cómo funciona el "teatro político" en vivo.

Rodríguez organizó la segunda manifestación política que se llevó a cabo en el Zócalo. La tarima ahora tenía plataformas para que AMLO pudiera situarse en el centro del escenario; los miembros del partido se alinearían detrás de él. Mientras AMLO caminaba de Reforma al Zócalo, actores y escritores reconocidos leían, cantaban y entretenían al público. Como Jefe de Gobierno del Distrito Federal, AMLO dispuso de enormes pantallas de televisión instaladas a lo largo de la ruta, para que quienes marchaban pudieran ver lo que sucedía en el Zócalo, mientras los que se encontraban en el Zócalo podían ver a su líder acercándose. La caminata en sí misma tuvo un efecto dramático *in crescendo*, construyendo y acentuando simbólicamente el efecto de la aproximación de AMLO para ocupar el centro de poder. Cuando llegó a la plaza, fue recibido con los brazos abiertos por la admiradora PATRIA, la actriz Regina Orozco vestida como la Madre Patria.

Pero aún más significativo fue que los asistentes podían verse a sí mismos, magnificados como un gran cuerpo colectivo tanto en las pantallas como fuera de ellas; ahora eran una parte visible de un movimiento histórico que podían vislumbrar y con el cual podían identificarse. La puesta en escena no cambió lo que sucedió. Su eficacia radica en el cambio de sentido de participación de todos en el evento. El *performance* —en este caso el medio de los pobres— hizo posible que la gente se representara a sí misma (más en el sentido democrático y no en el mimético de la palabra, como en *representación política*) y que se viera a sí misma *en* y *como* una fuerza política. Al lograr una identificación pasional, la fuerza del evento creó el "cuerpo" mismo que

Imagen 2. Plantón de los simpatizantes de AMLO en el Zócalo. Foto: Diana Taylor.

únicamente decía *representar*. Pero en lugar de un lenguaje actante, aquí los cuerpos actúan; cuerpos que se sienten despojados de su lenguaje en la forma de su voto. Ellos estaban votando con sus pies, como dice el refrán en inglés. La participación política comienza a asumir otras formas más afectivas.

El plantón fue una forma diferente de *performance*: lo animativo retaba al performativo oficial. La ocupación era al mismo tiempo una reclamación corporal de inclusión y un *performance* de la pertenencia, del establecimiento de una "ciudad" diferente que la gente ocuparía y controlaría por más de cincuenta días. La ciudad —campamento que escenificó una visión alternativa de lo que la vida social comunitaria podría ser— de una sociedad más abierta y equitativa. Representantes de todo México vivieron en tiendas de campaña improvisadas, instaladas a lo largo de varios kilómetros de la ruta de protesta. Los roles tradicionales de género se transformaban, los hombres cocinaban y limpiaban, y surgían nuevas formas de colaboración. El plantón invirtió la dicotomía público/privado a la que nos hemos acostumbrado a través del uso del espacio público como si fuera privado. Las conversaciones por celular y los iPods han creado una nueva etiqueta: llevamos nuestro mundo privado a dondequiera que vamos. Estos actos diarios reafirman los públicos privados del capitalismo con la privatización del espacio público. Mi mundo burbuja me permite bloquear todo y a todos los que no me apetecen. Aquí, sin embargo, lo privado se hizo público mientras la gente se apiñaba literalmente hombro a hombro, viviendo junta y en paz en una de las ciudades más grandes del mundo. Una noción diferente de la política no solamente fue visualizada, sino también puesta en escena. "El carácter radical utópico" del plantón, recordando las palabras de Herbert Marcuse acerca de los alzamientos de 1968, fue una "expresión de la práctica política concreta" (1969: ix).

El vivir *como si fuera posible* (*living as if*) culminó con el *performance* más extraño de todos: la toma de posesión de AMLO como "presidente legítimo", jefe de un gobierno paralelo que contaba con cerca de un millón de constituyentes. La declaración del performativo falló por una razón: AMLO no tenía la autoridad reconocida para promulgar su reclamo. El acto fue "nulo", según los parámetros de Austin, pero ciertamente no "exento de efecto" (1975: 16). El acto fallido sirvió para cuestionar la autoridad de la decisión "oficial". En lugar de participar en la "democracia simulada de la derecha", su *performance* acentúo no sólo la teatralidad y la naturaleza simulada de lo "real", sino también el potencial verdadero de lo que *podría ser* (*what if*). El escenario ofreció otro marco para imaginar un camino a seguir, señalando la farsa e imaginando otros futuros alternativos posibles. El *como si fuera posible* y *lo que podría ser*, como señala Aristóteles, son asuntos muy "serios [...]; la labor del poeta no es informar lo que ha sucedido, sino lo que es probable que suceda; es decir, lo que podría suceder de acuerdo a las reglas de la probabilidad o la necesidad" (1973: 32). El *como si fuera posible* (*as if*), en términos políticos, crea un deseo y exige un cambio; deja huellas que reaniman escenarios futuros. En México, esto significa imaginar la política como un espacio de convergencia y potencialidad, en lugar del que todos reconocemos como un pacto fraguado a puerta cerrada por los poderosos. Los dos, *como si fuera posible* y *podría ser*, a menudo entendidos por comentaristas cínicos como una simple afectación o "simples fantasías", pueden abrir vías liberadoras y progresivas para re-invenciones sociales, ampliando los límites de la imaginación política.

Le pregunté a Rodríguez qué aspectos de su experiencia como artista de cabaret la habían preparado para organizar la coreografía de todo un movimiento político. A juzgar por su respuesta, el cabaret bien podría ser un entrenamiento esencial para la política. Rodríguez tenía que mantener en mente la estructura general de la situación —la lucha "creativa" y no violenta contra el fraude y la opresión—, por tanto, tuvo que actuar sin un guion. Su cuerpo fue primordial para el *performance* (lo cual trajo ventajas e inconvenientes que veremos más adelante). La naturaleza de improvisación de su trabajo de cabaret, donde constantemente trae a colación figuras públicas y temas de actualidad en una obra de arte estructurada libremente, la habían entrenado para mantenerse alerta y responder creativamente a lo que sucedía a su alrededor. La improvisación, como metodología, se basa en la práctica: Rodríguez me recordó que "sólo se puede aprender a improvisar improvisando." También hizo énfasis en la importancia de la presencia corporal: desarrollar una concentración profunda y una conexión con las personas y el espacio a su alrededor, para convertirse así en un órgano de transmisión de la energía que se mueve en ella y a través de ella hacia la multitud. El afecto, como argumenta Teresa Brennan, circula entre nosotros; no somos autónomos como individuos (2004: 14). El enorme poder de la protesta corporal surge de este flujo sin restricciones de energía y afecto; la expansión y regeneración constante de la entidad política. La serenidad fue igualmente importante cuando Rodríguez se vio enfrentada a considerar diferentes opciones. Una buena imaginación y sentido del humor no sólo son clave para el *performance* y el cabaret, también nos permiten visualizar un mundo mejor. Por otra parte, administrar El Hábito —un espacio alternativo para el *performance*— les enseñó (a Rodríguez y a su esposa Liliana Felipe) a planear y programar actividades con seis meses de antelación. Ellas han administrado El Hábito por quince años. Entonces, mientras que el *performance* sucede siempre en el ahora, también tiene la mirada puesta en el futuro. El tipo de cabaret de Rodríguez, al igual que la política, es una forma de *performance* de larga duración.

III

La política de la pasión y los escenarios para una sociedad más equitativa que esta política es capaz de generar pueden ser políticamente eficaces. Desde el año 2000, marchas populares de ciudadanos comunes han derrocado por la vía pacífica a seis gobiernos no democráticos en América Latina: Ecuador, Bolivia, Venezuela, Argentina, Perú y últimamente en Guatemala. En *Why Civil Resistance Works* (*Por qué funciona la resistencia civil*), Erica Chenoweth y Maria J. Stephan comentan el éxito del derrocamiento no violento de los regímenes de Serbia (2000), Madagascar (2002), Georgia (2003), Ucrania (2004-5) y Líbano (2005), así como las revueltas en curso en Medio Oriente. Ellas señalan, además, que entre 1900 y 2006, "las campañas de resistencia no violenta tuvieron casi el doble de efectividad que las campañas de resistencia violenta en la consecución total o parcial de sus fines políticos" (Chenoweth y Stephan, 2011: 7). Esto es posible en parte porque "las barreras morales, físicas, informativas y de compromiso para la participación son más franqueables para la resistencia no violenta" (2011: 10).

A pesar de lo anterior, confiar en el *performance* como política implica ciertos riesgos y peligros, y algunos de estos riesgos tienen que ver con la naturaleza tan inestable del *performance* como tal: puede devolver a los funcionarios a sus justas proporciones, pero es difícil saber cuándo la resistencia, la desobediencia civil y las protestas desencadenarán una reacción violenta. Chenoweth y Stephan etiquetan las protestas de 2006 como un "fracaso" en la tabla de conclusiones (2011: 33). Pero ¿qué significa el fracaso en un caso como éste?

Desde el punto de vista práctico, las protestas no lograron su objetivo de forzar un recuento total de la elección. Los agentes en el poder se resistieron a tal exigencia. El efecto a largo plazo fue que la presidencia de Calderón, al igual que la primera administración de George W. Bush, se vio empañada por una nube de ilegitimidad.

En otro nivel, el plantón fue representado como un desastre estratégico: alejó a los simpatizantes de AMLO y le dio a la oposición (y a otros espectadores) la oportunidad de presentar al perredista como un radical. Un par de meses después de las polémicas elecciones, muchos de los que votaron por AMLO dijeron que no votarían por él en caso de celebrarse las elecciones nuevamente. Todo el espectáculo los había desalentado. Para otros, aun siendo simpatizantes del movimiento —como los camioneros y taxistas que aguantaron diariamente el tráfico en una ciudad compleja—, nunca perdonarían a AMLO por lo que llegó a percibirse, literalmente, como la aplicación de una política obstruccionista.

A pesar de lo anterior, quizá lo más grave del rechazo a AMLO después de las elecciones de 2006, es que hubo un rechazo del *performance* de una sociedad más equitativa. Está bien para la clase media, e incluso para los progresistas, acoger la "igualdad" en un nivel abstracto; no obstante, estas clases se atemorizan al ver el poder de una clase trabajadora dinámica y motivada. Aunque la mayoría de los oradores principales eran blancos, casi todas las personas reunidas en el Zócalo eran morenas. ¿Acaso los estudiantes, artistas e intelectuales blancos abandonaron la lucha? ¿Acaso sintieron que el movimiento social, mayoritariamente mestizo, no los representaba? Incluso una mirada superficial a las caras asociadas con el movimiento estudiantil mexicano #YoSoy132 revela una demografía muy diferente en términos de edad, clase social y raza.

El plantón nos recuerda que las protestas y las ocupaciones están siempre enmarcadas por muchas fuerzas e intereses mediados. Los animativos aterrorizan a los gobiernos cuyo objetivo principal es controlar a los cuerpos mediante la movilización o la amenaza de la fuerza, o a través del uso de edictos performativos, decretos y declaraciones oficiales que llevan consigo el peso de la ley. Los animativos también retan a los observadores curiosos que responden de manera diferente a espectáculos de desafío y resistencia. ¿Quién controla la acción? Para bien o para mal, los animativos carecen de las estructuras de legitimación, autoridad y jerarquías que empoderan a los performativos. Los animativos, lingüísticamente tan cercanos a la animación —concepto que nos remite a lo que Sianne Ngai llama la "tecnología incesante" (*nonstop technology*) de los dibujos animados—, plantean preguntas serias con respecto a la agencia. En *Ugly Feelings*, Ngai explora lo que ella denomina "animacionalidad" (*animatedness*) como algo "particularmente receptivo al control externo" (2005: 91). El cuerpo inanimado usurpa la "voz del hablante humano" y su agencia (Ngai, 2005: 123). Por un lado el alboroto puede ser liberador, sin embargo, no siempre es claro de qué se trata.

El plantón les permitió a los medios de comunicación mostrar los cuerpos en las calles y en las plazas como una chusma manipulada por fuerzas externas. Lo mismo sucedió con Occupy Wall Street. Uno de los primeros artículos sobre el movimiento publicado en *The New York Times* apareció con una fotografía de dos hombres jóvenes. El primero, un latino muy bien vestido con traje y corbata fue representado como un trabajador diligente; el segundo, un hombre blanco, despeinado y desaliñado, parecía un vago perezoso. El texto resume el mensaje: aquellos que trabajan duro en los Estados Unidos salen adelante; otros, que esperan que las cosas simplemente les lleguen en bandeja de plata, nada más se sientan a quejarse. ¿Desigualdades económicas estructurales? Ridiculeces... Los que protestaban, en ambos casos, fueron retratados como peones bajo el hechizo de un ideal ilusorio. Los agentes del poder y comentaristas de los medios de comunicación conjuraron escenarios de pánico moral y de inminente desastre económico. La gente en las tiendas de campaña, muchos de origen indígena o mestizo, desencadenó un profundo temor y un arraigado racismo. Para algunos participantes, la ciudad-campamento ofrecía una posibilidad utópica de confianza y colaboración; pero para la mayoría de los testigos curiosos, los campamentos —especialmente como fueron enmarcados por medios de comunicación hostiles— pronosticaban la "caída" de la clase media que la propaganda había predicho. La derecha les había advertido que AMLO (otro Castro o Chávez), se llevaría todas sus propiedades y pertenencias (Treviño Rangel, 2009: 640). Y aquí estaban ellos, sus seguidores, ¡durmiendo en las calles! Los adeptos fueron tildados de "apestosos", "holgazanes", ladrones irracionales y maleantes que no sabían nada de política (2009: 641). Peor aún, fueron descritos como "ajenos a la modernidad", o como, para traer a colación la frase de Jean Franco (2013), "un lastre para un país en lucha por ser parte del Primer Mundo" (2013: 7). Entonces, ¿quién controla a quién? ¿La agencia y la acción provienen de los cuerpos en la calle o de los agentes de poder? ¿Y quién está observando? ¿Quién atestigua la lucha de la presentación y la representación para decidir si se une a protestar o si apaga el televisor?

IV

Los espectadores políticos son, entonces, una fuerza que requiere consideración. Kant nos recuerda que las revoluciones tienen lugar (para bien o para mal) cuando despiertan "una simpatía que raya con el entusiasmo en los corazones y deseos de todos los espectadores que no están directamente involucrados" (1991: 182). Kant reconoce que la pasión es poderosa, pero políticamente inválida porque "toda pasión como tal es reprochable" (1991: 184). Es evidente, y no sólo para Kant, que los espectadores, situados de alguna manera fuera de la acción, son tan susceptibles a la manipulación como los cuerpos en el escenario.

Desde Platón hasta la actualidad, los filósofos han reconocido que hay cierto poder y una política en el acto de mirar, aunque pocos podrían ponerse de acuerdo acerca de cuál, exactamente, es esa política. Para Platón, el artista talentoso o "charlatán" puede "engañar a los niños o a la gente simple," que no puede distinguir entre "el conocimiento y la ignorancia, la realidad y la representación" (Platón, 1991: 281). En la *Poética*, Aristóteles afirmó el poder pedagógico de la representación, pero abogó por mantener la violencia fuera del escenario por razones éticas, y no necesariamente porque los espectadores no deberían presenciarla (por ser obscena); para Aristóteles el escenario estaba reservado para el reconocimiento y la comprensión de esa violencia. En *Las ranas*, Aristófanes señaló que a veces los espectadores eran objeto de maquinaciones políticas en lugar de simplemente aprender de las mismas. Si bien la idea de que toda visión es parcial, mediada y susceptible a todo tipo de distorsiones y manipulaciones —se remonta al mito de la caverna de Platón—, los debates sobre lo que puede y no puede ser conocido desde la posición del espectador continúan hasta el presente. Dichos debates se han hecho más complejos hoy en día por el predominio de espectáculos mediatizados y tecnologías digitales interactivas.

¿Qué constituye entonces ser espectador político? ¿Son los espectadores la masa estupefacta que Brecht calumnia, esa que se sienta en un cuarto oscuro como en trance, "como hombres a los que se les está haciendo algo"? (Brecht, 1964: 187) Rancière, al igual que muchos antes que él, cree que el espectador se encuentra atrapado en una paradoja. Por un lado, en la cosmovisión brechtiana, según Rancière, mirar "es lo contrario de actuar: el espectador permanece inmóvil en su asiento, pasivo. Ser espectador es estar separado al mismo tiempo de la capacidad de conocer y del poder de actuar" (2000: 2). Por otra parte, en el teatro ideal de Artaud, los espectadores desaparecerían por completo, convirtiéndose en participantes totalmente atrapados en la acción. Rancière resume la posición de Artaud: el espectador "debe estar sustraído de la posición de observador [...], despojado de este dominio ilusorio [y] arrastrado al círculo mágico de la acción teatral" (2000: 4). De hecho, Althusser, más que Artaud, insiste en el privilegio y el poder que se le ofrece al espectador distanciado: "Madre Coraje es presentada a usted. A ella le corresponde actuar. A usted le corresponde juzgar. En el escenario la imagen de la ceguera, en las butacas la imagen de la lucidez" (2005: 148). Mientras Althusser critica el modelo de identificación del espectador como la reducción de la "conciencia social, cultural e ideológica" a "una conciencia puramente psicológica" (2005: 149), los espectadores distantes o hegemónicos se benefician de una no-identificación: ellos no tienen que involucrarse. Como lo indica la imagen del "juez" propuesta por Althusser, estos espectadores disfrutan de la superioridad y el poder que acompañan la elevada posición de quien condena, sin sentirse implicados en el procedimiento. Los problemas del espectador hegemónico son más acentuados en el ámbito del *performance* político, donde la gente se siente mucho menos implicada en la construcción ideológica del evento e incluso más empoderada para exigir una explicación. La responsabilidad para crear significado recae en las protestas y no en el espectador hegemónico.

Otros, como el brasileño Augusto Boal, teórico y director de teatro, rechazan la posición de "mirar pasivamente" que con frecuencia se asocia al espectador. La conclusión de Boal en el *Teatro del oprimido* según la cual "¡Espectador [es] una Mala Palabra!" (2008: 134), podría verse como un reciclaje de los mismos planteamientos de Rancière, pero sus metodologías para (re)entrenar a aquellos que han aprendido a comportarse como observadores políticos pasivos son lo más cercano, creo, a la implementación de la emancipación del espectador de Rancière. En otro texto, Boal escribe que "el teatro es una forma de conocimiento; el teatro puede y debe ser un medio para cambiar a la sociedad" (2002: 16). El teatro de imagen, el teatro legislativo, el teatro del periódico y el teatro invisible, entre otras formas que Boal desarrolló, enseñaron a los participantes a ver críticamente, a reflexionar, a actuar y a intervenir en lo que veían. La emancipación para Rancière "comienza cuando se vuelve a cuestionar la oposición entre mirar y actuar [...]. Las relaciones del decir, del ver y del hacer pertenecen, ellas mismas, a la estructura de la dominación y sujeción" (2000: 13). Los especta-actores" (*spect-actors*) de Boal asumen su papel de observadores activos, participando en las acciones a su alrededor (2002: 15). Él también entiende que mirar es hacer, al igual que no mirar es el acto de no hacer. Ambas cosas son acciones. Nadie ha desarrollado una estrategia más eficaz para el espectador emancipado, si por ello aceptamos la definición de Rancière de "lo que significa la palabra *emancipación*: cuando se desdibujan los límites entre los que actúan y los que miran, entre los individuos y los miembros de un cuerpo colectivo" (2000: 19).

Parte de la paradoja del espectador, en mi opinión, se deriva de que la mayoría de las teorizaciones acerca de la visualización activa o pasiva surgen del teatro, tal y como lo demuestran los ejemplos que he usado. La palabra *teatro*, del griego *thea*, que significa 'una vista', era el lugar apropiado para mirar. El término *espectador* viene de la misma palabra, *theates*; *teoría* tiene la misma raíz. La etimología sugiere que a partir de sus orígenes lingüísticos, la persona (el espectador), el acto (el mirar) y la investigación crítica (teorizar) eran inseparables. No obstante, los siglos de entrenamiento para que los espectadores se queden quietos en sus asientos y sigan las convenciones teatrales han producido no sólo la idea del espectador pasivo, sino también a los espectadores pasivos como tales. Pero no hay nada inherentemente pasivo en el espectador, incluso cuando limitamos nuestro análisis al ámbito de lo teatral.

De manera similar, la teórica israelí Ariella Azoulay desarrolla la idea del "espectador ético", que asume su papel como participante en el escenario. Aunque Azoulay se refiere a la fotografía más que a la acción corporal en vivo, su énfasis en la ética es la clave para comprender el *performance* y la política, y el *performance* como política: el "enfoque cambia de la ética de ver o de mirar a una ética del espectador, una ética que comienza a dibujar los contornos de la responsabilidad del espectador hacia aquello que es visible" (2008: 130).

Los *performances* políticos hacen visible el disenso. Las protestas, actos de desobediencia civil, huelgas, marchas, vigilias y bloqueos retan al espectador a evaluar la situación, a pensar críticamente y tal vez incluso a tomar partido. ¿En qué consisten estas protestas? ¿Y cuál es la responsabilidad del espectador? Los espectadores anti-hegemónicos van a informarse. Pero aún teniendo en mente los imperativos del espectador ético, emancipado y antihegemónico, es importante reconocer las múltiples puestas en escena de la mirada y del ser que tienen lugar de manera simultánea, algunas de ellas señaladas, como en el teatro occidental convencional, con su escenario y sus butacas, tal y como en el ejemplo de Althusser; otras se confinan a la estructura y al contrato de la fotografía; otras tienen lugar de manera continua mientras la gente camina en las calles, observando y siendo observada, vigilada y rastreada simultáneamente. Este es un campo visual mucho más intenso que el descrito por Sartre o incluso Lacan.[10] Los límites entre el *performance* y la política (siempre porosos) se han hecho cada vez más borrosos. Vemos *performers* políticos, políticos performando, *performers* como políticos y el *performance* de un cargo político, mientras las cámaras se enfocan en las banderas, uniformes militares, colores nacionales, podios, cintas y sellos presidenciales. Varios algoritmos determinan qué páginas de Internet se ponen a disposición de quién (Pariser, 2011). Los espectadores son al mismo tiempo agentes políticos, el objeto de la política y *performers* de otros espectadores que ven los acontecimientos desde un punto de vista privilegiado.[11] Casi todos los eventos son *performados* para la televisión, o transmitidos en línea para una audiencia distante que se encuentra en su propia casa (este público no se ve, sin embargo en nuestra época de extracción masiva de datos, no es desconocido). Los participantes también pueden estar "ahí" a través de videos en vivo o *chats*. En convenciones y mítines, aquellos que físicamente están presentes suelen ver los eventos en pantallas gigantes en las que proyectan a los oradores. Los participantes "en vivo" sirven como telón de fondo entusiasta al otro espectáculo que ocurre fuera del escenario, en la arena pública virtual. La eficacia del *performance* no se mide con la reacción de los espectadores en la sala, sino con encuestas y sondeos diarios. Estas puestas en escena complican cualquier cosa que podamos decir del espectador en las protestas actuales. También plantean antiguas preguntas acerca de la perspectiva, (la corporización) y la ubicación que han sido tradicionalmente asociadas con los estudios de la visión y el *performance*, pero ahora con un giro fascinante. ¿Acaso el predominio de la mediación tecnológica señala el fracaso del "en vivo" y "el mirar" como medios de conocimiento? ¿O es que el triunfo de otros sistemas de transmisión convirtió la visión corporal en otra simple repetición, con la que sólo podemos ver y reconocer aquello que nos han enseñado a ver, aquello que hemos visto antes? En cualquier caso, una nueva forma de ser espectador tiene lugar a partir de todos estos marcos mediados que complejizan la visión de Brecht de un público sentado en una habitación oscura. Hay muchas formas de participar, muchas maneras de estar ahí, aunque no todas se consideren tan poderosas, inmediatas y experiencialmente vibrantes, como lo son las prácticas corporales para algunos manifestantes.

Yo creo que las complicaciones alrededor de la representación —ya sea en sistemas políticos tradicionales o en los medios de comunicación— ayudan a explicar el resurgimiento e incluso la centralidad del cuerpo en la política, cuerpos que, como he señalado antes, reclaman un cierto grado de estabilidad ontológica. Los cuerpos comunican mucho más que la experiencia visual. La gente comparte la energía que se acumula a medida que pasa a través de las multitudes. Los sentimientos de solidaridad les permiten a algunos manifestantes tomar riesgos que no necesariamente asumirían por su propia cuenta. Pueden estar protestando por una causa, pero sus lealtades a menudo crecen para incluir a sus compañeros manifestantes: estamos en esto juntos. ¿Es posible que las protestas transmitan esta sensación de energía y solidaridad a los transeúntes? Esto depende en parte de las condiciones. Chenoweth y Stephan notaron más participación en los movimientos no violentos porque la gente se sentía segura y justificada en la expresión de sus puntos de vista. Grupos de activistas como Otpor recomiendan que la protesta sea tan divertida e interactiva con el público como sea posible. De hecho, su continua resistencia no violenta e infinitamente creativa llevó al derrocamiento de Slobodan Miloševic en Yugoslavia. En la medida en que los partidos políticos no logran representar a sus electores, las personas están re-aprendiendo a representarse a sí mismas; no obstante, esto de ninguna manera los protege de las tergiversaciones mediáticas. En 2011, el MANIFESTANTE fue la "Persona del año" de la revista *Time*. En la imagen de la portada, diseñada por Shepard Fairey, una joven hermosa con rasgos del Medio Oriente (digna, no obstante exótica) aparece con velo y llevando a cabo una representación sesgada. Su rostro da una definición al masivo clamor anónimo presente en la imagen a espaldas de su rostro.

¿Y qué pueden hacer los espectadores y los comentaristas acerca de todo esto? ¡Los críticos hicieron un llamado para que los inconformes nombraran sus demandas! Slavoj Žižek acusó a los manifestantes en el Reino Unido de ser "rufianes", cuya protesta a "cero grados" (*zero-degree protest*) era "una acción violenta que no exigía nada". ¿Dónde estaban los performativos? En este y otros comentarios más recientes, Žižek revela su profunda desconfianza de lo afectivo en la política. "La política adecuada comienza —según él— una vez que la primera oleada emotiva de cambio ha terminado" (2013: 11-12). Segun Arditi, Žižek asegura que "los participantes no tenían un mensaje y se parecían más a lo que Hegel llamaba *la chusma* que a un sujeto revolucionario emergente. El problema para Žižek no es la violencia callejera como tal sino su incapacidad de ser lo suficientemente asertiva" (2012: 1). De acuerdo con Žižek ésta es una violencia que se manifiesta como "furia y desesperación impotentes disfrazada como una demostración de fuerza; es la envidia disfrazada de carnaval triunfante" (Žižek, en Arditi: 1). Más tarde, por supuesto, Žižek hizo un llamado para "ocupar primero, exigir después": animativos antes que performativos. Los que tuvieron acogida en México, en España, en OWS, no obstante, fueron los animativos. La ocupación del espacio público, con sus tiendas, bibliotecas, espacios de reunión, centros de comida, centros de comunicación digital y muchas cosas más se popularizó en todo el mundo. Los movimientos, todos los gestos, implicaban una repetición, un elemento de reunión y una improvisación. A todo el mundo se le ocurrió cualquier cantidad de actos para instruir y divertir. Figuras como Anonymous rechazaron la tentación de un liderazgo claramente individualizado: todos forman parte del 99%. Estos gestos animados recrean una política de presencia masiva unificada. La negativa de OWS de hacer una exigencia para enfocar su fuerza en una o más demandas habla por sí misma. Pero nuevamente, esto sólo funciona si otros se unen. Yo diría que nuestro papel (y con esto me refiero al mío, al de Žižek, al de Arditi y al de todos aquellos que escribimos sobre estos movimientos) no es tratar de liderar o prescribir, sino ayudar, especialmente en el sentido del término *asistir*, que significa también estar presente. Esto quiere decir legitimar el acto de ocupación estando ahí, física o virtualmente, como destinatarios voluntarios. De nuevo, como en el caso de México, la noción misma de lo "real" es objeto de debate y construcción. ¿Quién tiene el derecho de decidir? *Asistir* significa defender, aumentar, asegurar que las injusticias que nombran no sólo son de ellos, las de un grupo privado de derechos y representación política como los medios los llaman frecuentemente, sino también nuestras. Al fin y al cabo estamos implícitos en ese 99%. Pero la belleza del 99% es que hace un llamado a la solidaridad y a la identificación, y no al protagonismo individual de ciertas figuras famosas reconocibles. También en este caso hablamos de redes de distribución. Ni los Žižek, ni siquiera las Jesusas Rodríguez, pueden encabezar este tipo de movimiento que requiere una práctica cotidiana e individual que los sobrepasa. Como decían los manifestantes mexicanos: la democracia no se trata de votar una vez cada seis años, se trata de la defensa del voto. Un manifestante en Occupy Wall Street expresó esto de forma sutilmente diferente (aunque parafraseé sus palabras): no se puede tener relaciones sexuales cada cuatro años y llamar a eso una vida sexual. La política es un compromiso constante, un proceso, un acto cotidiano, una manera de visualizar un futuro, un hacer y una cosa hecha, por cierto, incidentalmente. Esto es también la definición de *performance*.

Traducción: Juan David Cruz Duarte.

Bibliohemerografía

ALTHUSSER, LOUIS. (2005). *For Marx*. London: Verso.
ARDITI, BENJAMÍN. (2012). "Insurgencies don't have a plan —they are the plan: Political performatives and vanishing mediators in 2011" en *JOMEC* 1, (June), pp. 1-16. Consultado el 2 de abril de 2014 en <http://www.cardiff.ac.uk/jomec/jomecjournal/1june2012/arditi_insurgencies.pdf>.
ARISTOTLE. (1973). *Poetics*. Ann Arbor: University of Michigan Press.

Austin, J. L. (1975). *How to Do Things with Words*. Cambridge MA: Harvard University Press.

Azoulay, Ariella. (2008). *The Civil Contract of Photography*. New York: Zone Books.

Bell, David R. (1969). "What Hobbes Does With Words" en *The Philosophical Quarterly*, vol. 19, no. 75 (April), pp. 155-158.

Bertman, Martin A. (1978). "Hobbes and Performatives" en *Crítica: Revista Hispanoamericana de Filosofía*, vol. 10, núm. 30 (diciembre), pp. 41-53.

Boal, Augusto. (2002). *Games for Actors and Non-Actors*. London: Routledge.

—— (2008). *Theatre of the Oppressed*. London: Pluto Press.

Brecht, Bertolt. (1964). "A Short Organum for the Theatre" en John Willet (ed.), *Brecht on Theatre: The Development of an Aesthetic*. New York: Hill and Wang, pp. 179-205.

Brennan, Teresa. (2004). *The Transmission of Affect*. Ithaca: Cornell University Press.

Bryson, Norman. (1988). "The Gaze in the Expanded Field" en Hal Foster (ed.), *Vision and Visuality (Discussions in Contemporary Culture)*. Seattle: Bay Press, pp. 86-108.

Castells, Manuel. (2012). *Networks of Outrage and Hope: Social Movements in the Internet Age*. Cambridge UK: Polity Press.

Chenoweth, Erica y Maria J. Stephan. (2011). *Why Civil Resistance Works: The Strategy Logic of Nonviolent Conflict*. New York: Columbia University Press.

Critical Art Ensemble. (1996). *Electronic Civil Disobedience*, consultado el 2 de abril de 2014 en <http://critical-art.net/books/ecd/>.

Deleuze, Gilles. (1992). "Postscript on the Societies of Control" en *October*, vol. 59 (Winter), pp. 3-7.

Domínguez, Ricardo. (2012). "Convergence: The Geo/Body Politics of Emancipation", Conference-Duke University (November 9-11).

Franco, Jean. (2013). *Cruel Modernity*. Durham NC: Duke University Press.

Freud, Sigmund. (1957). "Thoughts for the Times on War and Death" en James Strachey (ed.), *The Standard Edition of the Complete Psychological Works of Sigmund Freud, Volume XIV (1914-1916): On the History of the Psycho-Analytic Movement, Papers on Metapsychology and Other Works*. London: The Hogarth Press.

Galbraith, James K. (2006). "Doing the Math in Mexico" en *The Guardian*, 17 de julio, consultado el 2 de abril de 2014 en <http://www.theguardian.com/commentisfree/2006/jul/17/themexicanstandoff>.

García Navarro, Lourdes. (2006). "Calderon's Swearing-In Marred by Violence" en *National Public Radio*, 1 de diciembre, consultado el 2 de abril de 2014 en <http://www.npr.org/templates/story/story.php?storyId=6567193>.

González-Bailón, Sandra y Pablo Barberá. (2013). "The Dynamics of Information Diffusion in the Turkish Protests" en *The Monkey Cage*, 9 de junio, consultado el 2 de abril de 2014 en <http://themonkeycage.org/2013/06/09/30822/?utm_

source=feedburner&utm_medium=feed&utm_campaign=Feed%3A+them
onkeycagefeed+%28The+Monkey+Cage%29>.

HALBERSTAM, JACK. (2013). "Going Gaga: Chaos, Anarchy and the Wild" en *Social Text*, vol. 31, no. 3 (Fall), pp. 123-134.

KANT, IMMANUEL. (1991). "The Contest of the Faculties" en *Kant Political Writings*. Hans S. Reiss (ed.), Cambridge UK: Cambridge University Press.

MARCUSE, HERBERT. (1969). *An Essay on Liberation*. Boston: Beacon Press.

MCKINLEY JR, JAMES C. (2006). "Mexico Swears in New Leader, Quickly" en *The New York Times*, 2 de diciembre, consultado el 2 de abril de 2014 en <http://www.nytimes.com/2006/12/02/world/americas/02mexicocnd.html?_r=0>.

MEMORIA CHILENA. Biblioteca Nacional de Chile, consultado el 2 de abril de 2014 en <http://www.memoriachilena.cl/602/w3-article-96708.html>.

NGAI, SIANNE. (2005). *Ugly Feelings*. Cambridge MA: Harvard University Press.

RANCIÈRE, JACQUES. (2000). *The Emancipated Spectator*. London: Verso.

PARISER, ELI. (2011). *The Filter Bubble: What the Internet is Hiding from You*. New York: The Penguin Press.

PLATO. (1991). *The Republic*. New York: Basic Books.

REGUILLO, ROSSANA. (2007). "Subjetividad sitiada. Hacia una antropología de las pasiones contemporáneas" en *E-misférica* 4.1 (junio), consultado el 2 de abril de 2014 en <http://hemisphericinstitute.org/hemi/en/e-misferica-41/reguillo>.

ROMERO, SIMON Y WILLIAM NEUMAN. (2013). "Sweeping Protests in Brazil Pull in an Array of Grievances" en *The New York Times*, 20 de junio, consultado el 2 de abril de 2014 en <http://www.nytimes.com/2013/06/21/world/americas/brazil-protests.html?pagewanted=all&_r=0>.

ROSS, JOHN (2005). "*La Otra Campaña*: The Zapatista Challenge in Mexico's Presidential Election" en *Counterpunch*, 5-7 de noviembre, consultado el 2 de abril de 2014 en <http://www.counterpunch.org/2005/11/05/the-zapatista-challenge-in-mexico-s-presidential-elections/>.

SHAH, ANUP. (2011). "Public Protests Around The World" en *Global Issues*, consultado el 2 de abril de 2014 en <http://www.globalissues.org/article/45/public-protests-around-the-world>.

TAYLOR, DIANA. (2003). *The Archive and the Repertoire: Performing Cultural Memory in the Americas*. Durham NC: Duke University Press.

TREVIÑO RANGEL, JAVIER. (2009). "Pánico moral en las campañas electorales de 2006: la elaboración del 'peligro para México'" en *Foro Internacional*, vol. 49, núm. 3 (julio-septiembre), pp. 638-689, consultado el 2 de abril de 2014 en <http://www.redalyc.org/articulo.oa?id=59921016006>

TUCKER, JOSHUA. (2013). "A Breakout Role for Twitter? Extensive Use of Social Media in the Absence of Traditional Media by Turks in Turkish in Taksim Square

Protests" en *The Monkey Cage*, 1 de junio, consultado el 2 de abril de 2014 en <http://themonkeycage.org/2013/06/01/a-breakout-role-for-twitter-extensive-use-of-social-media-in-the-absence-of-traditional-media-by-turks-in-turkish-in-taksim-square-protests/>.

UNITED STATES DEPARTMENT OF ARMY AND MARINE CORPS. (2010). *Counterinsurgency Field Manual.* New York: Cosimo Reports.

WEISBROT, MARK. (2012). "Irregularities reveal Mexico's election far from fair" en *The Guardian*, 9 de julio, consultado el 2 de abril de 2014 en <http://www.theguardian.com/commentisfree/2012/jul/09/irregularities-reveal-mexico-election-far-from-fair>.

ŽIŽEK, SLAVOJ. (2011). "Shoplifters of the World Unite" en *London Review of Books*, citado en Benjamín Arditi, "Insurgencies don't have a plan —they are the plan. Vanishing mediators and viral politics". Mesa redonda "Política y performance en los bordes del neoliberalismo: tramas contemporáneas". King Juan Carlos of Spain Center, New York University, 20 de septiembre de 2011.

———. (2013). "Trouble in Paradise" en *London Review of Books*, vol. 35, no. 14, julio 18, pp. 11-12, consultado el 2 de abril de 2014 en <http://www.lrb.co.uk/v35/n14/slavoj-zizek/trouble-in-paradise>.

Notas

1 "The Politics of Passion" es el título original de este ensayo y se publicó por primera vez en la revista *E-misférica 10.2* (Summer 2013).

2 Ver "Public Protests Around The World" de Anup Shah. *Global Issues,* consultado el 1° de julio de 2013 en http://www.globalissues.org/article/45/public-protests-around-the-world.

3 "Al preguntarle por qué las protestas estaban surgiendo ahora, dijo: '¿Por qué no ahora? Esto no es algo que sucede sólo en Brasil, sino una nueva forma de protestar que no se canaliza a través de las instituciones tradicionales'. Todd Gitlin, profesor de periodismo y sociología en la Universidad de Columbia, quien ha estudiado movimientos sociales, incluyendo Occupy Wall Street y la Primavera Árabe, dijo que era difícil saber exactamente qué chispas podrían desencadenar un movimiento más amplio" (Neuman and Romero, 2013).

4 Las siglas PRD se refieren al Partido de la Revolución Democrática, un partido de centro-izquierda; PAN hace referencia al partido conservador, Partido Acción Nacional.

5 Mark Weisbrot, en el artículo de *The Guardian* publicado en julio 9 de 2012, continúa de la siguiente manera: "Alrededor del 95% del material transmitido por televisión es controlado por tan sólo dos compañías: Televisa y Televisión Azteca, y su hostilidad contra el PRD ha sido documentada".

6 En las elecciones del año 2000, el PAN ganó después de 71 años de gobierno del PRI. La práctica generalizada de fraude electoral —incluyendo las elecciones infames de 1988— ha dado pie a comentarios sobre México como un país unipartidista, a pesar de que el voto es libre. Las acusaciones generalizadas de fraude en 2006 fueron, por tanto, espe-

cialmente preocupantes, ya que muchos consideraban que México finalmente había llegado a la era de las elecciones legítimas. Para la discusión del fraude electoral durante las elecciones de 2006, véase "Doing the Math in Mexico", de James K. Galbraith. Consultado el 30 de abril de 2013 en http://www.guardian.co.uk/commentisfree/2006/jul/17/themexicanstandoff.

7   Ver también "Mexico Swears in New Leader, Quickly" de James C. McKinley Jr. 2 de diciembre de 2006. Consultado el 30 abril de 2013 en http://www.nytimes.com/2006/12/02/world/americas/02mexicocnd.html?_r=0.

8   Ver también Enrique Krauze, "Bringing Mexico Closer to God" en el *New York Times*, 28 de junio de 2006. Consultado el 27 de junio de 2013 en http://www.nytimes.com/2006/06/28/opinion/28krauze.html?adxnnl=1&pagewanted=print&adxnnlx=13723503582P24DVAuW0K/lZ2DDhHv8A.&_r=0.

9   Aún está por determinarse el número exacto de personas muertas por violencia relacionada con el narcotráfico durante el gobierno de Felipe Calderón. Human Rights Watch, en una carta al presidente Obama, calcula la cifra en 70 000. Consultado el 30 de abril de 2013 en http://www.hrw.org/news/2013/04/29/obama-address-human-rights-failures-joint-counternarcotics-strategy. A su vez, más de 20 000 personas desaparecieron durante el mismo período. *Bases de datos sobre personas desaparecidas*. Consultado el 30 de abril de 2013 en http://desaparecidosenmexico.wordpress.com/.

10 Ver "The Gaze in the Expanded Field" en *Vision and Visuality*, de Norman Bryson, Hal Foster (ed.), Seattle: Bay Press, 1988, pp. 86-108.

11 El *Manual de contrainsurgencia del Ejército de EE. UU.* de 2006 deja en claro que la opinión popular permite actuar a la capacidad de las fuerzas armadas y por lo tanto debe ser controlada: "Los Estados Unidos poseen una superioridad militar convencional abrumadora. Esta capacidad ha llevado a sus enemigos a luchar contra las fuerzas estadounidenses de manera poco convencional, mezclando la tecnología moderna con antiguas técnicas de insurgencia y terrorismo. La mayoría de sus enemigos o no trata de derrotar a los Estados Unidos por medio de operaciones convencionales o no se limita a medios puramente militares. Ellos saben que no pueden competir con las fuerzas estadounidenses en esos términos. En lugar de ello, tratan de agotar la voluntad nacional de los EE. UU. con el objetivo de ganar deteriorando y sobreviviendo al apoyo público. Derrotar a estos enemigos presenta un enorme desafío para el ejército y la infantería de marina. Para logarlo se necesitan los esfuerzos creativos de cada soldado e infante de marina en los Estados Unidos" (2010: ix).

YoSoy132, UN MOVIMIENTO-RED: AUTOCOMUNICACIÓN, REDES POLICÉNTRICAS Y CONEXIONES GLOBALES[1]

Pablo Aragón
DatAnalysis15m
Universitat Pompeu Fabra
Eurecat – Centro Tecnológico de Cataluña
pablo.aragon@eurecat.org

Arnau Monterde
DatAnalysis15m
Universitat Oberta de Catalunya
amonterde@uoc.edu

Resumen

YoSoy132 es un movimiento emergente en el tramo final de las elecciones presidenciales de México en 2012. El uso constante de las redes de comunicación por parte de YoSoy132 nos obliga a cuestionar los marcos de interpretación y estudio de los movimientos sociales tradicionales. Mediante el análisis de casi dos millones y medio de tuits de la red social Twitter, este ensayo presenta una aproximación a YoSoy132 y su comunicación en red. A partir de técnicas de análisis de redes sociales, vemos la relación de este movimiento con medios de comunicación y plataformas de Internet. Al mismo tiempo, prestamos atención a su organización y características descentralizadas y, por último, comprobamos su relación con otros movimientos desde una perspectiva global. Este estudio abre, a su vez, líneas alternativas para examinar de manera interdisciplinaria los movimientos sociales en red que están surgiendo en el siglo XXI.

PALABRAS CLAVE: YOSOY132, MOVIMIENTOS SOCIALES EN RED, MÉXICO, TWITTER, COMUNICACIÓN, ANÁLISIS DE REDES SOCIALES.

Abstract

The YoSoy132 movement emerged in the final stretch of the 2012 Mexican presidential elections. The intensive use of communication networks by #YoSoy132 requires that we challenge the critical and interpretative frameworks articulated around traditional social movements studies. In this paper we analyze almost two and a half million tweets in order to define an approach to YoSoy132 and its networked communication. By using social networks analysis techniques, we observe this movement's relationship with media and Internet platforms. At the same time, we pay attention to its decentralized organization and characteristics and, finally, we examine its relationship to other movements from a global perspective. This study opens, in turn, alternative interdisciplinary perspectives from which to examine the socially networked movements emerging in the 21st century.

Keywords: YoSoy132, network social movements, Mexico, Twitter, communication, social network analysis.

Introducción

Desde finales de 2010 y especialmente en 2011, se produjeron numerosos procesos de movilización social en el norte de África, Europa y el continente americano. Durante la Primavera Árabe en países como Egipto o Túnez, el 15M en España, Occupy Wall Street en Estados Unidos y YoSoy132 en México, apareció una serie de rasgos que invitan a reflexionar sobre estos movimientos a partir de nuevos marcos analíticos que pongan de manifiesto su dimensión en red. En todos estos procesos, las redes de comunicación y las tecnologías de la información juegan un papel protagonista al desplazar a los medios de comunicación tradicionales a un plano secundario y al abrir nuevos campos de posibilidad para la acción colectiva.

El movimiento YoSoy132, surgido en México a principios de mayo de 2012 bajo la etiqueta de la "Primavera Mexicana", se presentó como respuesta a una situación de cierre mediático. Constituyó una dura crítica a los medios de comunicación tradicionales y apeló de manera directa a los cimientos del sistema político: la democracia. En pocos días, YoSoy132 pasó a jugar un papel protagonista en la carrera de las elecciones presidenciales y ocupó un nuevo espacio comunicativo, el de los movimientos en red.

En este capítulo tratamos algunas preguntas sobre cómo aproximarse —analítica y conceptualmente— a estos movimientos emergentes que hemos decidido nombrar provisionalmente como movimiento-red. Este concepto se desarrolla de manera empírica con base en una serie de datos recogidos en Twitter durante el periodo de junio a diciembre de 2012 y que se fundamenta en tres sub-conceptos:

- YoSoy132 como una red de autocomunicación de masas.
- YoSoy132 como un sistema-red policéntrico mutante.
- YoSoy132 como una red global que trasciende el espacio nacional mexicano.

De los medios de comunicación tradicionales a los movimientos red

Los medios de comunicación de masas o tradicionales se definen como la producción institucionalizada y difusión generalizada de bienes simbólicos, a través de la fijación y transmisión de información o contenido simbólico (Thompson, 1998) para poder entender su dimensión institucional y a la vez su crisis. Con el nacimiento de Internet en 1969 y su larga trayectoria durante cuarenta años, se ha producido un cambio en el entorno de la comunicación (Castells, 2009) que va desde los laboratorios y la apropiación científica hasta los hogares y las empresas. Estos cambios abren el debate sobre el papel que juega Internet en los medios de comunicación de masas y la manera en que los está transformando (Cardoso, 2011).

La profunda crisis de los medios se expresa como un cambio en las formas de comunicación a través de una serie de acontecimientos, además de una transformación de las prácticas y actitudes hacia los mismos medios y su papel en la sociedad. Los ejemplos son muy diversos y pueden apreciarse en las tendencias más evidentes —la caída repentina de la venta de periódicos, la proliferación de la distribución P2P de contenido audiovisual, la creciente presencia de la publicidad en Internet— o, de forma menos evidente, en el papel de las redes sociales en el día a día de los ciudadanos y las empresas, la relación entre los periodistas y la sociedad civil en la cobertura de acontecimientos por Twitter y otros sitios de *microblogging*, y la apropiación de las prácticas de código abierto por parte de los científicos (Cardoso, 2011).

Aquí se introduce uno de los conceptos más importantes sobre el que se sustentan algunas de nuestras afirmaciones: la autocomunicación de masas en el marco de la teoría de la sociedad red (Castells, 2000). La autocomunicación de masas surge con el desarrollo de tecnologías, dispositivos y aplicaciones que apoyan la proliferación de espacios sociales en Internet gracias al aumento de la capacidad de banda ancha y un innovador *software* de código abierto. Estos elementos dan lugar al desarrollo de redes horizontales de comunicación interactiva que conectan lo local y lo global en el tiempo elegido (Castells, 2009).

A partir de la crisis de los medios y la emergencia de la autocomunicación de masas, junto con las transformaciones de las prácticas políticas vinculadas a la comunicación cada vez más distribuida, en la medida que se generaliza el acceso a Internet, nos interesa trabajar con el concepto de comunicación en red (Cardoso, 2011) como resultado de la combinación de fuerzas históricas que han influido en la globalización de la comunicación. Esta mediación en red constituye la adopción de la autocomunicación de masas por parte de la población mundial, el paso a la comunicación interpersonal multimedia y la comunicación mediada de uno a muchos, donde se cruzan diferentes tecnologías que permiten elegir los grados de interactividad y combinar formas de participación en la esfera pública y privada. En el modelo de comunicación desarrollado en las Sociedades de la Información, partiendo de la red como forma de organización social (Castells, 2002), la comunicación en red retoma un papel central. No reemplaza a los modelos precedentes sino que los interconecta, de forma que se producen nuevos formatos de comunicación y permiten, al mismo tiempo, novedosas formas de empoderamiento y, por lo tanto, de autonomía comunicativa (Cardoso, 2011).

Castells (2012) también desarrolla el concepto de movimientos sociales en red como modelo emergente, a raíz de las movilizaciones en el mundo árabe, el 15M en España y Occupy en Estados Unidos. Estos movimientos se distinguen por su carácter en red, su descentralización, su hibridación entre el ciberespacio y el espacio urbano, su viralidad y multimodalidad.

Otras aproximaciones que parten de la experiencia del 15M en España proponen el uso del concepto "tecnopolítica", que se puede definir como la articulación entre el uso estratégico de las tecnologías de la comunicación para la acción y la organización colectiva (Toret, 2012), teniendo en cuenta la importancia de las transformaciones de la subjetividad social en un ambiente cada vez más tecnologizado y conectado. En este sentido, en la sociedad red se producen cada vez con más frecuencia formas de contestación social en estrecha relación con el crecimiento de las capacidades tecnopolíticas de las multitudes conectadas (Toret, 2012), donde el campo de los movimientos en red es un terreno de investigación emergente en el que se cruzan múltiples disciplinas de análisis que permiten abordarlo desde una mirada compleja.

En este capítulo y a partir del análisis de una parte de YoSoy132, nos aproximamos al concepto de movimiento-red con base en las descripciones de la reciente investigación de Javier Toret et al. (2013) que lo definen como un sistema red, que califica al 15M como un sistema abierto con fronteras y contornos móviles y cambiantes. Así, el sistema-red construye una membrana que no sólo toma cierta distancia del exterior, sino que funciona también como interfaz de relación con el entorno.

Por último, y abordando la dimensión global de estos movimientos, podemos remarcar el efecto "contagio" tanto de las movilizaciones que reflejan el poder de la gente, como de las tácticas de comunicación hacia el mundo entero de los activistas de medios para evitar la censura y el control de los mismos (Cottle, 2011), como sucedió en la Primavera Árabe. Se observa un claro impulso con este fondo en los inicios de Occupy Wall Street y del 15M español (Lotan, 2011). Según Castells (2012), las redes están dentro del movimiento, con otros movimientos del mundo, en la blogosfera, en los medios de comunicación y en la sociedad en general y presentan una serie de características comunes.

Internet y Twitter en México

Según un informe de la Asociación Mexicana de Internet (AMPICI, 2012), los usuarios han pasado de 17,2 millones en 2005 a 40,6 en 2011. La mayor parte de los internautas en México se concentran en las franjas de edad entre los 12 y 17 (26,5%), 18 y 24 (23%) y 25 y 34 años (17,3%). El mismo estudio revela que el tiempo promedio de conexión diaria fue de cuatro horas y nueve minutos; cuarenta y siete minutos más que en 2011. Además, el acceso a las redes sociales se posicionó como la segunda actividad en Internet.

De hecho, AMPICI (2012) presenta a Facebook, YouTube y Twitter como las redes sociales más utilizadas. En Facebook encontramos un 90% del total de internautas, 60% en YouTube y 55% en Twitter. Alrededor del 46% acceden desde su *smartphone* tanto a Facebook como a Twitter.

Si nos enfocamos únicamente en Twitter, observamos un crecimiento de la red social en México de 2,5 millones en 2011 a 5 millones en 2012 (según el estudio realizado por Mente Digital). También, en lo relativo a las características sociodemográficas de los usuarios de Twitter, una consulta llevada a cabo por la empresa Mitofsky[2] —en diciembre 2011— destaca los siguientes aspectos: el 60% de los usuarios tienen entre 18 y 30 años; el 90% vive en zonas urbanas; y el 31,6% posee una licenciatura u otros títulos superiores de estudio. La distribución geográfica de los usuarios de Twitter arroja un dato interesante. El Distrito Federal (60%), Monterrey (17%) y Guadalajara (10%) acumulan casi el 87% de los usuarios de Twitter en el país.

Breve cronología de los primeros días de YoSoy132

El 11 de mayo de 2012, el entonces candidato presidencial Enrique Peña Nieto (EPN) participó en una conferencia en la Universidad Iberoamericana (UIA, campus Santa Fe) de la ciudad de México para presentar su proyecto de nación como parte del foro "Buen ciudadano Ibero". Al final de su intervención, un grupo de estudiantes lo interpeló por su responsabilidad en la represión desatada en San Salvador Atenco en mayo de 2006 durante su gestión como gobernador del Estado de México.[3] EPN defendió su posición respecto a su actuación en Atenco y desencadenó la ira de la comunidad estudiantil. Tras permanecer temporalmente encerrado en los baños de la universidad, el candidato salió del recinto en medio de un operativo de seguridad.

El acontecimiento fue filmado por varios estudiantes y las grabaciones se subieron inmediatamente a las redes sociales. Las principales cadenas televisivas del país, así como diversos periódicos nacionales, argumentaron que la protesta no representaba una auténtica expresión de jóvenes universitarios y que se trataba, por el contrario, de un boicot político.[4] Además, Pedro Joaquín Coldwell, presidente nacional del Partido Revolucionario Institucional (PRI), calificó a los estudiantes como "un puñado de jóvenes que no son representativos de la comunidad de la Ibero".[5] Ante estas acusaciones, el 14 de mayo de 2012, un grupo de 131 alumnos de la Ibero publicó un video en YouTube[6] como forma de ejercer su derecho de réplica:

> Estimados Joaquín Coldwell, Arturo Escobar, Emilio Gamboa, así como medios de comunicación de dudosa neutralidad, usamos nuestro derecho de réplica para desmentirlos, somos estudiantes de la Ibero, no acarreados, no porros, y nadie nos entrenó para nada [...] (131 alumnos de la Ibero responden).

Los 131 universitarios revelan su nombre, número de matrícula y la carrera en la que están inscritos. Afirman que no pertenecen a ningún partido político y defienden el carácter estudiantil de la protesta. Seis horas después de su publicación, el video fue reproducido por más de 20 000 usuarios en YouTube y las redes sociales comenzaron a mostrar su apoyo a los 131 estudiantes bajo la etiqueta #YoSoy132.

El 19 de mayo se convocó la #MarchaAntiEPN. Esta manifestación se difundió a través de las redes sociales y reunió a cerca de 30 000 personas que caminaron del Zócalo al Ángel de la Independencia en contra del candidato priista. Por primera vez se unían estudiantes de universidades públicas y privadas, quienes reconocían el inicio de las protestas en la institución jesuita: "Gracias Ibero por ese viernes negro".[7]

El 23 de mayo de 2012, el movimiento difundió su primer comunicado. En él se declaró ajeno a cualquier postura partidista y se definió por su constitución ciudadana. Demandaban la libertad de expresión e información en los medios y el acceso a Internet, apelando a una democracia auténtica.[8] El 30 de mayo de 2012 se llevó a cabo la primera asamblea de YoSoy132 en las islas de Ciudad Universitaria. Dicha asamblea se constituyó por quince mesas temáticas, con la discusión de asuntos tan diversos como la reestructuración de la educación, el combate al neoliberalismo y el rechazo a los alimentos transgénicos.

Tras dos debates entre los candidatos a la presidencia, el 19 de junio de 2012 se celebró un tercer debate organizado por YoSoy132. A él acudieron Josefina Eugenia Vázquez Mota (PAN), Gabriel Ricardo Quadri de la Torre (PANAL) y Andrés Manuel López Obrador (PRD), encuentro que, a diferencia de los anteriores, no fue organizado por el Instituto Federal Electoral (IFE). El candidato del PRI, Enrique Peña Nieto, declinó asistir porque, de acuerdo con él, no se emplearían condiciones neutrales e imparciales para llevar a cabo el ejercicio democrático. Mediante una carta, agradeció la invitación de los estudiantes pero lamentó que el movimiento hubiera tomado la decisión de expresarse en su contra. El evento se transmitió en vivo por la plataforma *hangout* de Google y por las cadenas radiofónicas Reactor 105.7, Ibero 90.9 y Radio Ciudadana, entre otras.

El 1° de julio de 2012, día de la elección presidencial, YoSoy132 hizo un pronunciamiento en dos videos sobre la jornada electoral dirigidos a la sociedad civil nacional e internacional,[9] a los observadores ciudadanos y a los medios de comunicación. En las grabaciones declaran haber recibido reportes de hechos violentos, irregularidades, amenazas y amedrentamiento a la sociedad que participó en la vigilancia de los comicios.

YoSoy132, ¿un movimiento-red?

La emergencia de los movimientos red nos invita a pensar en terrenos analíticos alternativos que permitan entender estos movimientos. A partir de la experiencia del 15M y Occupy Wall Street, encontramos campos emergentes de la investigación que caminan entre la experiencia activista y la experiencia académica.[10] Estos movi-

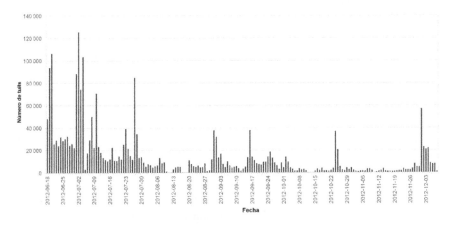

Figura 1. Distribución del número de tuits por días.

mientos han manifestado su enorme complejidad a medida que se diluyen sus propias fronteras y aumenta su capacidad de impacto en el conjunto de la sociedad.

YoSoy132 se postula desde su nacimiento como un movimiento de uso intensivo de las redes de comunicación. Esto es evidente con la viralidad de su primera enunciación pública en YouTube, la irrupción en los medios, la creación de medios propios, la presencia en la esfera pública en el transcurso de las campañas políticas —especialmente con la organización del tercer debate— con un impacto considerable en las elecciones, así como en las múltiples movilizaciones durante el periodo en que se sitúa este estudio.

Para el desarrollo de este capítulo hemos empleado una colección de 2 410 180 tuits capturados entre el 19 de junio y el 8 de diciembre de 2012. Para ello, se ha utilizado el método *filter* de la API de *streaming* de Twitter,[11] con lo que se recopilaron todos los tuits publicados —en este intervalo— con la entrada *YoSoy132* (ignorando mayúsculas). Este método también recoge individualmente los retuits, los cuales forman parte de la colección de tuits.

La Figura 1 presenta el número de tuits (incluyendo retuits) publicados en cada día del intervalo. En ella se aprecia una distribución desigual donde se capturaron 526 054 tuits en junio (trece días), 1 010 843 en julio, 192 977 en agosto, 310 196 en septiembre, 150 810 en octubre y 68 956 en noviembre. La desigualdad se explica por los acontecimientos celebrados durante el intervalo de captura. Por este motivo, se han definido los siguientes periodos tomando como base las diferentes fases de la vida política mexicana y de YoSoy132 entre junio y diciembre de 2012:

Periodo 1: Debate YoSoy132 (19 – 20 de junio).

Periodo 2: Elecciones presidenciales (1 – 4 de julio).

Periodo 3: MegaMarcha y otras movilizaciones (7 – 24 de julio).

Periodo 4: CercoTelevisa (27 – 28 de julio).

Periodo 5: Latencia (1° agosto – 30 de noviembre).

Periodo 6: Toma de posesión de Enrique Peña Nieto (1 – 8 de diciembre).

Partiendo del concepto de movimiento social en red (Castells, 2012) y su evolución hacia el concepto movimiento-red (Toret, 2013), este estudio tiene por objeto determinar si YoSoy132 se constituye como un movimiento-red a partir de las siguientes premisas o hipótesis de partida. Primero, YoSoy132 crea su propio universo mediático o metamedio como un medio de medios donde se unen los medios de comunicación de masas tradicionales con los medios sociales y en red, algo que podríamos definir como la autocomunicación de masas; segundo, YoSoy132 aparece como un movimiento-red con una estructura policéntrica, variable (mutante-viva), donde no hay una frontera entre el dentro y fuera y tampoco lo forma un sujeto único de enunciación. Tercera, YoSoy132 emerge con una importante identificación con otros movimientos similares, como el 15M en España, Occupy Wall Street en EE.UU. o Anonymous.

Hosts	Núm. de Enlaces en Tuits
HTTP://WWW.YOUTUBE.COM	149 934
HTTP://WWW.PROCESO.COM.MX	57 446
HTTP://ARISTEGUINOTICIAS.COM	45 618
HTTP://T.CO	38 481
HTTP://WWW.JORNADA.UNAM.MX	35 538
HTTP://WWW.FACEBOOK.COM	30 377
HTTP://WWW.YOSOY132MEDIA.ORG	25 203
HTTP://WWW.SINEMBARGO.MX	24 877
HTTP://WWW.EL5ANTUARIO.ORG	23 844
HTTP://TWITPIC.COM	21 483
HTTP://WWW.BLOGDEIZQUIERDA.COM	20 526
HTTP://OW.LY	20 487
HTTP://WWW.SDPNOTICIAS.COM	18 216
HTTP://WWW.USTREAM.TV	17 800
HTTP://TWITTER.COM	17 393

Tabla 1. Listado de los quince dominios con mayor número de enlaces compartidos en el conjunto total de tuits.

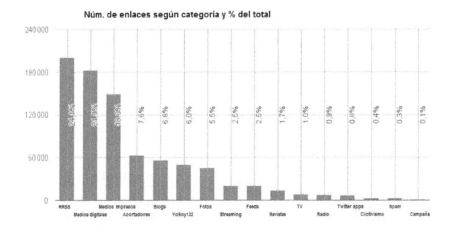

Figura 2. Porcentaje de enlaces compartidos que corresponden a los principales dominios en el total de tuits y los tuits pertenecientes a cada periodo.

YoSoy132 y la autocomunicación de masas: un medio de medios

Una de las características de la autocomunicación de masas reside precisamente en su capacidad de generar nuevas esferas mediáticas donde confluyen los medios de comunicación de masas tradicionales con la comunicación en red. Para construir el metamedio o el conjunto de medios de YoSoy132, hemos extraído el conjunto de enlaces que aparecen en los tuits del *dataset* para analizar tanto su conjunto global como cada uno de los periodos. A continuación, hemos identificado el dominio de cada enlace y los hemos agrupado por categorías o grupos. Finalmente hemos construido un *treemap* para mostrar cuánta superficie ocupa cada categoría de dominios (p. ej., medios digitales, medios papel, redes sociales, *streamings*, medios de YoSoy132, etc.)

La Tabla 1 presenta los quince dominios con más enlaces en el conjunto total de tuits. Entre los dominios más utilizados destaca de manera significativa la plataforma de alojamiento y *streaming* de videos de YouTube, con casi 150 000 enlaces. Tras él, ignorando el cuarto dominio (http://t.co) que corresponde al servicio de reducción de URLs de Twitter, aparecen tres medios de comunicación de masas: *Proceso*, con más de 57 000 enlaces, el diario digital *Aristegui Noticias* superior a los 45 000 enlaces y *La Jornada,* con un poco más de 35 000 enlaces. El resto de la tabla presenta diferentes tipos de dominios como redes sociales (Facebook y Twitter), el portal YoSoy132Media generado por el propio movimiento que cuenta con más de 25 000 enlaces, blogs (El5antuario y El Blog de Izquierda), medios digitales (*SinEmbargo* y *SPDnoticias*) y

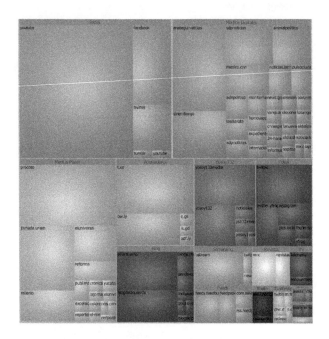

Figura 3. *Treemap* de las categorías y los dominios con un mayor número de enlaces en el conjunto total de tuits.

otros servicios típicos en medios sociales como la plataforma de imágenes Twitpic, el servicio de reducción de URLs, Ow.ly y el servicio de *streaming* USTREAM.

Los dominios de la Tabla 1 pertenecen a categorías distinguibles. Por esta razón se han agrupado los cien dominios con mayor número de enlaces en el conjunto de tuits en las categorías. La Figura 2 muestra el porcentaje de enlaces que pertenecen a cada categoría. En ella se aprecia que los enlaces a redes sociales (24,1%) superan los enlaces de medios digitales (21,9%) y versiones digitales de medios impresos (18%). Tras estas tres categorías aparecen en menor medida grupos relacionados con medios sociales: servicios de reducción de URLs (7,6%), plataformas propias del movimiento YoSoy132 (6%), blogs (6,8%), servicios de fotografía (5,5%), *streaming* (2,5%) y *feeds* (2,5%). De manera residual figuran con menos del 2% el resto de categorías: revistas, televisión, radio, aplicaciones de Twitter, plataformas de peticiones *online*, *spam* y dominios relacionados con la campaña electoral. El volumen relativo de cada categoría y los principales dominios que las componen se muestran detalladamente en el *treemap* de la Figura 3.

En primer lugar, observamos la centralidad de YouTube en YoSoy132. Recordemos que su nacimiento tiene lugar a partir de un video en esta plataforma (con más de un millón de visitas). No sólo YouTube juega un papel central, sino que las redes sociales (área violeta en la imagen original tal como se ofrece en el componente en línea)* también ocupan un espacio destacable en la Figura 3. Los medios de comunicación digitales representan el segundo mayor volumen de tuits, dejando en tercer lugar a los medios tradicionales. Respecto a los medios propios de YoSoy132, vemos que no juegan un papel protagonista aunque sí significativo respecto al conjunto.

En resumen, por un lado se valida el desplazamiento de los medios de comunicación tradicionales por parte de las redes sociales y los medios de comunicación propiamente digitales. Por otro, percibimos un amplio universo comunicativo multicanal donde se emplean todo tipo de medios (videos, fotos, canales de *streaming*, blogs, enlaces a los medios digitales y a los tradicionales, radio, TV…). En cierta medida, este universo conforma el medio de medios, o metamedio, que caracteriza la autocomunicación de masas de YoSoy132.

YoSoy132 como sistema-red

El sistema-red YoSoy132 se ha modelado a través de la propagación de los tuits del *dataset* mediante retuits. El mecanismo de retuits permite enviar tuits de otros usuarios que puedan resultar de interés a su lista de seguidores. Para cada periodo se define el sistema-red como un grafo que comprende un conjunto de nodos y un conjunto de aristas. Los nodos corresponden al grupo de usuarios que retuitearon o fueron retuiteados utilizando el término #YoSoy132. Se genera una arista dirigida desde el usuario A al usuario B si el usuario A ha retuiteado un tuit del usuario B.

La Tabla 2 muestra el número de nodos, enlaces, distancia promedio y el porcentaje de nodos en la *componente gigante* para cada uno de los periodos. En ella se aprecian diferentes valores respecto al número de nodos y enlaces entre periodos al tratarse de intervalos de tiempo desiguales. No obstante, la distancia promedio en todas las redes es inferior a siete pasos, lo que pone de manifiesto que son redes de mundo pequeño (Watts & Strogatz, 1998).

Periodo	Nodos	Enlaces	Distancia Promedio
1	35 713	51 447	4,62
2	39 346	67 936	6,99
3	8 181	11 118	5,42
4	13 087	18 651	6,74
5	19 392	31 341	5,65
6	9 568	12 964	5,04

Tabla 2. Métricas estructurales de las redes de retuits de los seis intervalos.

---

* Como se explica en la introducción, este volumen ofrece un componente en línea donde los lectores tendrán acceso a versiones a color de todas las figuras del presente capítulo: http://go.ncsu.edu/yosoy132libro.

Periodo 1		Periodo 2		Periodo 3		Periodo 4		Periodo 5		Periodo 6	
Usuario	Centralidad	Usuario	Centralidad	Usuario	Centralidad	Usuario	Centralidad	Usuario	Centralidad	Usuario	Centralidad
Bucanero0	92 117	anonopshispano	12 190 150	YoSoy132Camp	66 165	medicosintegral	1 193 954	Global132	6 579 941	anonymopshispano	77 774
dcontriana	79 394	ing_Adrian_G	11 372 112	yosoy132belgica	64 335	anonopshispano	1 070 261	Soy132MX	1 984 715	Global132	76 080
TeacherCow	74 721	BarbieLizzy	7 452 808	ConteoYoSoy132	56 420	riquixima	594 174	apasionado38	1 822 669	CharlottesSpot	73 208
MusicosYoSoy132	62 212	gmarrufo	7 274 992	L_Solorio	53 432	ClausCMantterola	573 708	CHULUGUIA	1 288 992	apasionado38	65 050
drfidelmarun	46 440	sharklatan	7 194 516	anonopshispano	52 088	polerprole2012	527 653	subversivos	1 258 826	70troncoman	61 524
Soy132Mx	44 081	alkonmuneka	7 096 519	KarellyPs3	50 189	apasionado38	465 509	Anonymiss_Vik	1 251 797	leonhvk	48 229
arisbuc	34 766	ZenYagami	5 873 943	yebra5n6	45 837	pacocjc	392 524	C_Novecento	953 616	YoSoy132Munich	18 935
juansinpueblomx	33 344	ciberzapatista	4 720 088	Soy132MX	31 082	sandyluzleon	293 578	vErGiL1991	932 643	cseisdejulio	17 490
ChcoDgo	32 946	LegionJJ	4 618 637	Fercho_UDG	16 545	politicosmex	292 569	PrometeoNuclear	891 778	JavierBarcalow	16 989

Tabla 3. Listado de los usuarios más centrales en cada periodo.

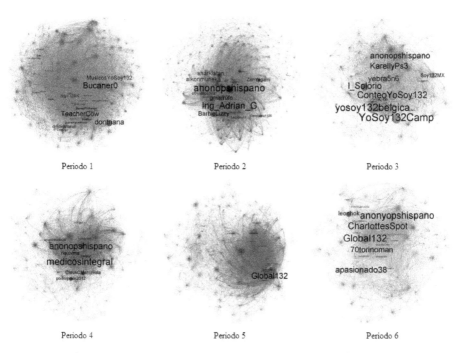

Periodo 1   Periodo 2   Periodo 3

Periodo 4   Periodo 5   Periodo 6

Figura 4. Red de retuits entre los usuarios del *datasets*. El color de los grafos muestra la comunidad a la que pertenecen según un algoritmo de *clustering* y el tamaño indica el valor de la centralidad (*betweenness*). La imagen a color está disponible en el componente en línea: http://go.ncsu.edu/yosoy132libro.

Para cada usuario y en cada periodo se calcula la centralidad (*betweenness*), que cuenta el número de caminos mínimos entre todos los pares de usuarios en el que el usuario interviene. Esta métrica explica, en cierta manera, cómo se veía afectada la propagación en la red si dicho usuario fuera eliminado. La Tabla 3 muestra los usuarios más centrales de cada periodo. En ella se aprecia la centralidad de la cuenta @anonopshispano en diferentes intervalos, así como la aparición de entidades colectivas generadas por el propio movimiento-red como elementos centrales en la propagación de información: @MusicosYoSoy132, @YoSoy132Camp, @yosoy132belgica, @ConteoYoSoy132, @Soy132MX, @YoSoy132Munich y @Global132. Esta última cuenta figura como la más central en los dos últimos periodos. Los diferentes usuarios en cada intervalo evidencian que las dinámicas de propagación del movimiento-red YoSoy132 en Twitter no presentan una estructura donde un usuario único ejerce como nodo central en todo su desarrollo. Por consiguiente, se trata de un sistema que muta a lo largo del tiempo. Así diferentes usuarios actúan como elementos centrales en cada intervalo. Finalmente, la Figura 4 muestra las redes de retuits de YoSoy132 en cada periodo.

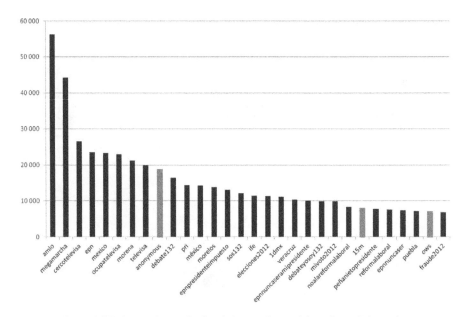

Figura 5. *Hashtags* más empleados (número de apariciones) en el *dataset* junto al *hashtag* #YoSoy132 en el conjunto del periodo del estudio. En color gris están los que identificamos con otros movimientos (15M y OWS) o movimientos que superan los propios límites nacionales por su trayectoria global y en red (Anonymous).

YoSoy132 como red global

Nuestra tercera hipótesis sobre YoSoy132 requiere analizar las relaciones existentes entre este y otros movimientos recientes. Nos interesa ver cómo se replican determinadas características para observar cómo se insertan en el imaginario colectivo. Una de las particularidades de YoSoy132 es la cantidad de grupos que se han generado en todo el mundo, no sólo como nodos de apoyo (e.g., @global132), sino conectados en una onda emergente de nuevos movimientos: Yosoy132global, los grupos creados en varias ciudades del mundo (Argentina, Canadá, Estados Unidos, Reino Unido, Alemania, España o Francia), así como otras cuentas más específicas como MusicosYoSoy132 o YoSoy132Camp. También se han analizado los vínculos entre YoSoy132, el 15M y Occupy Wall Street. Por último, tras notar que una de las identidades digitales colectivas con más presencia en YoSoy132 ha sido Anonymous Hispano, debemos considerar este vínculo con especial atención porque se trata de un fenómeno global en red con una fuerte identidad colectiva anónima y con acciones significativas en todo el mundo.

Para analizar este conjunto de relaciones vamos a trabajar con los *hashtags* más usados en el *dataset* (Figura 5) y evaluar si existe una presencia de otros movimientos

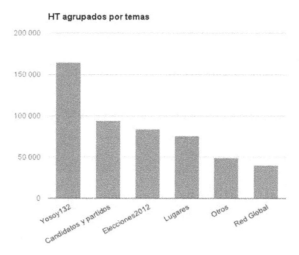

Figura 6. Categorías de *hashtags* más empleadas en el dataset.

en el total de mensajes analizados. Después, vamos a categorizar el tipo de contenido vinculado a estos *hashtags* (Figura 6) y, finalmente, vamos a contrastar los datos cuantitativos con datos cualitativos a partir de los tuits más retuiteados.

En la Figura 6 hemos agrupado los treinta y cinco *hashtags* más usados en seis categorías. De esta manera la categoría "YoSoy132" está formada por los siguientes *hashtags*: #cercotelevisa, #ocupatelevisa, #debate132, #sos132, #1dmx, #debateyosoy132, #noalareformalaboral, #sosmexico, #132atelevisa, todos ellos vinculados a acciones de YoSoy132. En la categoría "Candidatos y partidos" agrupamos a #amlo, #epn, #pri. En "Elecciones 2012" incluimos los que se refieren a la campaña electoral: #epnpresidenteimpuesto, #ife, #elecciones2012, #epnnuncaseramipresidente, #mivoto2012, #peñanietopresidente, #epnnuncaser, #fraude2012, #eleccio. Integramos los *hashtags* de "Lugares" cuando se mencionan entidades concretas: #mexico, #méxico, #morelos, #veracruz, #puebla, #oaxaca; y uno más para la categoría "Otros" que también son relevantes pero del último periodo de estudio: #morena, #televisa, #reformalaboral. Por último, hemos definido como "Red Global" la categoría formada por los *hashtags* #Anonymous, #15M, #Occupy, #OpPri con un total de 42 000 tuits.

Observamos una representación notable de tuits asociados a los *hashtags* que, de alguna manera, mantienen relación con esta nueva ola de movimientos en red, entre los que el *hashtag* #anonymous es el más destacado, con más de 18 800 tuits, 15M con más de 8 000 y OWS con más de 7 000. Una parte importante de este volumen de tuits tiene su origen tanto en el 15M de España, como en OWS de Estados Unidos.

Este hecho implica la existencia de una relación de reconocimiento y apoyo, como veremos ahora, a través de algunos ejemplos representativos.

Al centrarnos en la parte cualitativa, hemos buscado en cada uno de los *hashtags* que integran la categoría de Red Global los tuits más retuiteados y, en consecuencia, con los mensajes más aceptados por la red de YoSoy132. Un total de 1 545 retuits y 58 favoritos es un claro ejemplo del impacto de Anonymous en su capacidad de replicar un mensaje justo después de las elecciones.

> @ANONYMOUS_2018 DIFUNDIR URGENTEMENTE: PRI quiere bloquear Reforma a nombre de Yosoy132 http://youtu.be/w9cZRdt2QfE?a " #RT GRACIAS! Por pasarla!
> (@CNSdenuncia 10-07-2012)

Si miramos algunos de los tuits más retuiteados donde aparecía el *hashtag* #15M podemos destacar varios. Por ejemplo, este tuit tuvo 77 retuits y 18 favoritos. Aunque no sea una difusión significativa, es uno de los tuits con el *hashtag* #15M más retuiteado desde una de las cuentas más importantes de YoSoy132. Este caso visibiliza una posible alianza global entre diferentes movimientos.

> Se imaginan a #YoSoy132, OWC, 15-M y todos los movimientos mundiales juntos? El #13O es posible, http://www.youtube.com/watch?v=zIIH9RMZe2c... vía @Global132
> (@YoSOy132Media 13-12-2012)

Otro ejemplo de conexión y muestras de apoyo entre el #15M, Occupy Wall Street y YoSoy132 obtuvo 108 retuits y 11 favoritos. En este caso, el tuit viene de la cuenta principal de OccupyWallStreet con 180 000 seguidores en la actualidad.

> #DeYoSoy132Aprendí is trending. keep it up! What did you learn from #YoSoy132 #GGI #Occupy #15M #HereUsNow
> (@OccupyWallSt 19-09-12)

A continuación mostramos el tuit más retuiteado con el *hashtag* #OWS referido al día siguiente de las elecciones. El mensaje proviene de la cuenta @AnonyomousMexi y tiene alrededor de 80 000 seguidores. En este caso se asocia a Anonymous con OWS y Wikileaks, con claras alusiones tanto a la libertad de expresión, una de las características de Anonymous, como con Occupy como referencia a estos nuevos movimientos.

> Sabíamos que esto podía pasar, ahora es hora de ACTUAR #Anonymous #Yosoy132 #OWS #WikiLeaks
> (@AnonymousMexi 02-07-2012)

Por último, analizamos dos tuits de dos de las cuentas más significativas en Twitter en número de seguidores del 15M: @democraciareal y @AcampadaSol:

Tongo en las elecciones mexicanas: Descubren en Oaxaca boletas marcadas a favor del PRI: http://www.proceso.com.mx/?p=312663 #mexico #yosoy132 via @dar1o (@democraciareal 30-06-2012)

Desde la asamblea general de Sol, del #15M en Madrid, mandamos nuestro apoyo al movimiento mexicano y decimos "¡Somos 132!" cc @YoSoy132 :) (@acampadasol 03-07-2012)

Ambos tuits se publicaron inmediatamente después de las elecciones presidenciales mexicanas. El primero como denuncia pública con referencia a YoSoy132, mientras que el segundo se interpreta como muestra de apoyo y reconocimiento al movimiento. En conclusión, en el conjunto de estos tuits existe una relación a destacar entre identidades colectivas en Twitter no sólo de reconocimiento mutuo y apoyo, sino también de identificación conjunta donde se cruzan permanentemente los imaginarios manifestando ser parte de un común.

Conclusiones

YoSoy132 emerge en mayo de 2012, año posterior a la Primavera Árabe, la irrupción del 15M en España y tan sólo medio año más tarde de los reclamos de Occupy Wall Street en EE. UU. Este movimiento nace de la mano de la comunicación en red distribuida a través de su capacidad de difusión e impacto mediático en todas las esferas comunicativas. YoSoy132 altera el orden de las campañas electorales, resueltas y decididas de antemano en favor del candidato Enrique Peña Nieto, líder único en las encuestas para las elecciones presidenciales de 2012. YoSoy132 impactará en el escenario político y en los medios de comunicación tradicionales y construirá nuevos hilos y trayectorias, así como nuevas prácticas en un mundo cada vez más conectado.

En la estrategia detrás de la campaña de EPN se puede considerar el problema del duopolio mediático de Televisa y TV Azteca a favor del mexiquense. Todo nace en un escenario electoral, en el que el candidato del PRI se presentaba como favorito en todas las encuestas y con una importante presencia en los medios tradicionales. En 2006, cuando EPN era gobernador del Estado de México, ocurrió la represión desatada por las fuerzas de seguridad municipal, estatal y federal, en contra de los atenquenses. La orden de atacar a los pobladores de Atenco fue dictaminada por el ejecutivo estatal y provocó la muerte de dos jóvenes, la detención de más de doscientas personas y la tortura sexual de veintiséis mujeres, según la Comisión Nacional de Derechos Humanos. La implicación del candidato del PRI en los sucesos no parecía afectar su popularidad de acuerdo con las encuestas.

De repente, un grupo de estudiantes universitarios que exigían respuestas por el caso de Atenco siembran la primera semilla de YoSoy132. En el momento en que se cuestiona a los alumnos, éstos utilizan las herramientas comunicativas a su alcance, las redes sociales, para difundir en México y el mundo no sólo su propia versión de lo acontecido, sino la situación mediática que se vive en el país. Esta primera aparición pública es el inicio de la constitución de uno de los movimientos más importantes de la historia reciente de México.

YoSoy132 consigue irrumpir en la campaña electoral al organizar el tercer debate presidencial al que EPN se niega a asistir. Destacamos que el número de menciones vinculadas al *hashtag* #YoSoy132 son mayoritariamente para @EPN a diferencia de los otros candidatos, hecho que demuestra la interpelación directa de YoSoy132 con el candidato a la presidencia. Durante las elecciones presidenciales, YoSoy132 crea una plataforma de control democrático para denunciar cualquier indicio de fraude electoral.

En última instancia, hemos querido realizar una aproximación a YoSoy132 a partir del conjunto de datos recogidos para identificar algunas de sus características como movimiento. En primer lugar, hemos constatado que YoSoy132 construye su propio universo mediático, con las redes sociales como su principal canal de comunicación, y dejando rezagados a los medios de comunicación de masas a la vez que hace uso de sus propios medios digitales. En segundo lugar, a través del análisis de las redes hemos constatado su carácter descentralizado al no existir un único centro de enunciación, con una presencia significativa de las cuentas colectivas y, también, su naturaleza viva, ya que las identidades colectivas cambian en los diferentes periodos estudiados. En definitiva, existe una permanente mutación organizativa propia de un movimiento-red. En tercer lugar, identificamos las relaciones comunicativas claras con el 15M en España y Occupy Wall Street en EE.UU., así como con Anonymous, presentes en el imaginario colectivo de YoSoy132 en Twitter. Esta última parte del estudio nos demuestra el carácter global y transfronterizo de estos movimientos emergentes.

En conclusión, sostenemos que YoSoy132 puede considerarse un movimiento-red debido a sus características: uso de las redes de comunicación y su impacto mediático, forma de organización abierta, viva y distribuida, y su carácter global que forma parte de otras redes más extensas que comparten las mismas características. Esto apunta a seguir entendiendo estos nuevos movimientos desde una perspectiva tecnopolítica donde las prácticas políticas de los movimientos innovan a partir de su dimensión conectiva y en red. Nos encontramos ante la emergencia de nuevos movimientos a escala global que obligan no sólo al diseño de metodologías de análisis y marcos conceptuales alternativos para su investigación, sino que también pueden llegar a ser una oportunidad histórica de cambio y transformación del conjunto de la sociedad global y sus democracias.

Bibliohemerografía

AMIPCI. (2012). *Hábitos de los usuarios de Internet en México 2012.* Asociación Mexicana de Internet, consultado el 21 de abril de 2013 en <http://www.amipci.org.mx/estudios/habitos_de_Internet/2012HabitosUsuariosInternetMx.pdf>.

Aragón, Pablo, Kappler, Karolin Eva, Kaltenbrunner, Andreas *et al.* (2013). "Communication Dynamics in Twitter During Political Campaigns: the Case of the 2011 Spanish National Election" en *Policy & Internet,* vol. 5, no. 2, pp. 49-69.

Cardoso, Gustavo. (2011). "El nacimiento de la comunidad en red: Más allá de Internet y de los medios de comunicación de masas" en *Revista Telos (Cuadernos de comunicación e innovación),* no. 86, pp. 14-22.

Castells, Manuel. (2000). *La Sociedad Red.* 2a ed. Madrid: Alianza Editorial.

——. (2009). *Comunicación y poder.* Madrid: Alianza Editorial.

——. (2012). *Networks of Outrage and Hope: Social Movements in the Internet Age.* Cambridge UK: Polity Press.

Coleman, Gabriella. (2011). "Anonymous: From the Lulz to Collective Action", en *the new everyday: a media commons project,* abril 6, consultado el 21 de abril de 2013 en <http://mediacommons.futureofthebook.org/tne/pieces/anonymous-lulz-collective-action>.

Cottle, Simon. (2011). "Media and the Arab uprisings of 2011: Research notes" en *Journalism,* 12.5, pp. 647-659, consultado el 21 de abril de 2013 en <http://www.contexting.me/files/CottleMediaandtheArabUprising.pdf>.

Earl, Jennifer & Katrina Kimport. (2011). *Digitally Enabled Social Change: Activism in the Internet Age.* Cambridge MA: MIT Press.

Gerbaudo, Paolo. (2012). *Tweets and the Streets: Social Media and Contemporary Activism.* London: Pluto Press.

Lotan, Gilad. (2011). "#OccupyWallStreet: origin and spread visualized", consultado el 5 de noviembre de 2012 en <http://giladlotan.com/?p=7120244404>.

Sánchez, Raúl. (2012). "El 15M como insurrección del cuerpo-máquina" en *Revista anthropos: Huellas del conocimiento,* no. 234, pp. 216-224.

Toret, Javier., Levi, Simona., Monterde, Arnau *et al.* (2012). *Tecnopolítica, Internet y R-evoluciones: sobre la centralidad de redes digitales en el #15M.* Barcelona: Icaria, consultado el 28 de abril de 2014 en <http://www.icariaeditorial.com/pdf_libros/Tecnopolitica,%20Internet%20y%20r-evoluciones.pdf>.

Toret, Javier (coord.). (2013). *Tecnopolítica y 15M: La potencia de las multitudes conectadas.* Barcelona: Editorial UOC.

VV. AA. (2011). "Twitter en México" en *Mente Digital,* consultado el 21 de abril de 2013 en <http://www.slideshare.net/harrenmedia/twitter-en-mxico-marzo-2010-estudio-realizado-por-mente-digital>.

———. (2012). *140 Trending Topics que hicieron historia. Elecciones México 2012*, consultado el 20 de marzo de 2013 en <http://illuminatilab.com/mexico/>.

Watts, Duncan J. & Steven H. Strogatz. (1998). "Collective dynamics of 'small-world'networks" en *Nature* 393, 4 de junio, pp. 440-442.

Notas

1   Queremos agradecer al Internet Interdisciplinary Institute (IN3) de la UOC y a DatAnalysis15m por el apoyo recibido. También a los investigadores Marc Esteve y Rubén Carrillo, por su acompañamiento en este escrito y a todos los investigadores y activistas en el mundo que abren nuevos terrenos para la investigación y la acción colectiva en plena transformación de la sociedad red.

2   Disponible en http://consulta.mx/index.php/estudios-e-investigaciones/los-numeros-no-mienten/item/download/159_7eed4879904ee26b292f0d840a6cec74.

3   Más información en http://es.wikipedia.org/wiki/Disturbios_de_Atenco_de_2006.

4   Disponible en http://www.oem.com.mx/oem/notas/n2538119.htm.

5   Disponible en http://mexico.cnn.com/nacional/2012/05/11/el-pri-llama-intolerantes-a-los-jovenes-que-abucearon-a-pena-en-la-ibero.

6   Disponible en http://www.youtube.com/watch?v=P7XbocXsFkI.

7   Disponible en http://www.proceso.com.mx/?p=308031.

8   Disponible en http://www.animalpolitico.com/2012/05/declaratoria-y-pliego-petitorio-de-yo-soy-132/#axzz36ELMmIWK.

9   Disponible en http://www.youtube.com/watch?v=r8t66vKlX3E y http://www.youtube.com/watch?v=lrRjtYry8wM#.

10 En este sentido nos interesa señalar la experiencia surgida desde el movimiento Occupy Wall Street de OccupyResearch, como un intento de trasladar a la academia las propias prácticas del movimiento, abriendo nuevos espacios de investigación que caminan entre la academia y el activismo http://occupyresearch.net/.

11 https://dev.twitter.com/docs/streaming-apis/parameters#track.

El movimiento social en los tiempos de las redes sociales

Laura Elizabeth Guzmán Garibay
Facultad de Psicología
Universidad Nacional Autónoma de México

Resumen

Las redes sociales han cambiado en gran medida las formas de interacción actuales desde cómo nos informamos hasta cómo se desarrolla el debate público. Este fenómeno es inherente al movimiento #YoSoy132, ya que éste surge en las redes sociales, ahí se encuentra escrita su historia e, incluso, lleva un *hashtag* en su nombre. En este artículo se abordará el impacto de las redes sociales al interior del #YoSoy132 —en términos organizativos y logísticos—, así como al exterior del movimiento, donde se estudiará su empleo para difusión de información. A través de algunos momentos en la historia del #YoSoy132 se analizan las reacciones de la opinión pública hacia el movimiento dentro de las redes sociales y la relación de los medios tradicionales con éstas.

PALABRAS CLAVE: REDES SOCIALES, #YoSoy132, HASHTAG, INTERACCIÓN, MOVIMIENTO SOCIAL.

Abstract

Social networks have changed current forms of interaction in broad ways that range from how we obtain information to how public debates are developed. This phenomenon is inherent to the movement #YoSoy132, as it includes a hashtag in its name and emerges in the social networks where its history is found. This article addresses the impact of social networks, both within #YoSoy132 —in terms of organization and logistics— and outside the movement, where we study its use for disseminating information. Focusing on particular moments in the history of #YoSoy132, this paper analyzes two main aspects: the public opinion's reactions to the movement within social networks and traditional media's relationship with these social networks.

KEYWORDS: SOCIAL MEDIA, #YoSoy132, HASHTAG, INTERACTION, SOCIAL MOVEMENT.

Las redes sociales virtuales han generado cambios significativos en las formas de interacción de la sociedad, desde las nuevas vías de acceso a la información hasta el desarrollo del debate público en distintos temas de interés social. En este contexto, las personas consultan fuentes de noticias de manera rápida y efectiva para informarse sobre lo que acontece a nivel mundial. Al mismo tiempo obtienen datos y reseñas no sólo de los medios tradicionales —revistas, periódicos y canales de televisión— sino también de blogs, páginas web, cuentas de Twitter, Facebook, YouTube y transmisiones en vivo (*live streamings*). En México, este modo de estar informado y conectado permite a un reducido sector de la población romper con el cerco mediático y el duopolio de Televisión Azteca y Televisa. Desafortunadamente, el acceso a este contrapeso informativo no está al alcance de la mayoría de la gente. En México, sólo 22 millones de personas, menos del 20% de la población, cuentan con computadora e Internet en su hogar.[1]

El movimiento #YoSoy132 surge como un gesto de empatía con los alumnos de la Universidad Iberoamericana (UIA) que fueron calumniados después de manifestarse contra Enrique Peña Nieto. La versión de los estudiantes fue ignorada por los medios tradicionales de comunicación, así que ejercieron su derecho de réplica en medios electrónicos y redes sociales. Irónicamente, el movimiento también se convertiría después en una víctima más de la prensa falaz e imprecisa, aquella que no respeta el derecho de réplica ni el derecho a la información auténtica. Este artículo explora las redes sociales alrededor de un movimiento social y narra el contexto en el que nació #YoSoy132: el uso de Twitter, YouTube y Facebook al interior y al exterior, así como su importancia en el crecimiento e impacto del movimiento.

Contexto en redes sociales

El 3 de diciembre de 2011, el ex gobernador del Estado de México y precandidato presidencial del Partido Revolucionario Institucional (PRI), Enrique Peña Nieto, fue invitado a la Feria Internacional del Libro (FIL) de Guadalajara como ponente. Se le preguntó cuáles eran los tres libros que habían marcado su vida y no pudo responder. Peña Nieto confundió autores, no recordó títulos, interpeló a la audiencia en busca de respuestas y terminó mencionando la *Biblia*, la cual aseguró no haber leído completa. A partir de este desafortunado evento, minimizado en la televisión y en la mayoría de los programas radiofónicos, las redes sociales virtuales se dedicaron a burlarse del político y a difundir lo acontecido. Muchas personas no se enteraron en los medios tradicionales de la tremenda pifia, pero vieron el video en YouTube. A partir de ese día se publicaron cientos de parodias gráficas en Facebook, y el *hashtag* #LibreríaPeñaNieto[2] fue uno de los asuntos más comentados. Llegó a ser *trending topic* mundial.[3]

Al día siguiente su hija Paulina Peña Pretelini tuiteó en su cuenta: "Un saludo a toda la bola de pendejos, que forman parte de la prole y sólo critican a quien envidian! [sic]". El mensaje molestó a muchos usuarios y provocó las burlas de otros, con lo que se crearon dos *hashtag*s más: #SoyProle y #ProleForever.[4] El equipo de Peña Nieto entró en crisis. Paulina borró su cuenta en la red social y su padre, por su parte, publicó un par de mensajes en la misma red: "El RT de Paulina fue una reacción emotiva por mi error en la FIL. Definitivamente fue un exceso y me disculpo públicamente por ello". El segundo decía lo siguiente: "Hablé con mis hijos sobre el valor del respeto y la tolerancia, les reiteré que debemos escuchar y no ofender a los demás". A partir de este suceso comenzó a crecer un gran malestar en las redes sociales contra el candidato. Lo que los medios minimizaban u ocultaban saltaba a la vista en Internet. Todo pasó en Internet: el mensaje de Paulina, las reacciones de los usuarios, memes, videos y tuits ingeniosos; sin embargo, las consecuencias no se quedaron contenidas en el espacio virtual y saltaron a la realidad. La crisis de su campaña había empezado.

En días posteriores, los conductores Adela Micha y Carlos Loret de Mola de Televisa, asumieron una postura a favor de Peña Nieto. Ambos se volvieron *trending topic* con mayoría de comentarios negativos por su falta de objetividad y profesionalismo y por no cuestionar la estrecha relación de la televisora con Enrique Peña Nieto. Micha dijo en el programa Tercer Grado del miércoles 7 de diciembre lo siguiente: "El hecho de que [Peña Nieto] sea un lector voraz o no, creo que es completamente irrelevante a la hora de gobernar bien o mal";[5] por su parte, Carlos Loret de Mola escribió en su columna en *El Universal* que "la tunda a Peña en redes sociales va desde el inevitable ácido del planeta Twitter hasta lo que podría ser una campaña con financiamiento escondido para atacar al precandidato único priista" por lo que "esto obligaría a una investigación del IFE para determinar si alguien está invirtiendo dinero en el medio de comunicación con el objetivo de promover contenidos políticos".[6]

Un par de semanas después, en entrevista con el diario español *El País*, Enrique Peña Nieto no supo contestar preguntas básicas relacionadas con el monto del salario mínimo en México y el precio de algunos productos de la canasta básica. Peña Nieto se excusó diciendo que él no era "la señora de la casa" y, al difundirse la nota, #LaSeñoradelaCasa se volvió *trending topic* en Twitter. Peña Nieto fue duramente cuestionado en las redes por su desconocimiento de la realidad social y altamente criticado por sus expresiones de misoginia.[7] Otros episodios también fueron motivo de polémica y burla en las redes sociales. En enero de 2012, *El Universal* publicó una entrevista escandalosa de la periodista Katia D'Artigues con Peña Nieto. En ella, el ex gobernador del Estado de México reveló que le había sido infiel a su difunta esposa y que había tenido dos hijos fuera del matrimonio.[8] En marzo del mismo año circularon fotos del candidato con un *teleprompter* durante un discurso en Dolores, Hidalgo,[9] y días más tarde se dio a conocer que su esposa, la actriz de Televisa Angélica Rivera, publicaría diariamente en YouTube un video "detrás de cámaras" sobre los viajes de campaña de su marido.[10] Finalmente, en abril de 2012, el ex presidente Vicente Fox expresó su apoyo a Enrique Peña Nieto, por encima de la candidata de su partido

Josefina Vázquez Mota. El priista agradeció diciendo que Fox "es una persona que sabe".[11]

Todos estos acontecimientos se reseñaban en las redes sociales y diariamente había un nuevo meme haciendo mofa de las limitadas capacidades intelectuales del candidato, algún video analizando su proceder en la campaña —mediático, prefabricado y volcado al espectáculo—, o bien, evidenciando a los acarreados que llevaba a sus reuniones. Nunca faltaban los tuits quejándose de la sobreexposición de Peña Nieto en todos los canales de televisión, radio y publicaciones de Televisa. El cerco informativo se volvía notorio al contrastar los asuntos más comentados en redes sociales con los temas cubiertos por los medios masivos. Las redes burlaban la manipulación mediática y comenzaban a crear una conciencia colectiva de la situación política en el país. Gracias a la información y retroalimentación en las redes sociales, los usuarios criticaban la manipulación cínica de las industrias de la comunicación para moldear la percepción de los votantes con el fin de catapultar a Peña Nieto a la presidencia.

El viernes negro llegó el 11 de mayo de 2012. Por la mañana, Enrique Peña Nieto asistió por primera vez al programa de Carmen Aristegui en Noticias MVS. En la entrevista evadió pronunciarse sobre la posible alianza entre Televisa y Televisión Azteca en Grupo Iusacell. El argumento fue que no tenía elementos técnicos para dar una respuesta final. Además fue cuestionado sobre un pago de patrocinios a Televisa, lo cual negó y minimizó al compararlo con la publicidad del Tequila Don Ramón en la televisora. #TequilaDonRamón y #NoTengoElementosTécnicos se colocaron como *trending topic*. Más tarde visitó la Universidad Iberoamericana campus Santa Fe con motivo del foro "Buen ciudadano Ibero". Al llegar a las instalaciones, la comunidad estudiantil mostró el repudio y la indignación que ya era evidente para los usuarios de las redes. Lo recibieron con rechiflas y gritos de "asesino" y "fuera Peña", pancartas de rechazo, lonas recordando lo sucedido en Atenco en 2006 y máscaras del ex presidente Carlos Salinas de Gortari, que se presume está detrás de él. Las redes sociales virtuales irrumpieron la vida real. Durante una sesión de preguntas y respuestas, un estudiante lo interrogó sobre qué haría para impedir las anomias que privan en comunidades indígenas. Peña Nieto pidió que le aclarara el significado de *anomia*. #Anomia también fue *trending topic* ese día. Al final, ante los gritos de "asesino" y "Atenco no se olvida", tomó el micrófono y justificó el operativo de represión contra los habitantes de San Salvador Atenco. Salió abucheado y tuvo que esperar varios minutos en los baños de la universidad para planificar su salida.[12] Al final canceló una entrevista que tenía concertada en Radio Ibero.

Los asistentes al foro subieron decenas de videos a YouTube y rápidamente fueron compartidos en Facebook. En Twitter llegaron a ser *trending topics* nacionales y mundiales #EPNlaIBEROnoTEquiere, #FueraPeñaNieto, #Ibero, #UIA, #MeEscondoEnElBañoComoEPN, #Atenco y #AbandonaMéxico.[13] Otros dos temas se colocaron en la lista: #LaIberoconPeña y #EctivismoConEPN, ambos impulsados por los acarreados virtuales de Peña Nieto, mejor conocidos como "ectivistas" en el lenguaje de las redes sociales.

La respuesta del equipo de campaña del candidato no se hizo esperar. En Milenio Televisión, Pedro Joaquín Coldwell, presidente del PRI, declaró: "Un puñado de jóvenes que no son representativos de la comunidad de la Ibero asumió una actitud de intolerancia respecto a los planteamientos que hacía nuestro candidato".[14] Destacó la reacción serena y calmada de Enrique Peña Nieto y su "enorme actitud de tolerancia". Finalmente se refirió a los estudiantes inconformes como "un puñado, una fracción minoritaria de gentes que hacen de la intolerancia una religión". Más tarde, en entrevista con Yuriria Sierra en Cadena Tres Noticias, Arturo Escobar, entonces vocero nacional del Partido Verde Ecologista de México (PVEM) y aliado del PRI en la contienda electoral, diría sobre la visita: "Sucede algo muy extraño cuando sale del auditorio, hay un grupo ahí de, no quiero decir 'jóvenes' porque ya estaban mayorcitos, de 30, 35 años para arriba, incitando, era un grupo que no pasaba de treinta personas incitando un poco a hacer escándalo".[15] La maquinaria para proteger a Peña Nieto se echó a andar en las pantallas y la prensa escrita. En las distintas ediciones de *El Sol de México* se publicó el mismo encabezado: "Éxito de Peña Nieto en la Ibero, pese a intento orquestado de boicot".[16] La imagen de las portadas del diario circuló en Facebook y Twitter, acompañada de la fotografía de Mario Vázquez Raña, dueño de la Organización Editorial Mexicana (OEM),[17] junto a Peña Nieto.

Lo que intentaron silenciar los medios tradicionales lo destaparon las redes tecnológicas. Como respuesta a las difamaciones de la clase política y las expresiones de menosprecio por las protestas en la Universidad Iberoamericana, 131 alumnos grabaron un video y lo publicaron en YouTube con el nombre de "131 alumnos de la Ibero responden".[18] Comienza con una síntesis de las declaraciones de Arturo Escobar seguida de la frase "Los estudiantes respondemos". Inmediatamente después hay una secuencia de jóvenes que declaran:

> Estimados Joaquín Coldwell, Arturo Escobar, Emilio Gamboa, así como medios de comunicación de dudosa neutralidad. Usamos nuestro derecho de réplica para desmentirlos. Somos estudiantes de la Ibero, no acarreados, no porros. Y nadie nos entrenó para nada (131 alumnos de la Ibero responden).

El video tiene una duración de poco más de diez minutos y muestra una sucesión de 131 intervenciones breves. Todos los alumnos aparecen con su credencial que los acredita como estudiantes de la Ibero. Cada uno mira de frente a la cámara y dice su nombre, número de matrícula y carrera profesional. El material se subió a YouTube y se convirtió en *trending topic* en México y en el mundo. El video recibió muchos comentarios en las redes, felicitaciones, además de agradecimientos a los jóvenes por su valor por responder al temido PRI, históricamente represor. Los usuarios presionaron para que el video apareciera en televisión abierta y las dos televisoras no tuvieron otra alternativa que transmitir la grabación en sus noticieros. Diez días después de hacer público el video, los estudiantes recibieron una disculpa de Pedro Joaquín Coldwell.

El 18 de mayo, una semana después de la visita de Enrique Peña Nieto a la Universidad Iberoamericana, estudiantes del Instituto Tecnológico de Estudios Superiores de Monterrey (ITESM), la Universidad Anáhuac, la Universidad del Valle de México y universitarios del Instituto Tecnológico Autónomo de México (ITAM) decidieron unirse a las protestas y apoyar a los alumnos de la Ibero contra la manipulación mediática. Marcharon de la UIA y del ITAM hacia Televisa Santa Fe y Televisa San Ángel, respectivamente; además difundieron lo sucedido en la marcha con el *hashtag* #YoSoy132 que, en referencia al video de los alumnos de la Ibero, era una expresión de suma: ellos son 131 y yo soy el 132. #MarchaYoSoy132 permaneció seis días seguidos en el primer lugar de *trending topics* en México y en el mundo, y catorce días entre los temas más comentados en el país. Rompió récord. Ese mismo día convocaron a todos los estudiantes del país a una marcha el 23 de mayo en la Estela de Luz, símbolo de la corrupción del gobierno encabezado por Felipe Calderón.

Así surgió el movimiento #YoSoy132, el cual, indudablemente, lleva desde el inicio su historia entretejida con las redes sociales virtuales. Convocatorias a marchas y asambleas, difusión de videos informativos, carteles, infografías y fotografías han sido distribuidos y socializados en medios como Twitter, Facebook, YouTube y en la propia página web de #YoSoy132. El desarrollo del movimiento y su repercusión nacional y mundial no pueden ser entendidos sin echar un vistazo a la enorme cantidad de información vertida en Internet. No obstante, el movimiento siempre ha sido consciente de las limitaciones actuales del alcance de la red en el país. De ahí la absoluta necesidad de salir a las calles a manifestarse, además de realizar brigadas informativas en plazas, escuelas, calles, estaciones y vagones de metro. En un país donde únicamente uno de cada cinco habitantes cuenta con Internet en su hogar, es muy ingenuo pensar que con un *hashtag* la población estará informada y será consciente de su propia realidad.

Usos de redes sociales

Las redes sociales permiten una comunicación directa y en tiempo real entre un conjunto de actores, ya sean individuos, grupos, organizaciones o comunidades, vinculados unos a otros a través de una relación o un conjunto de relaciones sociales (Lozares, 1996). Esto, de manera virtual, posibilita la construcción de una agenda social con marcadores como los *trending topics*, que reflejan directamente los temas predilectos del momento sin una línea editorial determinada que responda a intereses particulares como en los medios tradicionales.

El movimiento #YoSoy132 hace uso de las redes sociales en dos grandes rubros: el primero responde a la comunicación interna para aspectos organizativos y logísticos; el segundo promueve la difusión de todo tipo de información y está enfocado hacia el exterior del movimiento. La comunicación interna se genera principalmente en Facebook, el cual resulta más efectivo que Twitter porque desde ahí se pueden compartir archivos, crear grupos de trabajo, participar en conversaciones privadas entre dos o más personas y publicar mensajes con mayor tiempo de exposición ante los demás usuarios y sin un límite de caracteres. La comunicación externa se presenta en todas las redes sociales y en la web. En el caso de Facebook se convoca a eventos desde las cuentas del movimiento y esto posibilita compartirlo en las cuentas personales. También se difunde información acerca de otras actividades y noticias de la política mexicana y de movimientos en otras partes del mundo. YouTube es un excelente medio para compartir videos como el primer manifiesto,[19] comunicados en las movilizaciones como el #CercoTelevisa,[20] imágenes de marchas en todo el país[21] o información de cómo se articula el #YoSoy132.[22] En Twitter hay una mayor interacción con las personas, desde contestar preguntas sobre el movimiento y anunciar sus próximas actividades, hasta responder a comunicadores que no dan réplica en sus espacios.

Impacto de redes sociales al interior del movimiento

#YoSoy132 no es un movimiento exclusivo de redes sociales virtuales. Facebook y Twitter fungen como una forma más de comunicación al interior de #YoSoy132. Al comienzo de la organización, cada universidad, instituto y escuela se mantenía en contacto a través de llamadas telefónicas, correos electrónicos y mensajes de texto. Con el tiempo se consolidaron tejidos sociales que requirieron, para hacer más efectiva la circulación de ideas, la constitución de grupos en Facebook. Muchos estudiantes no contaban con una cuenta de Twitter o Facebook, por lo tanto, varios compañeros les enseñaron a usar las redes sociales y a crear sus perfiles en Internet. Para ser parte de #YoSoy132 no era requisito tener una cuenta de Facebook o Twitter. Siempre ha sido más importante participar en las asambleas locales, acudir a las manifestaciones y colaborar con las brigadas que se realizan en todo el país.

En torno a #YoSoy132 existen más de quinientas comunidades en Facebook manejadas por integrantes de facultades, universidades, ciudades, estados y países: #YoSoy132FacQuímica, #YoSoy132UNAMCampusMorelos, #YoSoy132Ecatepec, #YoSoy132DelegaciónCuajimalpaDF, #YoSoy132Saltillo o #YoSoy132UK.[23] Algunas funcionan como apoyo de difusión y otras se articulan como asambleas del movimiento. En estos grupos se difunden problemáticas locales, convocatorias a marchas, juntas importantes y noticias sobre el acontecer nacional e internacional. Se divulgan videos humorísticos de Peña Nieto y colaboradores, alertas sobre nuevas reformas, invitaciones a exposiciones, ferias, debates y foros. En Twitter hay más de cuatrocientas cuentas relacionadas con el #YoSoy132[24] que también corresponden a grupos de apoyo y difusión de información sobre el movimiento, asambleas locales y asambleas populares. En YouTube se pueden consultar más de 100 000 videos que van desde manifiestos, campañas ciudadanas, marchas en ciudades de todo el mundo, comunicados, entrevistas, hasta mensajes de diversas personalidades de la esfera pública y música solidaria con #YoSoy132.

En Facebook se manejan grupos abiertos, privados o secretos. En estas comunidades virtuales los miembros de asambleas locales o grupos operativos del movimiento se organizan para resolver situaciones emergentes. La plataforma de esta red social permite que los usuarios voten sobre determinados asuntos. La opción del voto sirve para respetar el derecho de la mayoría para elegir horarios y lugares de las reuniones, promover un nuevo *hashtag* o aprobar un cartel para una convocatoria. Estos grupos no han sustituido de ninguna manera los encuentros cara a cara, simplemente han optimizado el tiempo de la reunión gracias a que se adelanta trabajo en casa y se comparten materiales antes de iniciar las juntas. En el caso de las interacciones entre células de #YoSoy132 en otros estados o países, se hacen reuniones por Skype y el chat de Facebook para intercambiar información sobre eventos o campañas.

Las ideas, el debate, las propuestas y las deliberaciones se han desarrollado siempre en asambleas locales y generales sin la intervención de las redes sociales, las cuales, en términos de organización interna, quedaron relegadas a un papel de difusión de estos encuentros. Por ello podemos concluir que Twitter y Facebook no construyen movimientos sociales, sino que facilitan y agilizan el flujo de información y brindan alternativas prácticas para difundirla, de tal suerte que se gana tiempo pero no se crean lazos de confianza y compañerismo. Esto sí ocurre en los instantes en que se cruzan miradas y sonrisas en una movilización, en los momentos en que se unen las voces en una consigna y cuando se comparten horas de discusión sobre cómo cambiar el país. Así pasamos del individualismo del retuit a la construcción de comunidad.

Impacto de las redes sociales al exterior del movimiento

Hoy en día la realidad en el país no se puede ocultar con tanta facilidad como en el pasado porque millones de personas están conectadas a Internet todo el tiempo. Comparten textos, imágenes y videos en las redes sociales. Los usuarios difunden información y participan en discusiones en la red sin que un consejo editorial decida una línea ideológica en particular o una agenda política. La proliferación de blogs, canales de videos, páginas de Facebook y cuentas de Twitter, dedicadas a publicar lo que la mayoría de los medios de comunicación tradicionales callan, permite que los pocos mexicanos con acceso a Internet tengan una visión mucho más crítica de los acontecimientos diarios.

Los medios tradicionales y las redes sociales conservan una relación muy estrecha. En los primeros se publican notas sobre la actividad en Twitter en espacios donde las audiencias pueden familiarizarse con los *trending topics* y conocer algunos de los tuits con mayor impacto. Para los periódicos y revistas, en su versión impresa o digital, las reacciones de los usuarios de las redes siempre son noticia. En las segundas, si analizamos los asuntos más destacados en la lista de *trending topics*, la mayoría provienen de medios tradicionales. Los tuiteros se enteran de las noticias en las páginas de los diarios de circulación nacional y las replican, comentan, critican, analizan o se burlan de ellas en sus cuentas de redes sociales. Sin embargo, sería simplista reducir el papel de las redes sociales a un foro de comentarios de las noticias. Gracias a sus diversas funciones se puede compartir material muy valioso y lograr que llegue a millones de personas, aun sin contar

Imagen 1. Infografía de la Telebancada. Diseño: Laura Elizabeth Guzmán Garibay.

con demasiados seguidores. Esto permite utilizar las plataformas de Facebook y Twitter para acercar la información a los demás.

Desde sus orígenes, el movimiento #YoSoy132 se aprovechó de Internet para convocar a toda la población. Como consecuencia del cerco mediático, #YoSoy132 se apoyó en Facebook y Twitter, además de la difusión de boca en boca, de tal forma que eventos como la Asamblea General Interuniversitaria (AGI) en las islas de CU de la UNAM o las diversas #FiestaporlaLuz se difundieron por redes sociales y lograron reunir a todos los interesados en participar en los acontecimientos previos a las elecciones de 2012. Posteriormente, las asambleas locales comenzaron a promover eventos desde sus cuentas: la Jornada Cultural en Ecatepec, la Feria Cultural #YoSoy132Azcapotzalco, proyecciones de videos en plazas, asambleas estatales, foros y mesas redondas en las universidades.

También se comparte material útil para toda la comunidad, sin intermediarios ni límites de espacio. Los manifiestos, principios generales del movimiento, comunicados y minutas de las asambleas se publican en la página web y se propagan en las redes sociales. La socialización de los documentos del #YoSoy132 garantiza el acceso a la información completa para todos los usuarios. Para facilitar las jornadas de brigadeo se suben a la red infografías en formato listo para imprimir y fotocopiar. Algunas incluyen temas como la telebancada, los poderes fácticos o explicaciones jurídicas que sustentan sus exigencias. Estos archivos se difunden en Twitter y se publican en Facebook para su distribución en todos los rincones del país y muchas ciudades del mundo que cuentan con células del movimiento.

En Twitter, que es una red más enfocada en las interacciones en tiempo real, se divulgan los vínculos para entrar a los *livestreams* que transmiten los usuarios desde sus teléfonos móviles en las marchas, conciertos y manifestaciones. Gozan de gran aceptación porque permiten a todos los ausentes seguir en directo y sin cortes comerciales lo que acontece en dichos eventos. Además, los manifestantes nos sentimos protegidos al saber que hay personas al pendiente de lo que ocurre en las calles en caso de un potencial brote de violencia y represión.

Habría que decir también que buena parte de las manifestaciones de apoyo al movimiento llegaron a través de las redes. Además de los gritos de aliento y las muestras de simpatía de los automovilistas que tocan el claxon, en Internet también circulan muchas expresiones de afecto. Algunos ejemplos concretos corresponden a tuits de compañeros chilenos, fotografías de mexicanos en Atenas, videos de actores que estiman al movimiento y canciones compuestas en honor a esta lucha. Sin las redes difícilmente se habría podido recoger todo este material y agradecerlo en tiempo real. De acuerdo con el periodista español Bernardo Gutiérrez (2012), las campañas de Twitter del movimiento son un referente en el uso de las redes:

> Lo más interesante es que no son *hashtags* vacíos. Van unidos a videos, manifiestos e información. Además, algunos tuits son un ejemplo fantástico de uso emotivo-viral de Twitter. Sus tuits son una máquina de imaginarios, de íconos, de nuevos símbolos compartidos. Un ejemplo: @Soy132mx #Ultimatum132 No queremos un presidente que no pueda mencionar 3 libros #YoSoy132.

Campañas de Twitter antes y después de la elección presidencial

Las redes sociales jugaron un papel fundamental, sin precedentes en ninguna otra elección presidencial. Algunos ejemplos comprenden las campañas en Twitter con más impacto los días previos al 1° de julio. Entre ellas destacan #Ultimátum132, #6DíasParaSalvarMéxico y #CuentaRegresiva, #NoalaTelebancada, #SOS132, #VigilanciaCiudadana y #QuéDemocraciaEsÉsta.

El 27 de junio comenzó #Ultimátum132, una campaña creada un día antes de la veda electoral impuesta por el Instituto Federal Electoral (IFE). Las personas y colectivos invitaban a la reflexión ciudadana para no votar por Enrique Peña Nieto. Las distintas razones incluían los pactos entre Peña Nieto y Televisa para regresar el PRI a Los Pinos,[25] su cuestionada administración como gobernador del Estado de México y la actuación autoritaria durante la represión de los habitantes de Atenco.

#Ultimátum 132 generó una catarsis colectiva donde los tuiteros expresaron su sentir con toda transparencia. A este *hashtag* se le unió #132tweetsAntiPeña.

Poco antes de las elecciones presidenciales del 1° de julio se lanzaron las campañas #6DiasParaSalvarMéxico y #CuentaRegresiva. La primera cambiaba a diario #5DíasParaSalvarMéxico, #4DíasParaSalvarMéxico, #3DíasParaSalvarMéxico y el objetivo era hacer una invitación para ejercer y proteger el derecho al voto. La otra campaña, #CuentaRegresiva, promovía un *spot* distinto cada 24 horas sobre el PRI y su candidato, exactamente nueve días antes de la elección. Como iniciativa del grupo #MúsicosconYoSoy132, integrado por diversos miembros de la comunidad artística, surgió #SOS132. La finalidad era llamar la atención fuera del país y con el *hashtag* mencionado se promovió un video que explicaba la situación electoral en México.[26] Para la organización interna de esta campaña se realizó un documento con las cuentas de Twitter de músicos, artistas internacionales y medios de comunicación de todo el mundo. Este texto comprendía tuits en español e inglés con horarios de publicación de los mismos para sincronizar los mensajes y conseguir notoriedad a nivel mundial.

#NoalaTelebancada sirvió para compartir información, cuentas de Twitter y datos de los candidatos a diputados y senadores con intereses políticos y empresariales de Televisa y TV Azteca. También se convocó a un evento, afuera del Senado, llamado Fiesta por la Luz en Medios. Ahí se proyectaron videos informativos y se leyó un posicionamiento que exigía que se tomara en cuenta la propuesta del movimiento vertida en el Documento de Exigencias Mínimas (DEM) para la democratización de los medios.

En el marco de la jornada electoral se lanzó una extensa campaña llamada #VigilanciaCiudadana, en la cual se recibieron quejas de irregularidades en casillas y sus alrededores, y se llevó un conteo alterno al Programa de Resultados Preliminares Electorales (PREP) del IFE. Integrantes del movimiento #YoSoy132 se concentraron en el llamado Cuarto de Paz el 1° de julio de 2012 para reunir y sistematizar toda la información recopilada por los #Observadores132 que se habían convocado previamente en todo el país. En la cuenta oficial de Twitter se revelaron los datos recabados de la contienda y en la madrugada se realizó una transmisión en vivo con las conclusiones de la jornada electoral.

Como era de esperarse, ninguna de esas acusaciones de irregularidades —orientadas en su mayoría a la compra del voto por parte de operadores del PRI— influyó en la cobertura de los grandes medios de comunicación el día de la jornada electoral. Desde mucho antes existía una orden explícita a los comentaristas y conductores de esa jornada electoral para no "sobredimensionar" las denuncias del #Yo-Soy132 o de los movimientos vinculados (Villamil, 2012: 20).

Después de 62 días de espera, que iniciaron el 1° de julio, el Tribunal Electoral del Poder Judicial de la Federación (TEPJF) declaró la validez de la elección presidencial y desechó el juicio de inconformidad presentado por el candidato del

PRD Andrés Manuel López Obrador. El día del fallo se llevó a cabo una marcha que desembocó afuera de las instalaciones del TEPJF y la movilización se difundió con el *hashtag* #QuéDemocraciaEsÉsta. El *hashtag* divulgó un documento que se leyó en el TEPJF acerca de lo acontecido durante la manifestación y sumó más cuestionamientos y críticas a la decisión de los magistrados dada la presunta ilegitimidad del cargo que se otorgó a Enrique Peña Nieto.

Campañas de Twitter en las marchas y ocupas

#YoSoy1968 y #2DeOctubreNoSeOlvida fueron los *hashtags* en la campaña del 2 de octubre que acompañaron la marcha que se organiza cada año. Junto con las etiquetas se adjuntaron imágenes del movimiento estudiantil que por mucho tiempo se mantuvieron ocultas. Además se retomaron carteles y dibujos creados por los activistas del 68, así como condenas y críticas a la represión, censura y criminalización de la protesta pública inherentes al PRI. El movimiento asumió la responsabilidad histórica de ser heredero de los valientes estudiantes del 68, víctimas de una matanza —que hasta hoy continúa impune— perpetrada por la administración de Gustavo Díaz Ordaz y su secretario de gobierno Luis Echeverría Álvarez. El mensaje más retuiteado en la historia del movimiento, con 2 200 retuits, fue de esta campaña.

También se han organizado eventos culturales como la #FiestadelaLuz donde se proyectan videos informativos al aire libre, especialmente en espacios con un alto contenido simbólico como las paredes de Televisa y la Cámara de Senadores. Las intervenciones audiovisuales en ambos sitios fueron respaldadas por la lectura de varios documentos elaborados por la Mesa de Democratización de Medios para tener una verdadera Reforma en Telecomunicaciones.

Imagen 2. Tuit viral. Autor del cartel original: Jorge Pérez Vega. Fuente: Grupo Mira (1993). *La gráfica del 68: Homenaje al movimiento estudiantil*.

El factor de presión social que aportan las redes sociales virtuales ha sido muy importante en el desarrollo del movimiento y se pueden citar un par de ejemplos al respecto. El primero sucedió a finales de mayo de 2012 en una manifestación afuera de la Secretaría de Gobernación, tuiteada en redes como #OcupaSEGOB. La exigencia era que el segundo debate presidencial se transmitiera en cadena nacional para que la cobertura del evento llegara al 94% de la población. En este contexto ni la Secretaría de Gobierno ni el Instituto Federal Electoral (IFE) aprobaron una medida para exigir un cambio de planes en las televisoras. Sin embargo, a partir de la presión en redes, los dueños de TV Azteca y Televisa, Ricardo Salinas Pliego y Emilio Azcárraga Jean, aseguraron en sus respectivas cuentas de Twitter que transmitirían el debate en sus principales canales (2 y 13) por primera vez en la historia. El segundo caso relevante ocurrió el 1° de diciembre de 2012, con la represión del Estado el día de la toma de protesta de Enrique Peña Nieto. Este suceso se conoció en redes como #1Dmx y sirvió para denunciar el procesamiento de cincuenta y seis manifestantes inocentes de todos los cargos que se les imputaron. Gracias al apoyo de una incansable campaña en Twitter llamada #TodosSomosPresos y, por supuesto, a la organización y el enorme esfuerzo de activistas, abogados y miembros del movimiento, se logró su liberación.[27]

Proyectos de #YoSoy132

Una gran parte de la población desconoce las propuestas y actividades de trabajo que se realizan en el movimiento porque no tienen eco en los medios tradicionales, es decir, no son noticia. Sin embargo, en las redes sociales se difunden los proyectos y se abren a la participación de la gente. Algunos ejemplos que a continuación se presentan pertenecen al contexto de las elecciones presidenciales (#Debate132),[28] el posicionamiento de #YoSoy132 frente al duopolio televisivo (#ClaseCiudadana),[29] la creación de medios alternativos (#NoticieroEstudiantil de Artistas Aliados[30] y #TodosSomos132[31]) y la elaboración de documentos para criticar y repensar la agenda nacional presidencial (#ContraInforme132 y #SentimientosdelaNación), además de iniciativas con el fin de establecer un canal de comunicación entre la ciudadanía y las autoridades (#TeRetoDiputado).[32]

El #Debate132 fue el primero en la historia del país impulsado por estudiantes sin la intervención del IFE, entidad responsable de organizar las elecciones en México. La sede del debate fue la Comisión de Derechos Humanos del Distrito Federal (CDHDF) y se transmitió por un canal de YouTube habilitado por #YoSoy132. Un detalle importante de este acontecimiento, que marcó un hito en términos de participación ciudadana en las contiendas electorales, fue que el candidato Enrique Peña Nieto se negó a participar. Un caso similar se replicó en el #Debate132Jalisco, organizado por #YoSoy132GDL, evento en el que todos los contendientes a gobernador asistieron para dialogar con los jóvenes, excepto el representante del PRI, Aristóteles Sandoval.

La agenda impulsada por el movimiento sobre telecomunicaciones, democratización de medios y acceso a la información tuvo una recepción muy positiva entre comunicólogos, académicos y luchadores sociales. Aleida Calleja, ex presidenta de la Asociación Mexicana de Derecho a la Información (AMEDI), impartió una #ClaseCiudadana en una transmisión en vivo, disponible en YouTube, sobre cómo funciona el poder fáctico de las grandes empresas de medios de comunicación. #YoSoy132 también ha creado sus propios canales alternativos para darle difusión a su agenda política y visibilizar otras luchas sociales en el país. Los ejemplos más claros al respecto son el #NoticieroEstudiantil de Artistas Aliados, un espacio de contrainformación autónoma y el programa #TodosSomos132 por Rompeviento Televisión por Internet, creado para informar a las audiencias de las acciones que el movimiento lleva a cabo en sus distintos frentes.[33]

En el mes de septiembre de 2012, cuando Felipe Calderón presentó el último informe de gobierno de su administración, el movimiento elaboró un #Contrainforme132 que se leyó afuera de la Cámara de Diputados. El documento, sin duda, contrastó considerablemente con el emitido por Calderón. Si bien #Contrainforme132 reflejaba el descontento y la indignación de los integrantes del movimiento, la asamblea local de la Universidad Iberoamericana convocó a la ciudadanía con el *hashtag* #SentimientosdelaNación a pensar en una nueva constitución política. Finalmente, la iniciativa #TeRetoDiputado surgió en octubre de 2013. El propósito es identificar a los legisladores por distrito y obligarlos a una rendición de cuentas —cada vez que la ciudadanía lo exija— a través de la plataforma TeRetoDiputado. Los usuarios deben ingresar sus datos en la página www.teretodiputado.com para acceder a los nombres, fotografías, datos generales y cuentas en redes sociales de sus representantes. La plataforma *online* tiene la opción para tuitear, mandar un mensaje en Facebook o enviar un *e-mail* a los legisladores, obligados a responder cada una de las demandas e inquietudes de los ciudadanos.

Para los integrantes de #YoSoy132 con acceso a las redes, la posibilidad de transmitir información por Internet no solamente ha resultado útil para dar a conocer eventos, propuestas, demandas y manifiestos, también ha sido de gran ayuda para efectos de protección de todos los miembros. Twitter es una herramienta útil para reportar en directo los hostigamientos policiacos, la presencia de grupos infiltrados y situaciones que nos hacen sentir vulnerables. En las redes sociales la información queda como testimonio y no se pierde, a diferencia de una cámara fotográfica o de video que puede ser robada. El Comité de Derechos Humanos 132 ha realizado un trabajo constante de apoyo jurídico a los compañeros que han sido acosados, reprimidos y detenidos en todo el país. Sus cuentas en Twitter son su medio para hacer visible su trabajo.

Por último, las redes sociales dan la posibilidad de ejercer derechos de réplica, aclarar notas y responder a distintos asuntos de interés. El caso más nombrado sucedió cuando una de las caras más visibles del movimiento, Antonio Attolini, se unió a las filas de Televisa. Las televisoras lo capitalizaron políticamente para exhibir al movimiento como incoherente y poco serio. Sin embargo, aunque nunca nos ofrecieron un espacio en Televisa o TV Azteca para aclarar lo sucedido y para presentar nuestra posición, en las redes sociales se realizó un claro deslinde: "#YoSoy132 no tiene líderes para evitar que la incongruencia de una persona afecte a todos. @AntonioAtolini, oportunista, vendido". Actualmente, hay personas que todavía creen que él representaba al movimiento o tomaba decisiones por el movimiento. Nuestra voz fue escuchada, pero no por todos, debido al limitado alcance de Internet en la población mexicana.

También cabe señalar que desde la emergencia del movimiento han existido ataques y actos de censura por parte de la gente cercana a Enrique Peña Nieto. Dentro de su estrategia en redes sociales hay un grupo conocido como *peñabots* que tuitean los *hashtag*s masivamente para que sean detectados por Twitter como mensajes basura (*spam*) y se eliminen. Por ejemplo, el primer *hashtag* del movimiento, #MarchaYoSoy132, consiguió evadir el ataque agregando el artículo "la" por lo que figuró como "La #MarchaYoSoy132". Así ha sucedido con muchas campañas que se han lanzado.

Conclusiones

Las redes sociales virtuales no construyen movimientos sociales porque los lazos virtuales entre cibernautas no son comparables a los lazos que nacen entre compañeros comprometidos. No construyen movimientos sociales porque no es lo mismo conocer las ideas de los demás, debatir conceptos, desarrollar propuestas y argumentar posicionamientos en una asamblea que en un espacio de 140 caracteres. No construyen movimientos sociales porque nunca será igual una marcha de 40 000 personas a un *trending topic* de una semana. No construyen movimientos sociales porque no se siente igual interactuar cara a cara que a través de una pantalla. Como menciona Guiomar Rovira, "Internet y las tecnologías móviles permiten difundir las protestas, encontrar la plaza y la hora para hacerlo, pero ni son la plaza ni sustituyen la voluntad de la multitud reunida que exige justicia o democracia" (2012: 102).

Sin embargo, las redes sociales juegan un papel importante para difundir información y materiales, facilitan la organización entre grupos, agilizan la libre expresión de ideas y permiten la comunicación entre usuarios en sus plataformas. No obstante, el número de personas que cuentan con Internet en su hogar no es comparable con el que tiene acceso a la televisión en casa. El movimiento que nació buscando la democratización de los medios se convirtió en una paradoja de esta situación. Muchos mitos y rumores envuelven al #YoSoy132 y desafortunadamente no pueden ser aclarados a la misma velocidad que lo hacen los interesados en debilitar la lucha social, especialmente los representantes y dueños de los medios masivos de comunicación. La democratización de los medios era una demanda evidente y necesaria cuando me sumé al movimiento #YoSoy132. Podía ver cómo la información que circulaba en las redes era mucho más amplia y menos tendenciosa que la de medios como Televisa y Televisión Azteca. Los usuarios de Twitter y Facebook no responden a intereses particulares sino a una agenda común. Hoy en día, siendo parte del movimiento, he vivido del otro lado de la audiencia y me doy cuenta en qué medida se manipula y oculta la información. Observo los efectos de estas prácticas en la percepción ciudadana del #132 y de la situación política, económica y social, a nivel nacional e internacional. México no puede considerarse un país democrático hasta que, entre otras muchas cosas, dejen de prevalecer los medios comerciales sobre los medios comunitarios, sociales y universitarios que informen a la población con libertad, sin presión de intereses de grupo y sin acoso político. Asimismo, México no puede considerarse un país democrático hasta que pare el acoso político en medios tangibles y virtuales y la investigación a activistas sociales por medio de la contratación de agencias de espionaje virtual.[34]

Las redes sociales son un espacio relativamente nuevo donde se permite todo tipo de participación. Podemos utilizarlas para enterarnos de lo que acontece, no desde el punto de vista exclusivo de Televisa y TV Azteca, sino de los millones de usuarios de las redes. Podemos usarlas para difundir información que tenemos a nuestro alcance y consideramos podría ser ventajosa para los demás. Podemos aprovecharlas para organizarnos y consolidar nuestras demandas. Podemos adaptarlas para conseguir una verdadera democracia. Pero primero necesitamos que el acceso a Internet sea para toda la población. Incluso podríamos alfabetizar en la era digital.

Así como los activistas españoles reclaman el problema de vivienda en su país, los estudiantes chilenos luchan por la educación gratuita y los manifestantes estadounidenses de Occupy Wall Street están en contra de la desigualdad económica, #YoSoy132 exige un modelo de medios de comunicación democrático. Todos estos movimientos utilizan las redes sociales virtuales para exhibir fallas en un sistema capitalista global que no responde a las necesidades de las personas y que debe ser cambiado lo antes posible.

Bibliohemerografía

Balderas, Óscar. (2012). "Peña Nieto asegura que Fox 'sí sabe' de elecciones", 12 de abril, consultado el 5 de abril de 2014 en <http://www.adnpolitico.com/2012/2012/04/12/pena-nieto-asegura-que-fox-si-sabe-de-elecciones>.

CNN México. (2011). "Conductores de televisión reavivan la polémica". 13 de diciembre, consultado el 5 de abril de 2014 en <http://mexico.cnn.com/nacional/2011/12/09/conductores-de-television-reavivan-la-polemica>.

GRUPO MIRA. (1993). *La gráfica del 68: Homenaje al movimiento estudiantil*. México, D. F.: Ediciones Zurda.

GUTIÉRREZ, BERNARDO. (2012). "El magistral uso de las redes de #YoSoy132" en *Código Abierto*, 29 de junio, consultado el 5 de abril de 2014 en <http://blogs.20minutos.es/codigo-abierto/2012/06/29/el-magistral-uso-de-las-redes-de-yosoy132/>.

LORET DE MOLA, CARLOS. (2011). "La 'guerra sucia' contra Peña Nieto" en *El Universal*, 7 de diciembre, consultado el 5 de abril de 2014 en <http://www.eluniversalmas.com.mx/columnas/2011/12/93096.php>.

LOZARES, CARLOS. (1996). "La teoría de las redes sociales" en *Papers. Revista de Sociología*, vol. 48, pp. 103-126.

ROVIRA SANCHO, GUIOMAR. (2012). "Movimientos sociales y comunicación: la red como paradigma" en *Anàlisi. Quaderns de comunicació i cultura*, núm. 45 (junio), pp. 91-104.

VILLAMIL, JENARO. (2012). *Peña Nieto: el gran montaje*. México, D. F.: Grijalbo.

Videos

"131 ALUMNOS DE LA IBERO RESPONDEN". (2012). 14 de mayo, consultado el 24 de marzo de 2014 en <http://www.youtube.com/watch?v=P7XbocXsFkI>.

"CLASE CIUDADANA 132: LOS MEDIOS DE COMUNICACIÓN ANTE LA DEMOCRACIA. CON ALEIDA CALLEJA". (2012). 29 de junio, consultado el 24 de marzo de 2014 en <http://www.youtube.com/watch?v=4jC846db7fE>.

"COMUNICADO #YoSoy132 EN EL BLOQUEO PACÍFICO DE TELEVISA CHAPULTEPEC". (2012). 27 de julio, consultado el 24 de marzo de 2014 en <http://www.youtube.com/watch?v=2ej1t9IHfVs>.

"DEBATE #132". (2012). 19 de junio, consultado el 24 de marzo de 2014 en <http://www.youtube.com/watch?v=txWoCr1EXyE>.

"MANIFIESTO #YoSoy132". (2012). 29 de mayo, consultado el 24 de marzo de 2014 en <http://www.youtube.com/watch?v=igxPudJF6nU>.

"MANUAL DE LA ASAMBLEA #YoSoy132". (2012). 14 de julio, consultado el 24 de marzo de 2014 en <http://www.youtube.com/watch?v=XFOMOm9PiY0>.

"MARCHA #YoSoy132 GUADALAJARA". (2012). 5 de julio, consultado el 24 de marzo de 2014 en <http://www.youtube.com/watch?v=GGuQvwtfhuk>.

"MÉXICO SOS#132". (2014). 27 de junio, consultado el 24 de marzo de 2014 en <http://www.youtube.com/watch?v=Z0JkqaTkvYE>.

"NOTICIERO ESTUDIANTIL #YoSoy132 CAPÍTULO 1". (2012). 20 de junio, consultado el 24 de marzo de 2014 en <http://www.youtube.com/watch?v=YcKgalIdj7I>.

"Puñado de jóvenes fue intolerante en la Ibero con Peña Nieto: PRI". (2012). *Milenio*, 11 de mayo, consultado el 24 de marzo de 2014 en <http://www.youtube.com/watch?v=AaVBzWN10iM>.

Sierra, Yuriria. (2012). "Arturo Escobar: Quienes agredieron a Peña Nieto, no eran estudiantes de la Ibero" en *Cadena Tres Noticias*, 11 de mayo, consultado el 24 de marzo de 2014 en <http://www.youtube.com/watch?v=nV3-8PkbilA>.

Notas

1   Para más información, consultar la base de datos del Instituto Nacional de Estadística y Geografía (INEGI) sobre el aprovechamiento de las Tecnologías de la Información y la Comunicación (TIC) en México. Disponible en http://www.inegi.gob.mx/est/contenidos/espanol/temas/Sociodem/notatinf212.asp.

2   http://www.vanguardia.com.mx/libreriapenanietosensacionentwitter-1162431.html.

3   http://www.informador.com.mx/mexico/2011/342293/6/pena-nieto-y-sus-lecturas-dan-la-vuelta-al-mundo-en-redes-sociales.htm.

4   Para una descripción más detallada del ataque en redes sociales a Peña Nieto después del episodio de la FIL consultar la nota publicada por Jenaro Villamil, "Las redes comienzan a atacar…", 10 de diciembre de 2011. Disponible en http://www.proceso.com.mx/?p=290773.

5   "Conductores de televisión reavivan la polémica", 13 de diciembre de 2011, consultado en http://mexico.cnn.com/nacional/2011/12/09/conductores-de-television-reavivan-la-polemica.

6   Loret de Mola, Carlos. "La 'guerra sucia' contra Peña Nieto, 7 de diciembre de 2011, consultado en http://www.eluniversalmas.com.mx/columnas/2011/12/93096.php.

7   http://www.proceso.com.mx/?p=291036.

8   http://www.eluniversal.com.mx/nacion/193275.html.

9   http://blogs.cnnmexico.com/la-grilla/2012/03/13/jefes-de-estado-y-candidatos-usan-teleprompter-jefe-de-campana-de-pena-nieto/.

10 http://www.sinembargo.mx/31-03-2012/195215.

11 Balderas, Óscar. "Peña Nieto asegura que Fox 'sí sabe' de elecciones", 12 de abril de 2012, consultado en http://www.adnpolitico.com/2012/2012/04/12/pena-nieto-asegura-que-fox-si-sabe-de-elecciones.

12 http://www.sinembargo.mx/11-05-2012/230979.

13 http://www.proceso.com.mx/?p=307144.

14 Las declaraciones de Pedro Joaquín Coldwell se pueden escuchar en el video "Puñado de jóvenes fue intolerante en la Ibero con Peña Nieto: PRI" en http://www.youtube.com/watch?v=AaVBzWN10iM.

15 Escuchar la entrevista a Escobar de Yuriria Sierra: "Arturo Escobar: Quienes agredieron a Peña Nieto, no eran estudiantes de la Ibero" en http://www.youtube.com/watch?v=nV3-8PkbilA.

16 http://www.m-x.com.mx/2012-05-13/el-exito-de-penanieto-en-la-ibero-segun-el-sol-de-mexico-expuesto-por-blogueros/.

17 La OEM es la compañía de medios impresos más grande de México y una de las editoriales de periódico más extensa de Latinoamérica.

18   El video "131 alumnos de la Ibero responden" está disponible en http://www.youtube.com/watch?v=P7XbocXsFkI.

19   "Manifiesto #YoSoy132". Video disponible en http://www.youtube.com/watch?v=igxPudJF6nU.

20   "Comunicado #YoSoy132 en el bloqueo pacífico de Televisa Chapultepec". Video disponible en http://www.youtube.com/watch?v=2ej1t9IHfVs.

21   "Marcha #YoSoy132 Guadalajara", 4 de julio de 2012. Video disponible en http://www.youtube.com/watch?v=GGuQvwtfhuk.

22   "Manual de la asamblea #YoSoy132". Video disponible en http://www.youtube.com/watch?v=XFOMOm9PiY0.

23   Consultado en www.facebook.com el 20 de febrero de 2013.

24   Consultado en www.twitter.com el 20 de febrero de 2013.

25   Jenaro Villamil en su libro *Peña Nieto: el gran montaje* (2012) realiza una investigación minuciosa de la existencia de un plan encubierto entre Peña Nieto y Televisa para promover la imagen del candidato en espacios publicitarios, espectáculos y medios informativos.

26   "México SOS#132" en http://www.youtube.com/watch?v=Z0JkqaTkvYE.

27   Ver al respecto el ensayo de Guillermo Naranjo en esta publicación sobre los presos políticos del 1° de diciembre.

28   "Debate #132" en http://www.youtube.com/watch?v=txWoCr1EXyE.

29   "Clase ciudadana 132: Los medios de comunicación ante la democracia. Con Aleida Calleja" en http://www.youtube.com/watch?v=4jC846db7fE.

30   "Noticiero estudiantil #YoSoy132 Capítulo 1" en http://www.youtube.com/watch?v=YcKgalIdj7I.

31   http://rompeviento.tv/Bienvenidos/todossomos132/.

32   http://www.teretodiputado.com/.

33   Ver el ensayo de Israel Espinosa publicado en este mismo libro sobre el programa #TodosSomos132 transmitido por Rompeviento Televisión por Internet.

34   http://aristeguinoticias.com/1007/mexico/cisen-demasiado-estupido-para-proteger-su-propia-seguridad-correo-hacking-team/.

REPRESENTACIÓN, *ESPONTANEÍSMO* Y LA NUEVA ESFERA PÚBLICA.
EL CASO DE #YOSOY132

Ignacio Corona
THE OHIO STATE UNIVERSITY

Resumen

El papel desempeñado por las redes sociales en los nuevos movimientos sociales requiere, para su análisis, de un nuevo vocabulario crítico, así como de una conceptualización adecuada que explique, entre otras cosas, el incremento y/o decremento de intensidad en el flujo comunicativo a través de la nueva esfera pública. El movimiento denominado #Yo-Soy132 permite adentrarse en el estudio de esta problemática. Más aún, permite comparar sus estrategias de acción con otros movimientos sociales y políticos que han recurrido a las redes sociales como táctica de acción política en el escenario internacional. ¿Cómo es la nueva esfera pública y qué elementos introduce en relación a la expresión de agendas políticas y sociales? ¿Cuáles serían algunos de sus desafíos? El análisis que se propone intenta responder a estas y otras preguntas relacionadas y, sobre todo, a la cuestión central de que si dichas agendas de acción comunicativa y política son promisorias fuera de plataformas partidistas o de formas de hacer política en un sentido tradicional.

PALABRAS CLAVE: #YOSOY132, REDES SOCIALES, NUEVA ESFERA PÚBLICA, MOVIMIENTOS SOCIALES, POLÍTICA.

Abstract

Analyzing the role of social networks in new social movements requires a new critical vocabulary and an adequate conceptualization to explain, among other things, the increase and/or decrease of intensity in the flow of communication through this new public sphere. The movement called #YoSoy132 provides insight into the study of this problem. Moreover, it allows us to compare their action strategies with those of other social and political movements that have turned to social media as a tactic of political action on the international scene. How can we characterize this new public sphere and the elements that it introduces in relation to the expression of social and political agendas? What are some of the challenges it will face? The proposed analysis attempts to answer these and other related questions, addressing, above all, the central question as to whether these agendas for political and communicative action open promising avenues outside of political party platforms or traditional forms of politics.

Keywords: #YoSoy132, social networks, new public sphere, social movements, politics.

> *Queremos medios que digan la verdad.*
>
> *#YoSoy132*
>
> *Todo comienza con la ira, con el rechazo y no con la afirmación.*
>
> *Alain Touraine*

El 1° de septiembre de 2012, en un acto multitudinario frente a la Cámara de Diputados en San Lázaro y con la representación de diversas universidades y organizaciones civiles, se da lectura pública al *Contrainforme #YoSoy132*. El título alude al informe presidencial, el cual se presenta en esa misma fecha. A semejanza del mismo, éste también recurre convenientemente a una selección de cifras y otros elementos cuantitativos, además de todo un panorama temático de índole general acerca del estado de la nación. La diferencia radica en constituir un "informe" de signo contrario. Mientras el informe presidencial tiende a ofrecer un panorama a todas luces positivo, el contrainforme ofrece uno preocupantemente negativo. En el centro de su mensaje se halla la demanda de garantías de medios de comunicación transparentes y equitativos, así como la de cambio a los modelos educativo, de seguridad nacional, de procuración de justicia y, por añadidura, del modelo económico neoliberal. Presenta, pues, un análisis de seis áreas prioritarias para la transformación del país, lo que equivale a proponer renegociar el contrato social. O casi. Como veremos más adelante, hay límites a la revolución en ciernes. En este trabajo propongo examinar los procesos representacionales que la irrupción de #YS132 convoca en el contexto de la llamada nueva esfera pública, así como el comportamiento político colectivo ligado a las posibilidades comunicativas abiertas por las nuevas tecnologías de la comunicación, las cuales sugieren, por otra parte, la elaboración de nuevos vocabularios descriptivo-políticos.

El contrainforme es —o fue— el texto definitorio de #YS132. En términos formales, no se trata de un manifiesto, pues no sugiere alternativas o soluciones a los problemas expuestos en su examen del estado de la nación —a excepción de identificar la necesidad apremiante de un cambio general— y no busca posicionar una entidad líder para lograr ese propósito. En esa medida, su mayor objetivo programático no es la lucha por el poder, sino incrementar la participación de la sociedad civil en su conjunto. Tal objetivo es, en el fondo, de carácter educativo; apunta a generar una toma de conciencia colectiva. Es también una convocatoria a la acción política, aunque una acción más de tipo correctivo —o inclusive reformista— que emancipador. Como ha sucedido recientemente con otros movimientos de resistencia a nivel mundial, la posición expuesta en el documento establece una diferencia entre la sociedad civil y la clase política. Tal diferenciación al interior de la noción de Estado se presenta como indispensable para renegociar el pacto social y lograr mecanismos más efectivos de transparencia y rendición de cuentas por parte de la clase gobernante. En los análisis inmediatos del movimiento en los medios de comunicación —sobre todo en la prensa—, no pasó desapercibido el hecho de que la protesta y el subsecuente activismo de los manifestantes provinieran de uno de los grupos de la población más favorecidos por las mismas políticas económicas que criticaban; incluso que el mismo surgiera de una generación estudiantil predicada como menos participativa políticamente en comparación con algunas de sus predecesoras, al estar inmersa en una cultura global de individualismo, cinismo y fragmentación social.

La autoría del contrainforme reserva otra sorpresa al revelarse colectiva: movimiento #YoSoy132. El nombre no es un detalle menor en términos representacionales. La autoidentificación implica siempre un autorreconocimiento y una autorrepresentación. Y mucho de lo que se puede decir acerca de #YoSoy132 (#YS132) comienza con esa doble cuestión representacional. O triple, si se incluye en la cuestión la impugnación que dicho movimiento hace, desde su sonora irrupción en mayo de 2012, a los medios de comunicación, en particular al duopolio televisivo Televisa y TV Azteca, generadores supremos de representaciones, imágenes e información, pero también de representaciones parciales o incompletas, pseudoeventos y omisiones. La doble cuestión es, por un lado, la inadecuada o muy cuestionable representación política por parte de los propios partidos, los únicos autorizados para "representar" a la ciudadanía en el sistema político mexicano, toda vez que las propuestas de modificación de la ley electoral hacia la aceptación de candidaturas independientes no había fructificado hasta ese momento. Y, por el otro, el reclamo de autorrepresentación individual con un doble acto del habla, fático y performativo a la vez: "Yo soy". Desde hace décadas se ha hablado de una crisis de la representación,[1] al menos desde que el discurso crítico del posmodernismo coincidió con el ascenso del neoliberalismo. El uso de la tecnología móvil e interfaces tales como Facebook y Twitter demostraría, por el contrario, un regreso del tema de la representación. Dicho tema es crucial en el caso de #YS132, al enfocarse en las falencias y vicios de la democracia representativa mexicana y la representación distorsionada y/o manipulada de los medios como la necesidad de autorrepresentación, en el proceso que Alain Touraine llamaría "sujetivación" (o el paso del *moi* al *Je*).

Partiendo de esa autoidentificación grupal en términos de movimiento, una de las primeras cuestiones a indagar es la de su propia naturaleza. ¿Cómo se da el paso del cuestionamiento y la impugnación *in situ* —en un encuentro del candidato presidencial del PRI con estudiantes en la Universidad Iberoamericana— a la movilización y el activismo a nivel nacional? ¿Cómo se da esa conversión de sujetos en actores políticos? ¿De la protesta al movimiento? Y si tal, ¿se trata, en esencia, de un movimiento político, social, cultural?[2] ¿Cuál es su base ideológica, sus propuestas o su agenda de acción? O ¿se trata de otro más de los muchos subproductos del periodo de la "hegemonía hueca" a nivel internacional, en que se intenta "transformar lo político, no involucrándose con lo político, sino circunvalándolo", (Chandler, 2007: 295) es decir, evitándolo?

Ahora bien, si atraer la atención sobre sí mismos —autorrepresentarse— no era la intención original de la intervención de los estudiantes, sino la de enfocar el proceso político con miras a las inminentes elecciones presidenciales del 1° de julio de 2012, así como el estado de las cosas en el país, ¿cómo hacerlo sin lastrar el mensaje con la autopresentación del mensajero, y que éste a su vez no se convirtiera en blanco de la clase política, denostada en su discurso por su falsa representatividad, mientras se escabulle fuera del foco y se pone a buen resguardo de los cuestionamientos respectivos? ¿Cómo movilizar la opinión pública sin convertirse en nuevos líderes de opinión —incluso en aspirantes a héroes o mártires— y evitar ser, a su vez, cuestionados y, en algunos casos, sufrir amenazas y agresiones? ¿Cómo evitar que los medios no los enfoquen a ellos y desvíen su atención al problema que, precisamente, trataban de señalar con sus reclamos y protestas? Una vez que aceptan su inevitable representación en los medios —audiovisuales e impresos— y transforman su protesta intramuros en una protesta pública a través de Twitter y de esos mismos medios de comunicación y la llevan a la "nueva esfera pública" nacional e internacional hasta autoconcebirse como "movimiento" —en el acto antes mencionado—, el suyo ya no pretendería ser sólo un acto coyuntural. Gramsci nos recuerda, empero, que los movimientos políticos orgánicos se componen de amplios grupos sociales que, paulatinamente, originan una "crítica social y política", además de —cabría añadir— una contrapropuesta (1971: 185). Advierte, también, que un "error común en el análisis histórico-político consiste en la incapacidad de encontrar la relación correcta entre lo que es orgánico y lo que es coyuntural", así como contra "la exageración del elemento 'voluntarista' e individual en relación a los movimientos coyunturales" (1971: 178). Por otro lado, la protesta coyuntural de #YS132 permite reflexionar sobre la propia "condición pospolítica" teorizada por pensadores como Žižek, Ránciere y otros, en la que el debate mismo se ve cancelado. Esto, a su vez, cancela la posibilidad de imaginar alternativas: otros mundos posibles (Schlembach, 2012). En dicha condición, las rutas políticas e ideologías tradicionales, los organismos y sus plataformas políticas, resultan parte del problema. Esta desconfianza permea los movimientos de los indignados en diferentes contextos nacionales. Se desligan de "la clase política", tratados no como "representantes" de la voluntad popular, sino como una clase o grupo de autointerés en sí. Hay, pues, una carencia de verdadera "representación" en ese contexto.

Como se sabe, lo que subyace a dicha condición pospolítica sería el "fin de la historia" (Fukuyama), estadio civilizatorio en que se llega al triunfo definitivo de una ideología pro mercado y lo único que los gobiernos tienen que hacer es corregir los desajustes. ¿Hegemonía o poshegemonía? En la materialización de una respuesta a esa pregunta, el escenario político latinoamericano mostraría gobiernos a favor de revertir la hegemonía neoliberal con resultados muy relativos (Venezuela, Bolivia, Ecuador), otros intentando balancearla (Brasil, Argentina) y otros, caso México, de implantarla con la mayor heterodoxia posible (Figueroa Ibarra, 2010: 11). En este último contexto, la propuesta más conocida contra el paradigma neoliberal ha estado representada desde hace más de una década, principalmente por la lucha lopezobradorista —primero dentro del PRD y después fuera de él—, a favor de una mayor participación estatal y continuidad de ciertos postulados del discurso nacionalista mexicano.[3] Por eso, cuando en su contrainforme hacen eco a algunos de los conocidos pronunciamientos del líder de MORENA, la pregunta lógica era en qué momento unirían fuerzas. En dicho documento afirman:

> El movimiento #Yo soy 132 está consciente que el mercado no es la panacea para la solución de los males sociales y que el gobierno y la sociedad deben jugar un rol fundamental para resolver los problemas económicos que aquejan al país. El neoliberalismo nos empobrece, excluye, margina y violenta, es por eso que el movimiento #YoSoy132 se pronuncia a favor de una economía humana, justa, soberana, sustentable y de paz (*SinEmbargo*).

Años antes, la misma pregunta se había hecho con respecto a una posible alianza del zapatismo con el PRD y ahora, como entonces, los aludidos manifiestan una fuerte reticencia a ser cooptados por la lógica partidista de éste. Las comparaciones con el zapatismo son hasta cierto punto inevitables. Sus discursos coinciden en identificar al neoliberalismo impuesto por los últimos gobiernos mexicanos, en acuerdo con los organismos financieros internacionales, como el causante de muchos de los problemas actuales del país. En su manifestación en la esfera pública coinciden en el énfasis en la comunicación y el uso de nuevas tecnologías de comunicación para generar solidaridad y como estrategia política (el Internet en caso de los zapatistas, y Twitter y YouTube en caso de #YS132); la desconfianza de los partidos políticos tradicionales y la clase política en general; el poder emancipador de la sociedad civil a nivel nacional e internacional; la importancia de la autorrepresentación, unos en el ocultamiento tras la máscara como signo metonímico de su invisibilidad social que, paradójicamente, los hace por fin visibles, y otros en el gesto de revelarse políticamente a través de la transmisión y retransmisión de mensajes personalizados; coincidir en hacer política por medio de la comunicación social, fuera de las redes de cooptación de los propios medios masivos de comunicación; y la expresión de una profunda insatisfacción social y política. Hay un último y contradictorio punto que los une: provienen de actores políticos hasta cierto punto inesperados, unos del estrato más marginado de la sociedad mexicana, y otros de los pisos superiores de aquel "edificio de cuatro pisos" descrito por el Subcomandante Marcos en su célebre comunicado "El largo camino de la desesperación a la esperanza".

En esa reluctancia a tomar el poder e invitar a la sociedad civil a convertirse en un actor político al exigir transparencia a los gobernantes y de esa manera "cogobernar", #YS132 demuestra las lecciones aprendidas del zapatismo. En el caso hipotético de continuar como movimiento, queda por verse en qué tipo de actor político se convertiría y el rol que le tocaría desempeñar en futuras disquisiciones sobre protesta política y formas de acción a través del uso de las nuevas tecnologías de comunicación combinado con la movilización (y cibermovilización), el activismo (y la ciberpolítica) y la toma de espacios públicos, algo en lo que coincide con todos los movimientos de resistencia a nivel mundial. En general, nos presenta la oportunidad de reflexionar sobre la diferencia entre *concepto* (movimiento) y *realidad* en el contexto de las nuevas manifestaciones y movimientos sociales, del 15M a la Primavera Árabe. En efecto, ¿qué es exactamente lo que se autopresenta como movimiento?

El debate político en la nueva esfera pública: de los salones de té a Twitter

Con una fértil historia de teorizar y describir la canalización y expresión de las virtudes del liberalismo, en la libre expresión de la opinión individual y la disensión política, el influyente concepto habermasiano de "esfera pública" ha sido reexaminado recientemente desde varias perspectivas críticas, tanto en relación con sus inherentes particularidades culturales, supuestos históricos e implícitas limitaciones —o puntos ciegos— ideológicas, así como en su potencial aplicabilidad a diferentes contextos culturales. Habermas sitúa el nacimiento del fenómeno que designa dicho concepto en lugares tales como cafés y salones de té, es decir, lugares públicos donde se reunía la burguesía europea a finales del siglo XVII. A lo largo del XIX, dicho espacio para el debate se traslada a los medios y, con ello, a otros ámbitos sociales en donde los ciudadanos podían interactuar en persona fuera de aquéllos idealizados por el pensador alemán. Modificado de esta forma, el concepto enfatiza el papel fundamental de los medios en la expresión y difusión del debate ideológico. En la segunda mitad del siglo XX, el rol primario de la prensa escrita le correspondería a los medios audiovisuales —la radio y la televisión— y, cada vez más, al Internet.

Con la popularización de la tecnología móvil y la telefonía celular, se abre un nuevo capítulo en la transformación de la esfera pública, según se ha podido comprobar en el caso de la mencionada Primavera Árabe, los indignados españoles, Occupy Wall Street y, guardadas las distancias, con el #YS132. Como una especie de microblog con base en el Internet, y en comparación con otras interfaces, Twitter mantiene un foco en la singularidad de su función textual, y sus usuarios recurren a él sólo para enviar y recibir mensajes cortos (140 caracteres). Dado que se pueden seguir los mensajes (tuits) de otros usuarios a quienes no se conoce, desde su creación ha sido usado para otros propósitos de comunicación, incluidos los mercadológicos, autopromocionales y políticos. Por esto, y por estar centrado en el discurso escrito, se convierte en un medio ideal para dar a conocer y comentar noticias y responder a las reacciones de otros. Ello explica también los incrementos en cascada que ciertos mensajes pueden tener y la espontaneidad de las respuestas. El medio puede considerarse un integrante de la nueva esfera pública por hacer posible y difundir el debate público, en general, y el debate político, en específico.

Las nuevas tecnologías de la comunicación y los nuevos medios sociales amplían, entonces, las oportunidades de comunicación social y permiten, a fin de cuentas, la agencia de nuevos actores y participantes de la esfera pública en un espacio flexibilizado y desincorporado. No significan, por lo tanto, la decadencia de la esfera pública sino que inauguran una nueva época de ella. De hecho, politólogos y comunicólogos coinciden respecto al potencial que tienen los medios sociales de funcionar como la nueva esfera pública al promover el compromiso cívico o social. Han demostrado, asimismo, que los usos de los medios sociales informáticos y de las noticias por Internet pueden ofrecer resultados deseables al impulsar un discurso hacia la democratización e incrementar la propia participación política (Gil de Zúñiga, 2012: 135-136). Sin duda, esto ocurre en el caso de #YS132.

Las mencionadas tecnologías de la comunicación implican, pues, nuevas formas de hacer política. Un tuit o mensaje por Twitter, implica un acto individual y una intervención individual, pero que ahora se puede contabilizar y rastrear. Esta cuantificación de la participación ciudadana, antiguamente manejada con criterios más cualitativos que cuantitativos por los observadores políticos, deja una estela virtual a su paso. La implicación directa es que los conceptos sociológicos tradicionales se tienen que modificar para representar la doble ontología de un tuit como expresión individual y como parte de un grupo o masa. El individuo-colectividad mediática o el individuo-comunidad mediática es la entidad o agencia constitutiva del #YS132.

Se puede argumentar que los nodos o sitios de operación de los medios sociales (*social media*) se convierten en el espacio propio de la nueva esfera pública. Una que funciona de manera vertiginosa y en ciclos de intensidades, lo que sugiere la necesidad de conjuntos descriptivos tales como surgimiento, intensificación y distensión; punto de quiebre, aceleración y desaceleración; inicio, amplificación o contagio y contracción. Aunque se podría hipotetizar que podrían ser también explicativos, una vez que consistentemente se manifiestan como patrones de comportamiento de las tendencias en los circuitos de la comunicación social y que, como he mencionado, pueden ser registrados y cuantificados. Así, en los días siguientes al encontronazo con Peña Nieto, del 12 al 19 de mayo de 2012, la noticia explota en la red mundial convirtiéndose en la tendencia (*trending topic*) número 1. Además, en Twitter, #TelevisaIdiotiza se convierte en el tema más relevante a nivel mundial y comentado respecto a censura y manipulación televisiva. Del jueves 17 al domingo 20 de mayo dominan en Twitter las etiquetas #YoSoy132 y #MarchaAntiEPN, las cuales llegaron a ser mencionadas más de 769 000 veces.

Ahora bien, en la amplificación e intensificación de dichas tendencias, se puede argumentar que hay, como en el campo de la política misma, una estrecha relación con los afectos y, como veremos más adelante, con la manifestación del espontaneísmo en la arena de la política. En parte, las limitaciones cuantitativas del medio en cuestión influyen en la abreviación de los mensajes y en la preferencia de transmisión de posiciones simplificadas y, notablemente, polarizadas. De hecho, Twitter no es un medio que favorezca la exposición de matices y relatividades. Curiosamente, la tendencia a la polarización de posiciones parece ser también una de las características del discurso político en la época neoliberal, muy probablemente relacionada con el deterioro del rol de mediador y armonizador social del Estado. Lo cierto es que la polarización usualmente se relaciona con una cierta visceralidad afectiva o emocional que se manifiesta en posiciones encontradas lo que, a su vez, socava consensos y acuerdos y exacerba diferencias y contrastes en el espacio público.

Individualización, multitud y espontaneísmo

En el caso que nos ocupa, ¿se trata del retorno de los actores sociales o una muestra de lo que el propio Touraine definió como la tendencia hacia la individualización y, por ende, la mera coincidencia de intereses, demandas y exigencias?[4] Si el descontento con un estado de cosas provoca la ira de la que habla el sociólogo francés como principio de todo movimiento social, es la misma que hace que el tuitero se solidarice con los estudiantes de la Universidad Iberoamericana y responda con la frase "Yo soy 132", estaríamos hablando del paso de individuos a sujetos, conscientes de su propio descontento. Esa toma de conciencia es la del ser político que vence la *stasis* de la apatía y el desánimo (rasgos que los vetustos filósofos de la mexicanidad no considerarían del todo tan accidentales al "ser nacional"). La identidad colectiva sería el resultado más claro de ese deslizamiento solidario del yo —del proceso de la individualización— hacia un sujeto múltiple agrupado en una colectividad o en una multitud informe. Se revela esa declaración de multiplicación de la subjetividad política, y se confunde con un líder (por ejemplo, "Todos somos Marcos"), una entidad política (por ejemplo, "Todos somos México"), o, como en el caso que nos ocupa, un grupo o una colectividad en que se revela esa individualización (sutilmente invirtiendo el procedimiento usual de la colectividad en que el todo o la colectividad va primero): "Yo soy 132".

El actor político se autoidentifica y reconoce como sujeto para a partir de ahí enunciar su individualidad como parte de otra identidad colectiva. El sujeto se autopresenta individual y colectivamente. Esa fusión retórica de la individualidad con/en una determinada colectividad o movimiento social no equivale —qué duda cabe— a la desujetivación o disolución del yo que se implica en fusiones literales del sujeto con una ideología dada, por ejemplo, en el caso de los terroristas-mártires u otros semejantes, en el fondo asociados a una visión absolutamente maniqueísta del mundo. Sin embargo, va en sintonía con otras fluctuaciones de la identidad que se observan en la actualidad. En efecto, el Internet muestra como el yo puede ser también flexible, intercambiable, múltiple, colectivo, etc. El yo indivisible, estable y monolítico del pasado, el sujeto como una ficción útil, asociado tanto con el yo del liberalismo como con la posición de los actores políticos en términos de un compromiso social, se hace más flexible y complejo, tal vez menos predecible. Las nuevas tecnologías permiten la reinvención y la autopresentación del yo. Son eminentemente autocentradas, de ahí que los conocidos autorretratos (*selfies*) sean su más emblemática expresión, al igual que la auto-re-presentación a través de plataformas tales como MySpace, Facebook, Twitter, Instagram, WhatsApp y otras. En efecto, en esos medio-ambientes sociales, la autorrevelación y sus interacciones se han convertido en la norma. La autorrevelación es uno de los indicadores clave en el desarrollo de interacciones y relaciones (Derlega *et al.*, 1993).[5] Y en ese proceso de autorrevelación, de carácter político, radica la apuesta de interpelar otros intereses sociales, sobre todo de grupos distantes de la experiencia social de los propios integrantes de #YS132 para conformar un verdadero movimiento.

Y es ahí en donde existe también la posibilidad de una participación "interseccional" que atraviese clases y demás categorías sociológicas hasta articular una demanda colectiva. Conscientes de que a través de esa interseccionalidad pueden superar las críticas de elitismo, los integrantes afirman en su contrainforme:

> Nosotros no aceptamos este México que quiere dejarnos la clase política, y rechazamos las mentiras que quieren imponernos como realidad. Por esto es que el movimiento #YoSoy132 ha llevado a cabo un intenso proceso de análisis que nos ha llevado a articularnos con académicos, organizaciones civiles y movimientos sociales que a lo largo y ancho del país reclaman la democratización de la vida pública y el fin del modelo social prevaleciente en México.[6]

Ahora bien, tal potencial de coalición de fuerzas sólo se puede sostener si las demandas son acuciantes. Típicamente, cuando las clases medias, en voz de los estudiantes, se manifiestan es casi siempre porque el proceso de movilidad social se ha alterado, lentificado o detenido. En la actualidad, dicho proceso se agravaría porque, según algunos datos, sólo el 23 o 24% de los recién graduados encuentra empleo relacionado con su especialidad académica. Así, más allá de la articulación de exigencias y demandas específicas, es el contexto de "atrofia" socioeconómica la que podría explicar buena parte del estado de insatisfacción entre las muchas universidades que participaron en las convocatorias de #YS132. Tales demandas concretas, empero, suelen producir un efecto catalizador de inconformidades sociales y se encadenan a otra serie de demandas y, de ahí, su efecto abarcador tipo bola de nieve. Sin embargo, no es ese autointerés estudiantil el que prevalece o caracteriza al movimiento. Su interés es más colectivo, sobre todo la demanda de transparencia gubernamental y equidad en los medios. En una escala maslowiana, éstas terminan siendo más de forma que de contenido o sustancia, pues no son demandas que involucren cuestiones más básicas, entre las que se encuentran las que satisfacen necesidades de tipo vital: comida, seguridad, garantías individuales, etc. En la pirámide maslowiana de necesidades, o típicamente políticas —como el cambio de gobierno o el derrocamiento de un sistema autoritario que atenta contra dichas cuestiones básicas—, parecerían no ser suficientes como para producir una coalición interseccional de largo alcance, que gestara un movimiento social y político diverso o produjera una ideología cohesiva. Si la acción de los sujetos implicara una lucha por algo más apremiante, su potencial radicalización se incrementaría, a tal grado que sus integrantes estarían dispuestos a la lucha sostenida —representada por la larguísima huelga de la UFW en Delano, California— o al sacrificio personal, simbolizado por el hombre que en la protesta contra el régimen chino en la plaza de Tiananmen estuvo dispuesto a ofrecer su vida al movimiento democratizador.

Habrá que analizar en la fenomenal difusión de la propuesta de #YS132 en los medios y la red un fenómeno consustancial a la nueva esfera pública, puesto a disposición de todos por los medios sociales: el espontaneísmo. Se trata de la generación de opinión pública en tiempo real y su inmediata difusión en el ciberespacio. El espontaneísmo designa la amplificación o contagio que se suscita en la vertiginosa propagación de mensajes y contramensajes. Por ello, las fases de intensificación y distensión o de aceleración y desaceleración parecen ser siempre de corta duración.[7] Al igual que en la comunicación oral presencial, puede implicar una cierta irreflexividad que es inversamente proporcional al involucramiento de los afectos y las emociones. Es, entonces, una forma de identificación inmediata, impulsiva. Lo que importa es irrumpir la esfera pública y gestionar la propagación de un mensaje que venza la apatía y el conformismo. No obstante, protestar coyunturalmente es una cosa, y planear una agenda política de mediano a largo plazo es otra, especialmente fuera de toda estructura política tradicional.

Conclusión: la revolución no será Televisa(da)

#YS132 surge como una respuesta política coyuntural que emplea innovadoras estrategias de cibermovilización y ciberactivismo en el contexto mexicano. Tales estrategias serán, con la debida perspectiva histórica, analizadas como la manifestación más fehaciente de la emergencia de la nueva esfera pública en el país. Hay muchos temas por discutir acerca de su significación, formas de acción y discurso empleados en su sorpresiva emergencia en la esfera pública nacional e internacional. Por el momento, concluyo refiriéndome brevemente a algunas tensiones que se dieron en diversos círculos durante el proceso preelectoral. La primera fue que, como manifestantes antineoliberales, #Yosoy132 opera con los mismos símbolos que la globalización económica y la economía neoliberal han hecho ubicuos, incluyendo la telefonía celular y las interfaces de la comunicación social, lo cual relativiza su posición antineoliberal, pues es usufructuario de los mismos productos y servicios que los gobiernos han pretendido colocar como signos de desarrollo económico, avance tecnológico y mayor calidad de vida. Segundo, a pesar de la postura apartidista de #YS132 en las campañas preelectorales, para muchos observadores #YS132 terminó siendo interpretado como un peón político del partido en el gobierno (PAN) al intentar evitar "regresar el reloj del país" con la vuelta del "Prinosaurio". En esa medida, el reclamo de transparencia por parte de los manifestantes de #YS132 equivaldría a exigir que la maquinaria neoliberal siguiera funcionando sin la obstrucción de un posible régimen que favoreciera un Estado teóricamente más fuerte y políticas nacionalistas en lo económico. Su crítica a la maquinaria televisiva a favor del candidato del PRI expresaría, así, una preocupación ciudadana del regreso de ese pasado, en especial cuando el partido en el gobierno, según todas las encuestas, ya no tenía posibilidades de sostenerse en el poder. En el fondo, las protestas y actos de movilización se llevarían a cabo por lo que el PRI representó en algún momento de su historia preneoliberal, aun a sabiendas de que su política económica fuese indistinguible de la del PAN. El movimiento de resistencia civil de #YS132 sería uno más de los movimientos de protesta supuestamente antihegemónicos pero operando siempre dentro de la hegemonía misma.

Análisis más favorables de #YS132, en cambio, lo colocan entre los nuevos movimientos sociales a nivel global y, por lo tanto, obligan a repensar el discurso político de la sociedad civil fuera de las plataformas partidistas, entre la táctica y las estrategias independientes o incluso apartidistas, por un lado, y la articulación de partidos o vías tradicionales de hacer política, por la otra. Obligarían también a repensar la cuestión del espontaneísmo en la arena de lo político. Se podría decir que #YS132 es la manifestación necesariamente individualizada de una corriente de opinión que busca la forma de colarse entre los intersticios del sistema político establecido para manifestarse como fuerza política tal cual. En esto, su gran contribución habría sido su reclamo de transparencia. Si bien se trata de una demanda "suave" en el espectro de las demandas políticas en el contexto mexicano, resulta hasta cierto punto innovadora con gobiernos acostumbrados a operar sin la auscultación de consejos independientes o descentralizados o de comités ciudadanos plurales.

A fin de cuentas, lo que #YS132 demuestra ampliamente es que la sociedad civil mexicana está dispuesta a la acción. Y, aunque desde un punto de vista formal no haya sido un movimiento social o político *tout court*, sí evidencia la potencialidad política para serlo, así como las nuevas formas de convocación y agregación, además del comportamiento colectivo coordinado para incidir, reconstruir y representar lo político. Al volver a estudiar este periodo se debe siempre repasar este episodio, pues como comenta Terry Eagleton sobre Alain Badiou, "los acontecimientos-verdad no pueden conocerse en el momento en que suceden. Su existencia sólo puede decidirse retrospectivamente" (2010: 462). En efecto, #YS132 podría ejemplificar las maneras futuras en que la sociedad civil se manifieste como voluntad política y en un momento de poshegemonía, en la cual la "multitud", según Hardt y Negri, adquiere la capacidad de enfrentar al Estado y su crisis también.

Bibliohemerografía

CHANDLER, DAVID. (2007). "Deriving Norms from 'Global Space': The Limits of Communicative Approaches to Global Civil Society Theorizing" en *Globalizations* 4.2, pp. 283-298.

DERLEGA, VALERIAN J., ET AL. (1993). *Self-Disclosure*. Newbury Park, CA: Sage Publications.

DOCHERTY, THOMAS. (1990). *After Theory. Postmodernism/Postmarxism*. London and New York: Routledge.

EAGLETON, TERRY. (2010). *Los extranjeros. Por una ética de la solidaridad*. Madrid: Paidós Ibérica.

FIGUEROA IBARRA, CARLOS. (2010). *¿En el umbral del posneoliberalismo? Izquierda y gobierno en América Latina*. Guatemala: FLACSO.

GIL DE ZÚÑIGA, HOMERO, ET AL. (2012). "Social Media Use for News and Individuals' Social Capital, Civic Engagement and Political Participation" en *Journal of Computer-Mediated Communication* 17, pp. 331-336.

GRAMSCI, ANTONIO. (1971). *Selections from the Prison Notebooks of Antonio Gramsci*, translated & edited Quintin Hoare and G. Nowell Smith. New York: International Publishers.

HARDT, MICHAEL Y ANTONIO NEGRI. (2004). *Multitude. War and Democracy in the Age of Empire*. New York: The Penguin Press.

JANSEN, BERNARD J., ET AL. (2009). "Twitter Power: Tweets as Electronic Word of Mouth" en *Journal of the American Society for Information Science and Technology* 60.11, pp. 2169-2188.

JAVA, AKSHAY, ET AL. (2009). "Why We Twitter: An Analysis of a Microblogging Community" en *Advances in Web Mining and Web Usage Analysis*, pp. 118-138, consultado en <http://ebiquity.umbc.edu/_file_directory_/papers/369.pdf>.

JORDANIA, JOSEPH. (2011). *Why Do People Sing? Music in Human Evolution*. Tbilisi, Georgia: Logos.

MASLOW, ABRAHAM H. (1954). *Motivation and Personality*. New York: Harper & Brothers.

SCHLEMBACH, RAPHAEL. (2012). "Social Movements in Post-Political Society: Prefiguration, Deliberation and Consensus" en *From Social to Political*. Conference Proceedings. Ed. Benjamín Tejerina and Ignacia Perugorría. Bilbao: Universidad del País Vasco, pp. 234-246.

SinEmbargo. (2012). "El movimiento #YoSoy132 exige en su contrainforme medios imparciales, salud, seguridad y educación", 1 de septiembre, consultado en <http://www.sinembargo.mx/01-09-2012/352855>.

Touraine, Alain y Farhad Khosrokhavar. (2002). *A la búsqueda de sí mismo. Diálogo sobre el sujeto*. Barcelona: Paidós.

Notas

1 Parte de la problemática es lo que se ha considerado la "estetización de la política representacional", en la imposibilidad obvia de hacer política sin la representación de interpósita persona en las sociedades democráticas actuales. Tal estetización priorizaría coordenadas de tipo geopolítico al "representar" al electorado como un fenómeno de distribución geográfica, cuando la verdadera cuestión es la soslayada dimensión histórica de la representación (política) que señala Thomas Docherty, lo que hace que la heterogeneidad implícita en toda representación, así como "su misma temporalidad y flujo se conviertan en una representación 'fotográfica' estática" de sus electores o representados (Docherty, 1990: 115).

2 Conviene tomar como baremo la tipología de movimientos que hace Touraine respecto a su envergadura y naturaleza: "Los movimientos que yo denomino históricos están ligados a un 'modo de desarrollo'. En lo fundamental, se trata de movimientos que implican al Estado, esto es, son movimientos verdaderamente políticos, como por ejemplo el socialismo, el liberalismo, la lucha contra la dependencia. [...] Los movimientos propiamente sociales dan prioridad a las relaciones sociales —particularmente a las relaciones de producción— en determinado tipo de sociedad. [...] Los movimientos culturales, por su parte, ponen el énfasis en las orientaciones culturales de una sociedad, mostrando los sentidos contrarios que los miembros de un mismo campo cultural dan a esta sociedad en función de su relación con el poder. [...] Los movimientos sociales y culturales son complementarios pero también pueden estar alejados entre sí" (Touraine, 2002: 143-144). Y concluye más adelante: "¡Cuán presuntuoso se ha de ser para llamar movimiento social a cualquier reivindicación, manifestación, o hasta demanda, dirigida por unos amigos o unos camaradas, sean éstos cien o un millón! Si la noción de movimiento social es necesaria, es porque cabe distinguirla de otros niveles de acción colectiva; pero, más aún, lo es porque nos hace pasar de un estudio del Sistema al análisis y a la comprensión de un actor. Pues hablar de actor y de movimiento social es, a fin de cuentas, hablar de libertad y de igualdad, mientras que del Sistema hablamos en términos de integración y crisis, de equilibrio o de transformación" (2002: 145).

3 Como candidato del PRD, López Obrador se refería a la de su partido como la única verdadera opción política al PRI y al PAN a quienes percibe como dos caras de la misma propuesta y a quienes acusa de una alternancia arreglada, la cual no afecta sino que políticamente legitima el avance del neoliberalismo en el país. De ahí que la fusión de sus acrónimos (PRIAN) liquide, simbólicamente, su diferencia.

4 Por ello, hablaría más recientemente de una vuelta al sujeto que al actor: "Primero luché treinta años para defender la idea de actor, pero hoy me parece mucho más pertinente

insistir en la idea de sujeto, pues no se es actor más que en la medida en que uno se constituye a sí mismo como sujeto de su propia vida y de sus actos" (2002: 97).

5　Constituye la revelación de información personal (incluyendo pensamientos, sentimientos, experiencias, gustos, etc.) que solamente puede provenir del propio individuo. Es indudable que una de las contrapartes o complementos de esta autorrevelación es la revelación de otros, especialmente figuras públicas.

6　El documento íntegro del contrainforme #YoSoy132 está disponible en la página electrónica de la revista *SinEmbargo*: http://www.sinembargo.mx/01-09-2012/352855. Publicado el 1° de septiembre de 2012.

7　Más aún, a diferencia de otros "ismos" políticos, el espontaneísmo sería la acción social o política de corto plazo en que la persuasión y presión de grupo antecede a un compromiso personal de largo alcance respecto a una cierta ideología o plataforma política.

#TodosSomos132 por Rompeviento Televisión por Internet: La aventura de ser un medio

Israel Espinosa Ramírez
Ex Integrante de #TodosSomos132

Resumen

En el contexto de las protestas de #YoSoy132 durante las campañas y las elecciones presidenciales de 2012, la Comisión de Comunicación y Prensa del movimiento realizó un programa de televisión por Internet. #YoSoy132 no se planteó la posibilidad de constituir un medio alternativo de comunicación, sin embargo, algunos integrantes decidimos que la democratización de los medios comenzaba con la participación activa en ellos. El jueves 30 de agosto de 2012 a las 10 de la noche, #TodosSomos132 salió al aire por primera vez en la página web www.rompeviento.tv. En este ensayo me enfoco en los inicios del programa y las dificultades para darle vida al proyecto. La importancia de #TodosSomos132 está en la apertura de un canal de comunicación entre distintas causas y movimientos sociales, y un espacio libre para ejercer una política del disenso con el Estado y otros grupos de poder.

PALABRAS CLAVE: #TodosSomos132, Rompeviento TV, medios alternativos, medios comerciales.

Abstract

In the context of #YoSoy132 protests during the 2012 presidential campaigns and elections, the movement's Commission of Communication and Media created a TV show that it broadcasted over the Internet. Even if #YoSoy132 did not set out to constitute an alternative means of communication, some members decided that the first step to democratize media was to actively participate in it. On Thursday, August 30th, 2012 at 10pm, #TodosSomos132 went on air for the first time on [www.rompeviento.tv]. This paper focuses on the beginnings of the show and the challenges in bringing this project to life. I discuss the role of #TodosSomos132 in establishing a channel for communication between different causes and social movements, and a free space to exercise political dissent from the State and other groups in power.

KEYWORDS: #TodosSomos132, Rompeviento TV, alternative media, commercial media.

Introducción

En 1993 el gobierno de Carlos Salinas de Gortari vendió la televisora estatal IMEVISIÓN (canal 13 y canal 7) al empresario Ricardo Salinas Pliego. Este suceso, en el contexto de las reformas neoliberales, significó para muchos una nueva época de libertad de expresión y de competencia en el sector de las telecomunicaciones. Salinas Pliego cambió el nombre de IMEVISIÓN por el de Televisión Azteca y habló de mayor libertad de expresión y mejor calidad de contenidos en comparación a la oferta de Televisa. Sin embargo, en poco tiempo TV Azteca exhibió los mismos fallos que criticaba de la empresa de Emilio Azcárraga: programas de baja calidad y comunicadores alineados con la tendencia editorial dictada por el gobierno federal.

Televisa y TV Azteca tienen alcance en todo el país y se han encargado de moldear la percepción de las audiencias según sus intereses y su agenda política. En este contexto vale la pena preguntarse lo siguiente: ¿qué tiene de malo que las televisoras tengan una opinión sobre todos los asuntos del país y que promuevan una serie de valores en su programación? En términos generales, ninguno, aunque ahí no está el problema. El conflicto se deriva del poder de las industrias de la comunicación para visibilizar, difundir y tratar información "relevante", posicionar una figura pública en la pantalla o silenciar fenómenos sociales incómodos. La política hoy más que nunca es mediática.

Televisa nunca ha negado o aceptado sus vínculos con el poder político excepto por los instantes en los que su antiguo director, Emilio Azcárraga Milmo, se definió como "un soldado del PRI y del presidente" (Fernández y Paxman: 2000). La frase por demás conocida explica un contexto en el que Televisa subordinaba los contenidos de sus noticieros a las necesidades políticas del régimen. Si tomamos en cuenta que Televisa alcanza un 94% de los hogares en el país, el Estado garantizaba por medio de la televisión su hegemonía política y su hegemonía cultural.

La credibilidad y confianza en la información que transmite Televisa es un asunto que se debate constantemente. La principal estrategia para responder a estos cuestionamientos ha sido la cooptación de comentaristas con altos niveles de audiencia y reconocimiento por su trayectoria profesional. En 2002, Televisa incluyó en su programación a los periodistas de Canal 40 Ciro Gómez Leyva, Denise Maerker y Víctor Trujillo, considerados en ese momento las voces críticas en el país. El objetivo de transformar su imagen comenzó un año antes, exactamente cuando salió al aire Círculo Rojo de Javier Solórzano y Carmen Aristegui. A pesar del horario cercano a la media noche, Círculo Rojo generó una serie de contenidos que nunca se habían visto en televisión abierta, como las investigaciones de Aristegui sobre el padre Marcial Maciel, fundador de la Legión de Cristo. Círculo Rojo duró quince meses en la programación de Televisa y dejó de transmitirse por distintos problemas de la empresa con los productores.

Otro caso que generó gran expectativa en las audiencias fue el noticiero El Mañanero de Víctor Trujillo por canal 4. El programa inició el primer día del año 2002 y captó inmediatamente la atención de los jóvenes porque Trujillo representaba un símbolo de la disidencia noticiosa y de lo que era políticamente incorrecto. Trujillo comenzó su carrera en medios cuestionando al gobierno y se hizo famoso al final de los años ochenta en el programa La Caravana. Ahí dio vida a Brozo, el "payaso tenebroso", un personaje capaz de burlarse de la clase política por medio del humor inteligente. Trujillo prometió conservar la misma esencia crítica en El Mañanero y mantuvo a Brozo como vocero y analista de la información. En poco tiempo se convirtió en el gran comunicador que desenmascaraba la corrupción de los políticos. El caso más conocido en el que Brozo actuó como juez y parte fueron los video-escándalos de René Bejarano, colaborador cercano al entonces Jefe de Gobierno del Distrito Federal Andrés Manuel López Obrador. El 3 de marzo de 2004 el diputado panista Federico Döring presentó en El Mañanero las imágenes donde Bejarano recibía dinero de parte del empresario Carlos Ahumada. Televisa realizó una jugada maestra. Primero, planeó una entrevista a Bejarano con sus comentaristas Adela Micha y Leonardo Kourchenko, y después obligó a Bejarano a comparecer ante Brozo en un estudio contiguo. En el documental *Teletiranía: la dictadura de la televisión en México* (2005), producido por Canal Seis de Julio, se explica que todo fue un montaje para desprestigiar y desacreditar a López Obrador, que se perfilaba como un serio contendiente a ganar los comicios presidenciales de 2006.

México experimentó un cambio significativo durante la primera década del siglo XXI. Por primera vez en más de setenta años el partido oficial perdía las elecciones presidenciales y se respiraba un ambiente político de esperanza con la llegada a Los Pinos de Vicente Fox Quesada, perteneciente al Partido Acción Nacional (PAN). Independientemente del desencanto que generó la alternancia en el poder, es necesario explicar que se dieron importantísimas transformaciones tecnológicas en el país. Fox generó condiciones más propicias para el desarrollo de nuevas formas de comunicación como el Internet. Además se debatió la posibilidad de dar entrada a nuevos actores y competidores en materia de telecomunicaciones, aunque hasta ahora el objetivo sigue sin consolidarse. Televisa y Telmex controlan el mercado y el acceso de los ciudadanos a nuevas tecnologías. A pesar de lo anterior, el Internet y la televisión por cable se fueron convirtiendo poco a poco en herramientas de uso cada vez más generalizado. De acuerdo con uno de los últimos reportes de la Comisión Federal de Telecomunicaciones (COFETEL), al segundo trimestre de 2013, los suscriptores de TV de paga en el país aumentaron en 990 304 con respecto al primer trimestre del mismo año. Al tomar en cuenta estos datos, Latin America Multichannel Council (LAMAC) estima que cuarenta y ocho de cada cien personas con televisión en casa disponen de televisión de paga.[1]

El número de usuarios de Internet también se puede medir en cifras. De acuerdo con el Instituto Nacional de Estadística y Geografía (INEGI), en el año 2000 nada más 5 millones de habitantes tenían acceso a este servicio; en 2006 las cifras ascendieron a 19 millones y en 2012 se calcula un total de 45 millones de personas conectadas.[2] Internet es una herramienta alternativa a los medios hegemónicos para difundir y socializar información y mantener en contacto a millones de personas. El potencial político y de cambio social de las distintas plataformas en red ha sido aprovechado por los movimientos globales contemporáneos. Esto queda claro cuando se piensa en el nombre #YoSoy132 y su nacimiento en las redes sociales en el contexto de la coyuntura electoral de 2012.[3] La apropiación de las herramientas tecnológicas en la pasada contienda presidencial marcó un cambio en la cultura democrática en el país, no en el resultado del candidato electo, pero sí en la medida en que se conformó un espacio de participación, debate y crítica ciudadana antes ausente.

El 2012 fue el último año del gobierno de Felipe Calderón. El sexenio dejó una guerra con más de 100 000 muertos y una legitimidad muy cuestionada del presidente de la República.[4] Algunos analistas hablaban de un Estado fallido y otros de un narcoestado, síntomas evidentes de que el país había sido rebasado por los cárteles de la droga y el crimen organizado en el ejercicio del poder soberano. Esta situación perjudicó directamente la candidatura a la presidencia de Josefina Vázquez Mota del Partido Acción Nacional (PAN) y su equipo de colaboradores. El otro contendiente, Andrés Manuel López Obrador, del Partido de la Revolución Democrática (PRD), debilitado por una intensa campaña de desprestigio en los medios tradicionales de comunicación, estaba muy por debajo en las encuestas de popularidad que colocaban a Enrique Peña Nieto como el favorito para ganar la presidencia. Desde la administración de Peña Nieto como gobernador del Estado de México (2005 – 2011), Televisa se encargó de posicionar su imagen en los noticieros y programas de entretenimiento. Como bien ha sugerido el periodista Jenaro Villamil (2012), Televisa pactó con Peña Nieto, seis años antes de las elecciones de 2012, el retorno del PRI a Los Pinos, al firmar acuerdos multimillonarios de publicidad encubierta y marketing. Las campañas electorales marchaban sin contratiempo y en el ambiente preelectoral todo parecía indicar que Peña Nieto arrasaría en las votaciones. Esto cambió el 11 de mayo de 2012 cuando el candidato del PRI se encontró con su viernes negro.

#YoSoy132 entra a escena

La historia es más o menos así: un grupo de estudiantes de la Universidad Iberoamericana (UIA), una institución educativa de las más prestigiosas y caras del país, se organizan por medio de las redes sociales para protestar contra Enrique Peña Nieto en su visita a la UIA en el contexto del foro "Buen ciudadano Ibero". El evento fue una propuesta de las autoridades académicas para invitar a los cuatro contendientes a la presidencia de la República a dialogar con los estudiantes y profesores universitarios; específicamente, a que respondieran a las inquietudes sobre su política de gobierno. Andrés Manuel López Obrador, Josefina Vázquez Mota y Gabriel Quadri de la Torre aceptaron, mientras que Enrique Peña Nieto canceló en un par de ocasiones. Finalmente la visita se reprogramó para el viernes 11 de mayo. Ese día los estudiantes recibieron al candidato con mantas de protesta y con pintura roja en un reclamo general de justicia para el pueblo de Atenco.[5] En el auditorio, la situación empeoró cuando Peña Nieto intentó responder a los alumnos que cuestionaron su papel represor en los disturbios violentos en San Salvador Atenco.[6] Una declaración desafortunada destapó el enojo y la indignación de la mayoría de los asistentes:

> Fue una acción de autoridad, que asumo personalmente, para restablecer el orden y la paz en el legítimo derecho que tiene el Estado mexicano de hacer uso de la fuerza pública, como además fue validado por la Suprema Corte de Justicia de la Nación (Peña Nieto, Auditorio José Sánchez Villaseñor-UIA, mayo 11, 2012).

Peña Nieto no logró calmar los reclamos del público y salió del auditorio entre abucheos y gritos de "asesino". Canceló una entrevista en Radio Ibero 90.9 y se detuvo en el baño para esperar que su equipo de campaña reprogramara la salida del campus. Las redes sociales obviamente hicieron escarnio de este suceso.

YouTube, Facebook y demás cumplen actualmente una función que antes efectuaban los libros exclusivamente: regresar a la memoria y ser aparatos mnemotécnicos de la cultura. Para Iuri M. Lotman (2000: 172-175), los lugares de la memoria están relacionados con los discursos, es decir, los discursos centrales o hegemónicos dentro de su seno contienen un lugar del recuerdo porque al tratar de desvanecer cierto evento, acto o discurso, lo evidencian. El Internet se ha vuelto una herramienta de estos mecanismos de la memoria y un campo de acción política, especialmente para #YoSoy132, un movimiento que nace en la red como resultado de la visita de Peña Nieto a la Ibero. Las protestas en la UIA se dieron en el contexto de un aniversario más de la represión en San Salvador Atenco. En este sentido, los jóvenes recuperaron un escenario político olvidado (el de la represión de los atenquenses) y lo integraron a un discurso de indignación y coraje que adquiría relevancia seis años después. Las redes sociales visibilizaron la herida no cerrada en Atenco a partir de las fotografías y videos compartidos por aquellos que participaron en los sucesos del 11 de mayo.

Las reacciones por las protestas no se hicieron esperar, Pedro Joaquín Coldwell presidente nacional del PRI dijo al diario *Milenio* que los manifestantes "eran un grupo de jóvenes intolerantes y que no eran representativos de la comunidad" y exigía a las autoridades universitarias investigar a los que participaron en las protestas. El 12 de mayo, la Organización Editorial Mexicana (OEM) publicó en todos sus diarios del país el titular "Éxito de Peña en la Ibero pese a intento orquestado de boicot". Otras voces se unieron para resaltar que los reclamos no eran auténticos y destacaron que los inconformes habían sido pagados por la izquierda partidista. Los medios comerciales ofrecían su visión de los hechos y privilegiaban las voces de los políticos y de la OEM en sus espacios informativos. Esta actitud fue una de las principales consecuencias para que #YoSoy132 impulsara la democratización del sistema de medios como su primer exigencia pública. Esta demanda causó diversas reacciones de los periodistas y plumas especializadas. Ricardo Alemán en su artículo "¡Gracias, 'ternuritas'!" publicado en *El Universal*, acusaba al movimiento de querer regresar a los tiempo en que el Estado controlaba los medios de comunicación. Por el contrario, no se trataba de darle al Estado el poder de decidir lo que se transmite en las pantallas sino defender la necesidad de abrir los medios a nuevos competidores para acabar con los monopolios televisivos. #YoSoy132 hacía visible un problema que se venía arrastrando desde hace varias décadas y tuvo que crear sus propios espacios y canales informativos para dar a conocer sus proyectos y agenda de trabajo.

La aventura de ser un medio

#YoSoy132 no se planteó la posibilidad de constituir un medio alternativo de comunicación, sin embargo, algunas personas decidimos que la democratización de los medios comenzaba con la participación activa en ellos. Así fue como nació #TodosSomos132,[7] un programa de televisión por Internet transmitido por www.rompeviento.tv.[8] #TodosSomos132 es un espacio independiente y se constituyó como un canal de comunicación del movimiento con la sociedad y otros grupos de lucha.[9]

No fue fácil planear y organizar nuestro programa porque no todos estaban de acuerdo en hacerlo. Durante los meses de junio, julio y agosto de 2012, cuando el movimiento gozaba de una gran aceptación, varios medios ofrecieron espacios a la Comisión de Comunicación y Prensa (CCP) de #YoSoy132 para publicar opiniones, difundir comunicados y dar a conocer las propuestas de trabajo del movimiento. Estas oportunidades eran una magnífica alternativa para responder a los ataques constantes de Milenio, Televisa, El Universal y Telefórmula. Sin embargo, rechazamos las ofertas porque consideramos que sería un problema para la organización de #YoSoy132. La estructura horizontal del movimiento en aquellos meses obligaba a la Asamblea General, asambleas locales y comisiones, a debatir cada propuesta y llegar a un consenso: desde quién escribiría hasta qué posición editorial asumiría el mismo autor. En este contexto se nos presentaron una serie de conflictos que no sabíamos cómo superar, así que la respuesta más sencilla fue no aceptar las invitaciones.

La primera semana de junio de 2012 Rompeviento inicia trasmisiones, aunque nosotros salimos al aire por primera vez hasta el 30 de agosto. Algunas de las personas que integramos la CCP de #YoSoy132 no conocíamos este medio naciente, sin embargo, los periodistas que también colaboran en Rompeviento nos invitaron a sus programas para familiarizarnos con el proyecto de hacer televisión por Internet. Los primeros en abrir sus espacios informativos fueron Jenaro Villamil, Daniel Barrón, Jesús Gil Olmos, Jesusa Cervantes y Mardonio Carballo. Todos ellos, periodistas de *Proceso* y *La Jornada*, nos dieron la oportunidad de exponer nuestras ideas, nos apoyaron en nuestra lucha y sobre todo nos dieron ánimos y una plataforma libre de expresión. El director de Rompeviento, Ernesto Ledesma, hizo la propuesta de realizar un programa a la CCP de #YoSoy132. Las condiciones eran muy sencillas, podíamos crear lo que fuera siempre y cuando se reflejara un trabajo profesional y crítico. Finalmente nos reunimos y discutimos la viabilidad de concretar el plan. #TodosSomos132 nació entre prisas, manifestaciones en las calles, y toda nuestra inexperiencia frente y detrás de cámaras.

Berenice Fernández, Iván Benumea, Martha Muñoz Aristizábal, Daniel Torres y el que suscribe comenzamos a diseñar el programa.[10] El primer problema que tuvimos fue decidir quién iba a conducirlo. Después de mucho discutir aprobamos, como medida temporal, que Iván y Berenice comenzarían con esta titánica labor. El segundo problema, todavía más complicado que el anterior, fue seleccionar y adquirir conocimiento de los temas que plantearíamos cada semana. Detrás de cada programa hay una investigación académica seria que se complementa con los invitados y expertos en la materia a debatir. El tercer problema correspondía al material audiovisual. En este punto tuvimos mucha suerte porque desde el inicio nos apoyaron varios compañeros de Artistas Aliados y el Frente Audiovisual del colectivo Más de 131 de la Universidad Iberoamericana. Además contamos con el talento de cineastas jóvenes que por medio de sus lentes documentaron marchas y manifestaciones, y con el paso del tiempo han generado un archivo audiovisual invaluable. También recibimos ayuda de diseñadores gráficos, artistas plásticos, y estudiantes que grabaron entrevistas con académicos, políticos y activistas. #YoSoy132 ha tratado de construir su propia memoria a través de distintas expresiones culturales y #TodosSomos132 no ha sido más que un canal para compartir y socializar su archivo memorístico. Finalmente, el cuarto problema por resolver fue el más importante de todos: llegar a un consenso de nuestra línea editorial.

Hay programas que guardan un recuerdo muy especial. Uno de los más importantes fue nuestra primera transmisión al aire el 30 de agosto de 2012. Otro de los más significativos se realizó ese mismo año en el marco de la marcha del 2 de octubre en la que participó #YoSoy132, un evento histórico que nos unió a la resistencia estudiantil de 1968. En aquel programa estuvo como invitado Rufino Perdomo Gallardo, integrante del Consejo General de Huelga (CGH) de 1968. Perdomo intercambió anécdotas con nosotros y nos dio algunos consejos que hasta ahora nos han sido de gran utilidad, aunque lo más importante de su visita a #TodosSomos132 fue que nos brindó su amistad.[11] En otra ocasión entrevistamos a Mario Álvaro Cartagena López, "El Guaymas", ex integrante del movimiento guerrillero urbano "Liga Comunista 23 de Septiembre", activa desde el 15 de marzo de 1973 hasta 1990. El Guaymas narró uno de los testimonios más combativos y trágicos de la historia contemporánea en México. Incluso ahora, sus palabras me siguen impresionando.

El 1° de diciembre de 2012 es una fecha que #YoSoy132 recuerda con mucha indignación: Enrique Peña Nieto tomaba protesta como presidente de México en el Palacio de San Lázaro y días antes del evento se reforzó la vigilancia al exterior de la zona. Participaron elementos de la Policía Federal y del Agrupamiento de Granaderos de la Policía del Distrito Federal, además de los miembros del Estado Mayor Presidencial. Varios inconformes se reunieron afuera de San Lázaro para manifestarse pero se encontraron con un impresionante despliegue de seguridad. Los reclamos eran varios: la intervención cínica de Televisa a favor de Peña Nieto en las campañas, el rechazo de la figura presidencial por su participación en la represión de Atenco, acusaciones de fraude y malestar colectivo por la validación de la elección de los magistrados del Tribunal Electoral del Poder Judicial de la Federación (TEPJF). Todas estas tensiones reunieron a diferentes organizaciones, colectivos, movimientos sociales y personas sin filiación partidista. En el programa especial que transmitimos el miércoles 5 de diciembre, mostramos por primera vez en la historia del país pruebas de la represión del Estado. La información fue documentada y grabada por periodistas independientes, personas de a pie, miembros de #YoSoy132 y jóvenes con celulares. En el programa también contamos con entrevistas y testimonios para dar a conocer lo que sucedió el 1° de diciembre. Nuestro objetivo fue reunir todas las pruebas posibles para denunciar la ilegalidad de las detenciones y la violencia en la forma de actuar de la policía. Lo que transmitimos durante los sesenta minutos que estuvimos al aire contrastaba con los contenidos de las dos principales televisoras del país. Fue un programa difícil de grabar porque teníamos mucho que decir y mostrar, además estábamos en la lucha por la liberación de presos políticos detenidos arbitrariamente en distintas zonas del centro de la ciudad de México.[12] #YoSoy132 volcó todos sus esfuerzos en la campaña "#1Dmx cuenta tu historia". La campaña funcionó como un espacio para la reconstrucción de los hechos ocurridos en esa fecha a partir de crónicas, videos y fotos aportados por la ciudadanía.

Uno de los objetivos que nos planteamos desde que iniciamos transmisiones fue crear relaciones solidarias con otras causas sociales. Intentamos abrir un espacio a distintos grupos de lucha, ya fueran defensores de los derechos indígenas y de los migrantes, activistas medioambientales, movimientos estudiantiles, radios comunitarias, representantes de la resistencia magisterial y muchos más. Procuramos que los temas seleccionados tuvieran una visión multidisciplinaria, crítica y con un fuerte contenido social. Planeamos una agenda de trabajo a largo plazo aunque muchas veces no la respetamos porque los acontecimientos del día a día nos obligaban a estar siempre al pendiente de lo que ocurría en el país y en otras partes del mundo. Por este motivo, muchas veces tuvimos que sustituir un programa por otro para darle seguimiento a los sucesos que requerían atención en ese instante. En este sentido, nosotros también medimos el pulso de la política nacional e internacional diariamente.

Como ya mencioné, #TodosSomos132 fue un medio donde varios luchadores sociales difundieron sus acciones y proyectos comunitarios. Entre el equipo de producción y conductores mantuvimos una memoria de respeto, admiración y reconocimiento del Frente de Pueblos en Defensa de la Tierra. Grabamos con ellos un programa trasmitido el 1° de mayo de 2013 en el contexto de las demandas por tortura sexual presentadas ante la Comisión Interamericana de Derechos Humanos (CIDH).[13] El programa fue planeado y organizado por Yoalli Rodríguez y Mariana Favela, junto con algunos integrantes del FPDT: Trinidad Ramírez y Adán Espinoza. Fue un momento muy emotivo porque la indignación de la comunidad Ibero está asociada con la declaración de Peña Nieto del uso legítimo de la fuerza pública "para restablecer el orden y la paz" en Atenco. El ADN de lo que después se transformó en #YoSoy132 está inevitablemente unido a los atenquenses.

Una de las premisas de Rompeviento era que no se hace periodismo neutro u objetivo sino que se asume el compromiso de estar con los de abajo. Este principio me hace pensar que el concepto de "neutralidad" es lo que impide el acceso a la información, es decir, los medios tradicionales en México no admiten que lo que aparece en pantalla como noticia "objetiva" es un juicio político: nunca hacen clara su tendencia o su filiación a la línea del gobierno. En Rompeviento tenemos una cosa clara: estamos abajo y a la izquierda, y para garantizar esta independencia ideológica y política no aceptamos ningún tipo de publicidad gubernamental. El Estado mexicano es uno de los principales inversionistas en medios masivos y destinan contratos millonarios para difundir los avances y logros de las nuevas administraciones a través de *spots* e inserciones. Por eso la simple amenaza de retirar la publicidad es más que suficiente para controlar los medios. Rompeviento no cuenta con ese tipo de presión: los comentaristas y periodistas no tienen un sueldo asignado y la única fuente de financiamiento es el restaurante y centro cultural Tierra Adentro en San Cristóbal de las Casas, Chiapas. Tierra Adentro desde hace varios años es una de las bases de apoyo del movimiento del EZLN, un motivo más para sentirse orgulloso de colaborar en Rompeviento.

El papel de los medios de comunicación libres ha sido un contrapeso a los medios comerciales. Como ya he mencionado, la diferencia entre Rompeviento frente a otros espacios comerciales de información es que abrimos un nuevo canal en el que podemos hacer pública nuestra línea editorial: estamos con los de abajo y a la izquierda. Al decir "con los de abajo" me refiero a las causas sociales, movimientos populares, defensores de derechos humanos y grupos de resistencia. La expresión "a la izquierda" no tiene nada que ver con una orientación partidista sino con una alternativa disidente; significa pensar lo político más allá de la oferta de las instituciones estatales de participación colectiva; representa una oportunidad de intervenir en la política pública a partir del uso y manejo de tecnologías al servicio de la ciudadanía. La cuestionada credibilidad de Televisa y TV Azteca está asociada con la tendencia a presentar sus contenidos de manera objetiva cuando en realidad privilegian los intereses de grupos políticos y empresariales. La legitimidad de las dos televisoras es puesta en tela de juicio cuando Rompeviento muestra el otro lado de la noticia y permite que los de abajo y a la izquierda narren su testimonio.

Después de más de dos años de transmitir cada miércoles a las 10 de la noche, #TodosSomos132 se convirtió, sin plantearlo de esa forma originalmente, en el programa oficial del movimiento. Cuando visualizamos la opción de unirnos al equipo de Rompeviento tan sólo nos impusimos la tarea de crear un órgano informativo para difundir y socializar la agenda de #YoSoy132. Sin embargo, poco a poco el medio rebasó nuestro horizonte de expectativas y tuvimos que profesionalizar nuestro trabajo en distintos frentes: prepararnos para hacer periodismo social, leer y discutir temas políticos todos los días, sintetizar contenidos para explicarlos con claridad a la audiencia, familiarizarnos con el uso de nuevas tecnologías y colaborar con compañeros de distintas disciplinas.

La gente que trabajó en #TodosSomos132 coincidía en que lo más difícil es generar información crítica y hacerla accesible al público. Tratamos de que cada programa contara con uno o dos invitados expertos en el tema a discutir. En general, las personas que grabaron con nosotros –activistas, académicos, emprendedores sociales y líderes comunitarios– no tenían un espacio para expresarse en los medios hegemónicos. En cambio, nosotros ofrecimos tiempo aire a la ciudadanía para hablar de lo que se calla, denunciar lo que se encubre y visibilizar lo que se oculta.

No es una casualidad que #YoSoy132 comenzara a tener sus propios espacios de opinión. Esto es una consecuencia natural del trabajo que realizamos en relación a la demanda de la democratización del sistema de medios en el país. #TodosSomos132 y Rompeviento buscan incidir en la opinión pública cuando se trata de temas de interés político. Plantean una nueva plataforma de participación ciudadana, un canal de comunicación entre distintas causas y movimientos sociales y un espacio libre para ejercer una política del disenso con el Estado y otros grupos de poder. #TodosSomos132 nos dio la oportunidad de dar a conocer la agenda del movimiento y lo que realiza cada una de sus mesas de trabajo, y nos permitió desmentir buena parte de los comentarios, publicaciones y noticias encargadas de estigmatizar y criminalizar el movimiento. Por último, ejercimos el periodismo que creemos que este país necesita. Un periodismo de acompañamiento a los que han peleado porque no se oculten las palabras de los que disienten y un periodismo abierto a quienes han mantenido luchas de dignidad y resistencia por años. A todos ellos bienvenidos a Rompeviento.

Palabras finales

Los grandes monopolios de la información han construido una alianza natural entre la política y los poderes fácticos; han dibujado una realidad que no se ajusta a la vida cotidiana; han montado un discurso que homogeniza la opinión de la gente y se han consolidado como la voz oficial de los intereses de la clase empresarial. El foco de las relaciones comunicativas de una cultura está mediado por las estructuras centrales del poder, lo cual se entiende como las formaciones nucleares creadas por distintas instituciones. En este sentido el poder fáctico y el poder político se hicieron con los medios por los cuales la información circula. La televisión en los años cincuenta no tenía el poder de ahora, pero con el tiempo se volvió un instrumento para imponer un imaginario cultural. La televisión en cada hogar del país influyó en la educación y formación de varias generaciones, definió los valores morales y familiares que se debían respetar, estableció las políticas de género y los roles sociales para hombres y mujeres y, por supuesto, impuso un partido oficial como el único capaz de gobernar en México. Tomando en cuenta lo anterior, no es una casualidad que en los momentos de mayor apoyo y reconocimiento social de #YoSoy132, la demanda de la democratización del sistema de medios fuera muy bien aceptada por la ciudadanía. Las críticas en nuestra contra sobre la postura que asumimos frente al sistema de medios en el país, la reforma en telecomunicaciones y el control de la información en manos de intereses privados y grupos de poder sirvieron para darnos cuenta de que hoy más que nunca acertamos al evidenciar que el poder político requiere del monopolio del imaginario cultural.

El Internet se ha vuelto una herramienta para difundir información y conectar grupos de personas sin tener que recurrir a los medios tradicionales. En la web es prácticamente imposible controlar todos los contenidos. Por su parte, las redes sociales han jugado un papel protagónico en la experiencia de cuestionar y confrontar el pensamiento hegemónico y las ideas políticas que por años nos han presentado como ciertas, puras y naturales. Resultan por demás interesantes las estrategias del equipo de campaña de Enrique Peña Nieto en redes sociales.[14] La táctica consistió en contratar a un ejército de tuiteros para contrarrestar los comentarios negativos, chistes y burlas al candidato. Este caso particular es un magnífico ejemplo de cómo las nuevas tecnologías pueden incomodar a los políticos y desatar una ansiedad por controlar los contenidos como en la televisión. En una situación similar, las trabas y los obstáculos de las autoridades para evitar que más competidores entren al negocio de las telecomunicaciones tienen como fin detener el avance del uso de la red en beneficio de las televisoras. El cambio es evidente: los niños han sustituido la forma en cómo se relacionan con el mundo; la pantalla de la televisión fue reemplazada por el monitor de la computadora.

Los medios de comunicación libres e independientes como Rompeviento están haciendo la diferencia. En #TodosSomos132 alcanzamos un promedio de audiencia de 750 000 cibertelevidentes mensuales. El cambio de régimen político en el país se está impulsando desde las redes sociales y es por eso que los espacios libres y democráticos como Rompeviento y #TodosSomos132 pretenden poner su grano de arena para transformar la vida cotidiana de las audiencias. Tenemos muy clara nuestra responsabilidad y compromiso como comunicadores, especialmente con las luchas sociales que apoyamos. El Internet en México cambió a toda una generación y abrió espacios para participar políticamente. Nos lo apropiamos y aprendimos a usarlo como un archivo de una memoria silenciada y censurada por los medios comerciales. Ahora, como nunca antes en la historia del país, las noticias las damos nosotros.

Bibliohemerografía

ALEMÁN, RICARDO. (2012). "¡Gracias, 'ternuritas'!" en *El Universal*, 21 de agosto, consultado el 18 de marzo de 2014 en <http://www.eluniversalmas.com.mx/columnas/2012/08/97381.php>.

CANAL SEIS DE JULIO.(2005). *Teletiranía: la dictadura de la televisión en México*, consultado el 18 de marzo de 2014 en <http://www.youtube.com/watch?v=mMz0gedb9iI>.

FERNÁNDEZ, CLAUDIA Y ANDREW PAXMAN. (2000). *El Tigre: Emilio Azcárraga y su imperio Televisa*. México, D.F.: Grijalbo.

GABINETE DE COMUNICACIÓN ESTRATÉGICA. (2012). *Encuesta Nacional*, consultado el 2 de abril de 2014 en <http://www.gabinete.mx/descargas/encuesta_nacional/2012/encuesta_gce_nacional_2012.pdf>.

LOTMAN, IURI M. (1996). *La Semiósfera, vol. I. Semiótica de la cultura y del texto*. Madrid: Ediciones Cátedra.

VILLAMIL, JENARO. (2012). *El sexenio de Televisa: Conjuras del poder mediático*. México, D. F.: Grijalbo.

Notas

1   http://www.lamac.org/america-latina/comunicados/mexico-1-millon-de-nuevos-suscriptores-de-tvdepaga-en-mexico-en-el-2do-trimestre-de-2013/. Consultado el 2 de abril de 2014.

2   http://www.inegi.gob.mx/est/contenidos/espanol/temas/Sociodem/notatinf212.asp. Consultado el 2 de abril de 2014.

3   En las campañas presidenciales de 2006, un escenario marcado por cuestionamientos sobre su legalidad, las redes sociales y el uso del Internet no jugaron un papel de contrapeso en las decisiones de los votantes. Tampoco fueron aprovechados en la organización y convocatorias de las protestas ciudadanas en apoyo a López Obrador.

4   La Encuesta Nacional 2012 de la empresa Gabinete de Comunicación Estratégica (GCE) arroja un dato interesante. El 49,9% de las personas encuestadas declararon que las condiciones en que Felipe Calderón le dejaba el país a Enrique Peña Nieto eran peores respecto

a como las recibió de parte de Vicente Fox (18 - 19). Disponible en http://www.gabinete. mx/descargas/encuesta_nacional/2012/encuesta_gce_nacional_2012.pdf.

5   El 4 de mayo de 2006, Enrique Peña Nieto, entonces gobernador del Estado de México, ordenó la represión policial contra el pueblo de San Salvador Atenco y los integrantes del Frente de Pueblos en Defensa de la Tierra (FPDT). Todo comenzó con un problema aparentemente menor. El gobierno municipal de esta entidad impidió la instalación de vendedores de flores afuera del mercado de Texcoco y el FPDT intervino en solidaridad con los floricultores. La violencia se desató por parte de las fuerzas policiacas del gobierno estatal y federal. En los enfrentamientos murieron dos jóvenes (Javier Cortés Santiago de 14 años y Alexis Benhumea de 20), y 47 mujeres fueron atacadas sexualmente por agentes de seguridad (al respecto se documentaron al menos 26 casos). El reporte final registró un total de más de doscientas personas detenidas. La violencia en Atenco fue una clara venganza contra sus habitantes por la cancelación de la construcción del nuevo aeropuerto de la ciudad de México en Texcoco. La resistencia civil del FPDT (octubre 2000 – agosto 2002) echó para atrás uno de los proyectos económicos más ambiciosos de la administración de Vicente Fox y el ex gobernador mexiquense Arturo Montiel. La violencia contra los atenquenses dejaba un mensaje claro: la fuerza pública se usaría para castigar a toda persona o grupo que se interpusiera en el camino de las inversiones de las élites en el poder.

6   Uno de los puntos delicados en el caso de Atenco fue la actitud irresponsable de los medios de comunicación al momento de informar lo que sucedía en el Estado de México. Por ejemplo, Jorge Zarza, conductor de TV Azteca, exigía el uso de la fuerza pública y el restablecimiento de la paz. Televisa y TV Azteca satanizaron a los lugareños y les pusieron el disfraz de violentos. Después desaparecieron el tema de las pantallas. A los pobladores de Atenco nunca se les dio el derecho de réplica y el "permiso" de contar su propia versión de los hechos frente a las cámaras. Fue por eso que la población en general nunca supo de la existencia de francotiradores en la zona de conflicto y de la participación de agitadores enviados por el Estado; tampoco se enteraron de la forma y los motivos por los que se desató la violencia. Las autoridades, hasta la fecha de esta publicación, siguen sin reconocer y reparar los daños a las mujeres víctimas de tortura sexual, ahora demandantes ante la Corte Interamericana de Derechos Humanos.

7   #TodosSomos132 se transmitió semanalmente cada miércoles a las 10 de la noche. Inició el 30 de agosto de 2012 y su última emisión fue el 8 de octubre de 2014. En total se realizaron más de cien programas que se pueden ver en http://rompeviento.tv/Bienvenidos/todossomos132/.

8   Actualmente Rompeviento TV cuenta con diecinueve programas que pueden ser vistos de manera gratuita en la página www.rompeviento.tv.

9   El 30 de abril de 2013 se promulgó una reforma constitucional sobre medios de comunicación pero no se atacó el problema de raíz: las dificultades de las poblaciones minoritarias para construir sus propios medios.

10   Más adelante se integraron al programa nuestros compañeros Nora Hinojo, Yoalli Rodríguez Aguilera y Bosque David Iglesias Guzmán.

11   Un dato por demás interesante es que el 2 de octubre de 2013 se presentó el primer antecedente de la represión en la administración del Jefe de Gobierno Miguel Ángel Mancera. Ese día todo Eje Central estuvo repleto de granaderos cubriendo ambos lados de la calle, desde Garibaldi hasta 5 de Mayo en el Centro Histórico. La capital del país se volvió el la-

boratorio de prácticas de una política criminalizadora de la protesta social y de violaciones al derecho de la libertad de expresión.

12 Ver el ensayo "El día que todos fuimos presos" de Guillermo Alan Naranjo Estrada en esta misma publicación.

13 El caso Atenco llegó a la sede de la CIDH en 2008 después de que se agotaron todas las instancias posibles en México para hacer justicia a las mujeres víctimas de tortura sexual en mayo de 2006.

14 En las redes sociales Peña Nieto fue el candidato más cuestionado y criticado, incluso mucho antes de la visita a la Ibero.

#RevistaHashtag: periodismo alternativo en la polis de los medios

Ricardo Bernal Lugo
Director Editorial de #RevistaHashtag

Resumen

En el texto que presentamos a continuación nos valemos del término *polis de los medios*, acuñado por el sociólogo Roger Silverstone, para mostrar la importancia de los medios de comunicación en los procesos de construcción democrática. Una vez establecida su relevancia acentuamos la contradicción inherente a nuestras sociedades, según la cual una de las condiciones para la formación democrática está supeditada a empresas capitalistas cuya finalidad esencial es el lucro. Semejante contradicción nos permite valorar en su justa dimensión el papel de los medios alternativos, mismos que por su composición estructural pueden representar posibilidades para subvertir la lógica informativa hegemónica. A la par, nos detenemos en los alcances y limitaciones de las redes sociales y los formatos provistos por Internet para generar pensamiento crítico. En este contexto ponderamos la aparición de #RevistaHashtag.

Palabras clave: *polis de los medios*, #RevistaHashtag, periodismo alternativo, medios de comunicación, democracia.

Abstract

In this text I use sociologist Roger Silverstone's term *mediapolis* to show the importance of the media in processes of constructing democracy. After establishing this term's relevance, I examine the inherent contradiction in our societies according to which one of the conditions for the development of democracy is subordinated to the interests of profit-driven capitalist enterprises. This contradiction allows us to evaluate the role of alternative media and its potential for subverting the hegemonic informative logic. I also examine the scope and limitations of social networking and of online formats in generating critical thought. This is the critical framework for understanding the emergence of #RevistaHashtag.

Keywords: mediapolis, #RevistaHashtag, alternative journalism, media, democracy.

La polis de los medios

El sociólogo británico Roger Silverstone acuñó el término *polis de los medios* para dar cuenta del papel que cumplen los medios de comunicación en la vida contemporánea. Desde su perspectiva, ellos se erigen como el nuevo espacio de discusión política global y, por lo mismo, son responsables directos de la construcción democrática de nuestras sociedades. Es por ello que Silverstone defiende la necesidad de velar por aquello que denomina *moral de los medios,* ya que, debido a su enorme influencia, las representaciones del mundo que ellos ofrecen son capaces de alentar el belicismo o, por el contrario, promover la paz; perpetuar la discriminación o atenuarla; reforzar disvalores o enaltecer valores para el desarrollo de las sociedades (Silverstone, 2010).

La perspectiva defendida por Silverstone[1] durante su larga trayectoria académica remite a una larga historia de debates alrededor de la teoría de la comunicación. Retornar a esos debates no carece de importancia, ya que nos permite comprender en su justa dimensión el alcance de las afirmaciones recién referidas del profesor inglés.

De la aguja hipodérmica a la Escuela de Birmingham

En la década de los cincuenta, con la aparición de la Escuela de Birmingham, el análisis de los medios de comunicación comenzó a efectuar un viraje crítico sobre sí mismo. Atrás quedaban las teorías que le atribuían un poder desmedido y unilateral a los *mass media,* haciendo del individuo un receptor pasivo de la información (Lasswell, 1971) o aquellas que veían en las *industrias culturales* un mecanismo de pura *alienación* (Adorno y Horkheimer, 2007). Sin embargo, esto no llevaba a los estudiosos ingleses a aceptar la narrativa, típicamente conservadora, que le atribuía al individuo una impasibilidad total ante las influencias de los medios, al tiempo que lo erigía como el único responsable de las prácticas que a diario reproducía.

Quienes se reunieron en torno al Center for Contemporary Cultural Studies de Birmingham, Inglaterra, fundado en 1964 por Richard Hoggart, obtuvieron hallazgos distintos. No se trataba de negar la capacidad de los medios para generar *efectos ideológicos* en las audiencias, sino de entender la complejidad de los procesos culturales que se ponían en juego en las dinámicas de comunicación masiva. Así, lejos de abordar el proceso comunicativo como una relación dual entre un sujeto aislado y un medio omnipotente, se trataba de comprender la interrelación existente entre la trama de prácticas culturales en la que los individuos diariamente participaban y los contenidos reproducidos por los medios (Hall, 1980).

Las consecuencias de este cambio de enfoque fueron múltiples. Sin embargo, para los efectos de este escrito, vale la pena concentrarse sólo en dos de ellas. En primer lugar, decir que no hay una relación dual entre un medio omnipotente y un individuo pasivo, sino un proceso dialéctico entre los *mass media* y los sujetos insertos en prácticas culturales variadas y complejas, implica asumir que todo intento de incidir en las audiencias con el fin de orientar sus acciones requiere un anclaje previo en sus prácticas culturales. En otras palabras, si los medios de comunicación ejercen una *relación de poder* sobre los sujetos es porque, de una u otra manera, los contenidos que reproducen en sus pantallas o en los micrófonos radiofónicos tienen un asidero en el imaginario colectivo y en las prácticas culturales de una sociedad. Por tanto, más que *implantar* ideas en la *psique* de los espectadores, al estilo de una aguja hipodérmica (Lasswell, 1972), los medios *refuerzan* selectivamente las ideas que circulan en una cultura adaptándolas para servir a los fines que se proponen.

La segunda consecuencia es más interesante aún. Stuart Hall, sociólogo jamaiquino residente en Inglaterra, utilizó el término *mediación* para mostrar que los mensajes emitidos por los aparatos de comunicación no se afincan de forma inmediata y transparente en la *psique* de las audiencias; por el contrario, existe una serie de factores provenientes de la historia individual y cultural de los sujetos que ejercen la función de intermediarios entre la información tal como se emite y la forma en que es percibida. Es por ello que Hall enfatiza la constante labor de *resignificación* que los receptores de mensajes efectúan en el proceso de comunicación y sugiere que el concepto de *audiencia* no da cuenta del carácter inevitablemente activo del público (Hall, 1980).

Estas conclusiones, sin embargo, no tienen como objetivo mostrar el absoluto control del público sobre los mensajes emitidos por los medios, sino que intentan evidenciar cómo los efectos ideológicos y las relaciones de poder reproducidos por ellos están imbricados en un proceso complejo, en el cual los sujetos resignifican constantemente los mensajes recibidos de acuerdo a su contexto específico y su capital cultural (Bourdieu y Passeron, 2008). Sin embargo, el problema se complica cuando comprendemos que el capital cultural y las prácticas sociales que reproducen los individuos en una sociedad mediatizada como la nuestra embeben, a su vez, de la fuente de imágenes y conceptos proporcionados por los *mass media.*

Este último punto explica las razones por las que Silverstone considera un factor de suma relevancia. Sin necesidad de recurrir al postulado de una hiperrealidad mediática (Baudrillad, 1991), el sociólogo muestra la influencia determinante que los medios ejercen en nuestro acceso al mundo y en la percepción de la realidad. Así, con el término *polis de los medios,* trata de explicar cómo —querámoslo o no— en la era global los medios son el lugar de acceso a la publicidad (Habermas, 1989) y el espacio privilegiado de debate respecto a los asuntos públicos.

De manera paralela a lo ocurrido en la Grecia Antigua donde las discusiones en materia política requerían la concurrencia de los ciudadanos en la *polis,* los medios contemporáneos se erigen como el espacio en el que inevitablemente se visibilizan los asuntos públicos. Pero, así como la *polis* griega era, al mismo tiempo, un espacio de exclusión —en la medida en que sólo unos pocos eran capaces de tomar la palabra—, *la polis de los medios* es también un lugar donde sólo algunos privilegiados pueden tomar la palabra y hacer aparecer ante el mundo un conjunto de realidades que, de otro modo, permanecerían en las sombras.

Respecto a esta idea Silverstone afirma: "Se podría definir la cultura de los medios [...] como el espacio de aparición en la modernidad tardía, no sólo en el sentido de lugar en el que el mundo aparece, sino también en el sentido de que la aparición (el hecho de aparecer) como tal constituye ese mundo" (Silverstone, 2010: 51). Si esto es así, aquello que no aparece en *la polis de los medios* no es debatible por la ciudadanía que la habita.

Las implicaciones de esta argumentación son fundamentales en lo que corresponde al ámbito democrático. La idea de democracia moderna parte de una ficción jurídica que, sin embargo, posee efectos reales de alto calado, al menos desde la Revolución francesa. Esa ficción supone que la soberanía —entendida como la capacidad para determinar la legislación de una nación— debe radicar en el pueblo.[2] Sin embargo, la difícil cuestión de traducir este principio en la materialidad de las decisiones gubernamentales ha sido motivo de múltiples debates (Rosanvallón, 2009).

Con todo, la mayoría de las naciones occidentales ha recurrido a la noción de representatividad en su afán de trasladar la voluntad popular al ámbito de las decisiones políticas; las limitaciones de esta concepción, sin embargo, han obligado a pensar nuevos mecanismos que, de manera más tangible, puedan traducir esa voluntad en la toma de decisiones políticas. Es en este contexto que filósofos como Jürgen Habermas han tratado de refuncionalizar el concepto de *opinión pública*, distinguiéndolo de lo que designarían como *opinión no-pública* (Habermas, 1981). El primero sería el producto de discusiones informadas y racionalmente argumentadas en torno a los asuntos públicos, mientras que el segundo resultaría de procesos de manipulación y desinformación fomentados por intereses particulares. En este marco analítico, la subsistencia del principio que hace del pueblo el legítimo detentor de la soberanía, requiere que las sociedades contemporáneas promuevan una opinión pública capaz de presionar constantemente a los representantes populares a fin de que sus decisiones emanen de las deliberaciones de aquella.

Pero se observa inmediatamente que, en *la polis de los medios*, la existencia de una opinión pública con las características señaladas por Habermas depende inevitablemente del tipo de información que los medios masivos decidan transmitir. Con ello, nos localizamos en el nudo gordiano de las democracias contemporáneas, ya que, si lo dicho es verdad, la condición de posibilidad de una democracia que haga valer la soberanía popular —una democracia auténtica— supone la existencia de una opinión pública informada, pero ésta, a su vez, depende de la decisión de medios de comunicación que, generalmente, están sustentados en un régimen de propiedad privada y se orientan por fines de lucro.

Así, una de las contradicciones consustanciales a las sociedades contemporáneas es que la condición que garantizaría la posibilidad de una democracia auténtica depende de empresas privadas con fines de lucro, las cuales, en última instancia, pueden decidir de acuerdo a sus propios criterios qué visibilizar y qué invisibilizar, qué promover y qué censurar, qué enfoques validar y cuáles deslegitimar. En tal circunstancia abogar por una moral de los medios, entendida como la estipulación de criterios mínimos de rigor, ética periodística y respeto a los derechos humanos, no debe entenderse como una petición voluntarista, sino como una necesidad política sin la cual la autenticidad de la democracia se pone en riesgo.

Una consideración desde el marxismo

La apuesta del teórico británico pone el dedo en la llaga respecto a la influencia de los medios en la construcción colectiva de nuestra realidad; al mismo tiempo, enfatiza su responsabilidad con los procesos de democratización. Sin embargo, olvida que, en la medida en que las industrias de la comunicación contemporáneas están atravesadas por la lógica del capital, sus intereses corporativos primarán, por definición, sobre otros objetivos. Si esto es así, no sería suficiente apelar a la moralización de los medios para encauzarlos hacia su responsabilidad democrática.

Ahora bien, hasta hace algunos años, la aparente solución a este conflicto parecía tener sólo una salida: la creación de medios públicos capaces de generar una contraoferta que pudiera competir con los contenidos emitidos por los medios privados. Sin embargo, muy pronto esos medios demostraron —con importantes excepciones— funcionar menos como alternativas a la información hegemónica que como instrumentos al servicio de los Estados-nación, ya sea por reproducir la versión oficialista de los acontecimientos, ya sea por abstraerse de las urgencias propias de la vida de la ciudadanía.

En *El Capital,* Marx mostraba que el desarrollo capitalista supone un proceso de escisión y despojo de los medios de producción por parte de una clase social sobre otra (Marx, 2006). La estructura de las sociedades capitalistas no sólo parte de esta escisión fundamental sino que, para funcionar, tiende a perpetuarla mediante la apropiación constante del excedente de trabajo, generando así una división ineludible entre los poseedores de los medios de producción, por un lado, y aquellos que, al carecer de ellos, sólo pueden vender su fuerza de trabajo.

Ahora bien, es posible hacer un paralelismo entre el esquema anterior y lo ocurrido en el siglo XX con las industrias de la comunicación. En efecto, los impresionantes costos para tener acceso a la tecnología generaron una escisión aún más marcada entre los poseedores de los medios de comunicación y las audiencias. De forma semejante a lo narrado por Marx en la sección séptima del tomo I de *El Capital,* titulada "La llamada acumulación originaria de capital", podemos hablar de que en el siglo pasado asistimos a una acumulación originaria de industrias de la información o, como las denominaba Enzesberger, "industrias de la conciencia".

También de manera paralela a lo evidenciado por Marx en el siglo XIX, este proceso de acumulación tuvo como correlato la perpetuación de una relación de desequilibrio estructural entre los dueños de los medios de comunicación —y, por tanto, los detentores de aquella información capaz de circular en *la polis de los medios*—, por un lado, y quienes, al carecer de esos medios, estaban prácticamente destinados a configurar sus criterios a partir de los datos que reciben de ellos.

En ese contexto, los medios alternativos representan la posibilidad de abrir una vía para la emergencia de instrumentos comunicativos que, por su propio funcionamiento, no están obligados a obedecer las necesidades de lucro propias de la lógica del capital. Esto porque, por la naturaleza de la red, es posible subvertir la tendencia a escindir a los ciudadanos de la propiedad de los medios de información.

El mito de las redes democráticas

Sin embargo, este suceso debe comprenderse únicamente como una posibilidad, la cual requiere una serie de condiciones imprescindibles para materializarse. A saber, en primer lugar resulta indispensable que Internet no reproduzca la dinámica de los medios industriales según la cual sólo los poseedores de capital tienen acceso a la difusión de información; en segundo lugar, es necesario comprender que el mero acceso a los medios de producción no democratiza la información, para ello es inevitable hacer valer aquello que Silverstone llama "moral de los medios" y profesionalizar el trabajo periodístico, además de fomentar la pluralidad y la alfabetización mediática de la ciudadanía.

Sin lugar a dudas, las redes sociales representan un instrumento transformador en lo que corresponde al desarrollo de la comunicación. No obstante, la constatación empírica de su uso es menos alentadora de lo que a primera vista pudiera parecer. Si bien es cierto que su existencia otorga un instrumento de difusión capaz de favorecer proyectos que no poseen una gran infraestructura —misma que necesariamente requiere de capital inicial—, también es cierto que, tal como lo afirmó el periodista español Pascual Serrano en entrevista para *#RevistaHashtag*, "las nuevas tecnologías no suponen ni mejor información ni más democrática".[3] Además, no hay una relación simétrica entre el aumento del acceso a nueva información y el aumento en la calidad de los contenidos, así como en la exigencia de las audiencias de mejor información.

Tampoco debe olvidarse que la estructura de las principales redes sociales (Facebook y Twitter) obedece a corporaciones que, quiérase o no, se encuentran ancladas en la lógica del lucro y la ganancia y no obedecen a intereses esencialmente democráticos. Si hasta ahora esas redes han servido como instrumentos democratizadores en algunos casos, deben entenderse como la excepción y no como la regla.

Todavía más, la aparición de estos acontecimientos se ha hecho a contracorriente del actuar normal de semejantes instrumentos. Por lo que, más allá de las consideraciones teóricas, la constatación empírica muestra un panorama más complejo y menos optimista. Así, la tarea de los medios alternativos parece duplicarse: además de luchar contra las grandes estructuras de los medios hegemónicos sin los recursos que estos poseen, es necesario evitar la tentación de competir a través del efectismo y la falta de rigurosidad informativa, fenómenos que abundan en las redes, ya que generan un éxito relativamente inmediato.

#*RevistaHashtag*

En 2013 salió a la luz #*RevistaHashtag*[4] un medio diseñado por ex integrantes del movimiento #YoSoy132. El feliz fenómeno de concientización política abanderado por la juventud mexicana a mediados de 2012 abrió puertas que apenas meses atrás resultaban impensables. Un horizonte distinto, con paisajes de participación y conciencia, asomaba la cabeza y prometía, en mayor o menor medida, un futuro diferente. Entonces, el rechazo de nuestra generación ante la grosera situación en la que operaba el sistema de medios de comunicación parecía conjuntar los deseos de transformación de buena parte de la sociedad. El diagnóstico resultaba claro en aquel momento:

1. No existe democracia sin participación real de la ciudadanía, sin deliberación pública, sin herramientas que permitan la incidencia de quienes, en la teoría y en los afectados discursos trienales y sexenales, son concebidos no sólo como la fuente del poder político, sino como sus verdaderos ejecutantes: los ciudadanos.
2. En México, uno de los principales obstáculos para la emergencia de una ciudadanía más crítica, más consciente y más activa, es la falta de información o, en todo caso, la sobresaturación de información irrelevante que, al fin y al cabo, es otra forma de desinformación.
3. Indiscutiblemente, la concentración de canales de televisión y frecuencias de radio en pocas manos disminuye la oferta informativa y clausura la posibilidad de crear nuevos contenidos de mejor calidad.
4. Los medios impresos también viven una situación lamentable: no sólo se reproducen prácticas monopólicas en ese sector, también se vive un terrible estado de censura debido a la violencia imperante.

Ante este diagnóstico, se nos presentó como una exigencia tomar en nuestras manos el reto de generar un trabajo periodístico distinto. A lo largo de dos años, #*RevistaHashtag* ha dado voz a decenas de jóvenes para expresar su pensamiento, ha dado luz a temas poco visibilizados por los medios hegemónicos, consultando las voces de especialistas, académicos y defensores de derechos humanos. El proyecto se ha enfrentado a los inevitables obstáculos de un medio alternativo, pero sigue en pie con la insoslayable convicción de que es necesario abrir espacios que permitan imaginar medios distintos capaces de fomentar una ciudadanía más democrática.

Bibliohemerografía

ADORNO, THEODOR Y MAX HORKHEIMER. (2007). *Dialéctica de la Ilustración*. Madrid: Akal.

BAUDRILLARD, JEAN. (1991). *La guerra del Golfo no ha tenido lugar*. Barcelona: Anagrama.

BOURDIEU, PIERRE Y JEAN-CLAUDE PASSERON. (2008). *Los herederos. Los estudiantes y la cultura*. México, D. F.: Siglo XXI.

HABERMAS, JÜRGEN. (1981). *Historia y crítica de la opinión pública: La transformación estructural de la vida pública*. Barcelona: Gustavo Gili.

HALL, STUART. (1980). "Cultural studies: two paradigms" en *Media, Culture & Society* 2.1, (January), pp. 57-72.

LASSWELL, HAROLD DWIGHT. (1972). *Propaganda Technique in the World War*. New York: Garland Publishing.

MARX, KARL. (2006). *El capital*, tomo 1, vol. 1. México, D. F.: Siglo XXI.

ROSANVALLÓN, PIERRE. (2010). *La legitimidad democrática: Imparcialidad, reflexividad y proximidad*. Barcelona: Paidós.

ROUSSEAU, JEAN JACQUES. (2008). *El contrato social*. Valladolid: Maxtor.

SILVERSTONE, ROGER. (1994). *Televisión y vida cotidiana*. Buenos Aires: Amorrortu.

———. (2004). *¿Por qué estudiar los medios?* Buenos Aires: Amorrortu.

———. (2010). *La moral de los medios de comunicación: Sobre el nacimiento de la polis de los medios*. Buenos Aires: Amorrortu.

Notas

1   De Roger Silvertone se pueden consultar los textos *La moral de los medios de comunicación: Sobre el nacimiento de la polis de los medios* (2010), *¿Por qué estudiar los medios?* (2004) y *Televisión y vida cotidiana* (1994), los tres publicados en español.

2   Al menos desde Rousseau, por *pueblo* no se entiende la unidad material de gustos, intereses y afinidades de unos individuos, sino la unidad jurídica que recubre de derechos a los sujetos que hipotéticamente aceptan las condiciones racionales de un pacto político (Rousseau, 2008).

3   Entrevista disponible en http://revistahashtag.net/reportajes/item/331-el-fin-del-oligopolio-medi%C3%A1tico-no-supone-ni-mejor-informaci%C3%B3n-ni-m%C3%A1s-democr%C3%A1tica-pascual-serrano.

4   Disponible en http://www.revistahashtag.net/.

¿Estela de Luz versus horizonte de esperanza? El YoSoy132 y los tatuajes del espacio urbano

Diana Guillén

Instituto Mora / El Colegio de la Frontera Norte

Resumen

El presente trabajo analiza una marcha que, sin haber sido convocada como tal, partió de la Estela de Luz y concluyó en el Zócalo de la ciudad de México el 23 de mayo de 2012. Con la idea de identificar algunos de los elementos novedosos que el #YoSoy132 imprimió a expresiones contenciosas heredadas del pasado, interesa reconstruir el uso y a la vez tatuaje del espacio urbano generados en esa ocasión, bajo el supuesto de que este tipo de acciones condensan iniciativas simbólicas que apuntan a la construcción y reconstrucción de identidades colectivas y de que además de su significado territorial en sí mismo sugerente, pueden convertirse en puntos de inflexión dentro del proceso de conformación y eventual maduración de movilizaciones como la que aquí nos ocupa.

PALABRAS CLAVE: ACCIÓN COLECTIVA, MARCHAS, TERRITORIALIDAD, CIUDAD DE MÉXICO, JÓVENES.

Abstract

This paper analyzes a march that, without being organized as such, began at the "Estela de Luz" monument and ended at the Zócalo (Mexico City's main square) on May 23rd, 2012. Seeking to identify some of the new elements that the #YoSoy132 movement imprinted upon contentious expressions inherited from the past, we reconstruct the use of urban space, while tracing the imprint that it generated on that occasion. Our premise is that this type of actions condenses symbolic initiatives that point towards the construction and reconstruction of collective identities. In addition to their suggestive territorial meaning, they can become inflection points in the configuration and the eventual consolidation of movements like #YoSoy132.

KEYWORDS: COLLECTIVE ACTION, PROTESTS, TERRITORIALITY, MEXICO CITY, YOUTH.

La movilización estudiantil que durante mayo y junio de 2012 ocupó lugares centrales dentro del escenario político mexicano surgió al amparo de las redes sociales y pronto se convirtió en agente de inconformidad frente al papel que jugaban los medios de comunicación como parte interesada de un proceso electoral viciado. Su tránsito de protesta espontánea a movilización orgánica implicó extender la convocatoria más allá de la universidad privada a la que pertenecían sus primeros integrantes y significó también que de la postura reactiva inicial emergiera una acción colectiva de carácter proactivo que abrió espacios de participación.

El intercambio virtual que se generó alrededor del #YoSoy132 se tradujo en llamados a manifestaciones en la vía pública que ampliaron los alcances de la protesta y se convirtieron en un indicador de la fuerza que estaba tomando. Apropiarse de las calles y de espacios simbólicamente vinculados con los cuestionamientos y demandas de las movilizaciones forma parte de experiencias de lucha que el siglo XXI hereda del pasado, pero conviene señalar que en este caso se utilizaron estrategias novedosas para poner en práctica tales expresiones contenciosas.

La intención de este trabajo es avanzar en el análisis de las mismas y para ello me centraré en la marcha que, sin haber sido convocada como tal, tuvo lugar el 23 de mayo y que, además de su significado territorial en sí mismo sugerente, constituyó un punto de quiebre importante dentro del proceso acelerado de maduración que vivía la movilización en curso.

De hashtag *a sujeto político*

El eje de las ideas que a continuación desarrollo es un actor colectivo que devino en sujeto político ante la insuficiencia de los canales institucionales para garantizar la participación ciudadana en la esfera pública. Entiendo esta última como el espacio de comunicación global no adscrito al Estado o a la sociedad civil por separado, pues el lugar de lo común al que remite intersecta ambos niveles (Rabotnikof, 2008: 37-48), y propongo que el movimiento #YoSoy132 se conformó en el marco de situaciones coyunturales concretas, pero su posicionamiento en la arena pública respondió a condicionantes estructurales no circunscritos a dicho marco.

Dado su dinamismo, para acercarse a él conviene realizar ejercicios diacrónicos que permitan identificar distintos momentos en términos de un perfil que —bajo el carácter estudiantil y/o juvenil que cohesiona a sus integrantes— esconde proyectos diversos y poco compatibles entre sí. También se observan procesos internos de construcción hegemónica para definir posturas colectivas independientemente de los posicionamientos individuales que debaten en su seno; capacidad de convocatoria e interlocución dentro de las estructuras de poder formales e informales; e incidencia en las agendas pública y privada del país.

La reconstrucción del movimiento planteada en tales términos forma parte de una investigación en curso que nutre las propuestas del presente artículo. En función de los resultados hasta ahora obtenidos, se han presentado dos avances donde se incorporan elementos de mediano y largo plazo que contribuyen a explicar lo sucedido entre el 14 de mayo y el 1° de diciembre de 2012 (Guillén, 2013 y Guillén, 2014), por lo que en lugar de repetir detalles previamente expuestos, en este apartado me limitaré a recuperar algunos de los procesos de constitución del movimiento que contextualizan los usos y apropiaciones espaciales que tuvieron lugar durante ese lapso.

Parto del encuentro que sostuvo Enrique Peña Nieto, candidato presidencial de la Coalición Compromiso por México, con estudiantes de la Universidad Iberoamericana (UIA). Se trataba de un ejercicio de cultura cívica organizado por dicha institución educativa para que sus alumnos conversaran con los cuatro contendientes al poder ejecutivo para el período 2012–2018, elecciones que se llevarían a cabo el 1° de julio. Además de la Coalición integrada por el Partido Revolucionario Institucional (PRI) y el Partido Verde de México (PVEM), en los comicios participarían el Movimiento Progresista (compuesto por los partidos de la Revolución Democrática [PRD], del Trabajo [PT] y Movimiento Ciudadano), con Andrés Manuel López Obrador como candidato; el Partido Acción Nacional (PAN) que respaldaba a Josefina Vázquez Mota, y el Partido Nueva Alianza (PANAL), representado por Gabriel Quadri de la Torre. Todos aceptaron asistir al ejercicio denominado "Buen ciudadano Ibero".

En el caso de Peña Nieto, el diálogo con los estudiantes de la UIA se pospuso a solicitud suya y, aunque por momentos dio la impresión de que lo cancelaría definitivamente (Vargas, 2012: 12), el 11 de mayo acudió a la institución jesuita. Los saldos del ríspido intercambio que protagonizó con jóvenes que cuestionaron su actuación mientras fue gobernador del Estado de México —particularmente las medidas a las que recurrió para desarticular la movilización contra el aeropuerto que se pretendía construir en San Salvador Atenco (Castillo, 2012; Morales, 2012; Vargas, 2012a: 5) —, pronto fueron abordados dentro de las redes sociales, y la web se convirtió en un espacio en disputa donde se presentaban versiones encontradas de lo sucedido.

La dirigencia priista y otros integrantes de la clase política aprovecharon para reprobar la actitud de los estudiantes e insinuar que atrás de ellos estaba López Obrador. Contaron con el apoyo de una esfera mediática que se sumó a las descalificaciones y que llegó incluso a cuestionar el perfil universitario de quienes escenificaron la protesta.

La postura que adoptaron los medios tradicionales era propia de un régimen en el que, a pesar de las alternancias y realineamientos electorales de las últimas décadas, subsisten resabios autoritarios y en el que los pilares del duopolio televisivo se fortalecieron en lugar de debilitarse como resultado de tales alternancias y realineamientos (Fernández, y Paxman, 2001: 381-417 y 483-510; Guerrero, 2010: 273-274; Reséndiz y Del Valle, 2010). Pero la presencia de canales alternos de comunicación limitó la capacidad de control mediática sobre la opinión pública.

Una de las maneras para contrarrestar los ataques de los que fueron objeto los estudiantes fue la difusión a través de YouTube de un video en el que 131 alumnos mostraban sus credenciales de la UIA y afirmaban que no eran "ni porros, ni acarreados" (Video 1). Se trató de una respuesta inédita que aprovechó la horizontalidad del ciberespacio para desmentir información tergiversada y que en términos de audiencia tuvo resonancia (en tan sólo un día fue visto 661 000 veces), por lo que en corto tiempo sectores diversos de la sociedad mexicana tuvieron acceso a versiones de lo sucedido que distaban mucho de los escenarios reseñados por los medios de comunicación hegemónicos.

La decisión de enfrentar a la clase política y al poder mediático, lejos de decaer ante las amenazas que recibieron los protagonistas del video, se amplió a otros alumnos y académicos de la UIA que simbólicamente colocaron en Twitter sus credenciales de la institución para respaldar a quienes por la vía de los hechos mostraron la porosidad de las estrategias de comunicación política a primera vista inexpugnables.

Al igual que en otros puntos del planeta, las redes sociales se convirtieron en instrumentos de comunicación / difusión capaces de construir comunidades virtuales y de apoyar la transformación de estas últimas en actores sociales con la fuerza suficiente para cuestionar el orden instituido. Es importante diferenciar ambos momentos e identificar los alcances y límites del papel que desempeñó Internet en cada uno de ellos, pues desde mi punto de vista, el tránsito de la protesta, que inicialmente se orquestó "como cuando quedas con los amigos para ir a jugar futbol" (Herrera y Olivares, 2012: 8), a la movilización orgánica que logró incidir en las esferas pública y privada, difícilmente podría explicarse sin las redes sociales, las cuales son insuficientes para consolidar formas organizativas que generen un intercambio entre la sociedad civil y la sociedad política, más allá del plano virtual.

Internet es una plataforma que potencia la protesta social, pues a través de él se rompen cercos mediáticos y, al tiempo que presiona para modificar las agendas periodísticas (Candón Mena, 2012: 384-387), amplía la publicidad de los procesos contestatarios. Los estudiantes de la UIA se hicieron presentes a través de Facebook y Twitter (Leyva, 2012). De esa forma tendieron lazos de identidad con quienes vieron en su respuesta a los medios y la clase política una alternativa para abrir espacios de discusión sobre la realidad nacional que no estuvieran supeditados a los partidos y el control mediático.

Facebook y Twitter sirvieron además para convocar a una marcha que salió de la institución en la que tuvo lugar el desencuentro con Peña Nieto hacia las oficinas corporativas de Televisa (Poy Solano, 2012: 20), símbolo paradigmático del tipo de andamiajes de poder que los inconformes pretendían cuestionar. El *hashtag* #MarchaYoSoy132 fue el primer paso para transitar de la protesta cibernética a un actor colectivo que, para conformarse como tal, requería delinear sus contornos más allá de los instrumentos digitales que en principio parecían darle vida.

La presencia en la vía pública se acompañó de un proceso organizativo dentro del cual las redes sociales siguieron jugando un papel importante para posicionar la movilización dentro y fuera de México, pero el perfil que fue adquiriendo y el tipo de interlocución que logró establecer, quedaron definidos por acciones y equilibrios de fuerza tempo-espacialmente referenciados. Como parte de tales acciones y equilibrios, a la par de las manifestaciones que tuvieron lugar en el Distrito Federal y en varias entidades de la República, alumnos provenientes de universidades públicas y privadas programaron reuniones y asambleas y diseñaron una estructura que a manera de Consejo Interuniversitario regulaba la participación de las distintas escuelas.

En el camino, el #YoSoy132 se convirtió en un identificador que aludía a los orígenes de la movilización y recuperaba la impronta que habían tenido en ella las redes sociales, pero la comunidad virtual construida por éstas tendió a desvanecerse y su lugar fue ocupado por un conjunto heterogéneo de jóvenes que respondían a experiencias y trayectorias de lucha distintas y apostaban a proyectos políticos también diversos. Frente a tal escenario, mi hipótesis es que los sectores más politizados hegemonizaron el proceso organizativo e impusieron líneas programáticas que ampliaban las demandas del movimiento más allá del derecho a la información y a una democracia de calidad.

El apartidismo se mantuvo como referente del hartazgo y desencanto frente a las formas tradicionales de participación/representación, que cumplían sólo de manera limitada su papel de mediación entre la sociedad civil y la sociedad política y cuyo pobre desempeño había sido uno de los detonantes para la conformación del #YoSoy132 (Guillén, 2014). Sin embargo, conforme la movilización empezó a incorporar otras problemáticas de la vida nacional que la izquierda partidaria también reivindicaba dentro de su programa de acción, se establecieron puentes con ella y con las organizaciones sociales y sindicales que históricamente le habían sido cercanas.

La rápida metamorfosis que llevó al movimiento a transitar de *hashtag* a sujeto político con capacidad de interlocución frente a poderes instituidos y poderes fácticos, jugó a favor de López Obrador. Aun cuando el #YoSoy132 no formalizó su apoyo al candidato de la Coalición, en los hechos construyó afinidades con su discurso. Los saldos de su intervención en la coyuntura electoral van más allá de a quién benefició y a quién perjudicaron en términos de la contienda por la presidencia. Antes de dirigir la mirada a las estrategias que empleó para posicionarse en la esfera pública mediante la apropiación física y/o simbólica de calles, plazas y edificios, conviene mencionar que la movilización estudiantil representó una forma de ejercicio ciudadano colectivo que rompió inercias propias de los procesos electorales mexicanos y puso en evidencia los límites del tipo de democracia en el que se insertan, por lo que independientemente de las simpatías y antipatías que genere —o del nivel de interlocución que logró alcanzar una vez cerrada la coyuntura de la que emergió—, sus acciones establecieron un parteaguas en el escenario político nacional.

Esta telenovela no tiene final feliz

En respuesta al llamado que se lanzó a través de las redes sociales para participar en una marcha pacífica y apartidista que refrendara el derecho a la información, cientos de jóvenes de universidades privadas salieron a la calle con la intención de manifestarse. El hecho llamó la atención porque en el pasado este tipo de actos habían sido protagonizados por alumnos de instituciones públicas y las posturas contestatarias no formaban parte de la cultura dominante en centros como el Instituto Tecnológico Autónomo de México (ITAM), la Universidad Anáhuac (UA), el Instituto Tecnológico de Monterrey (ITESM) o la propia UIA. Sin embargo, fueron sus estudiantes quienes tomaron la iniciativa y realizaron una demostración pública con alto contenido simbólico.

Su presencia en dos instalaciones de Televisa, con carteles y mantas alusivas al #YoSoy132 y a su inconformidad por el manejo sesgado de la información era algo inédito. Un buen número asistía por primera vez a un evento de este tipo y para esa suerte de iniciación se difundieron pautas de conducta que exhortaban a los participantes a no mostrar insignias, propagandas o frases de apoyo para algún candidato y que solicitaban que las manifestaciones se realizaran sobre las banquetas: "No pretendemos arruinarle el día a los demás por lo que nuestra marcha se realizará por la banqueta, siempre permitiendo el flujo de tránsito y el paso de vehículos y peatones. Muy importante: NUNCA agrediendo ni física o verbalmente a los que pasen por ahí" (Código, 2012).

Si bien los llamados a evitar apoyos partidarios y afectaciones a terceros durante las manifestaciones públicas podrían interpretarse como muestras de conciencia cívica, en el caso mexicano también representaron formas que rompían con esquemas previamente seguidos para encauzar la protesta social. En términos generales, fueron respetados los tres puntos del *Código de ética* (además del primero y tercero ya mencionados, el segundo rechazaba la violencia y pedía no caer en provocaciones). Aunque hubo algunas pancartas contra el PRI, tanto la movilización frente a las instalaciones de Televisa San Ángel como la marcha de la UIA a las de Santa Fe transcurrieron de manera pacífica, sin filiación partidaria, en un tono festivo y entorpeciendo al mínimo el tránsito de la ciudad.

Esa primera apropiación del espacio urbano se dio desde una concepción de la política no restringida al ámbito de las elecciones y los partidos y delimitando áreas para ser usadas con el fin de ejercer el derecho que sobre ellas posee la colectividad, pero a la vez promoviendo el respeto por los otros integrantes de esa colectividad, ajenos a la protesta en curso. El objetivo principal era denunciar las malas prácticas informativas y convocar a otra marcha que tendría lugar el 23 de mayo, pero aparte de publicitar la protesta con la calle como megáfono, no existía una agenda de interlocución con los actores políticos y mediáticos a los que se increpaba.

A la distancia, podría afirmarse que el propósito se logró: las manifestaciones del 18 de mayo posicionaron al #YoSoy132 en el universo virtual como tendencia número uno y tres en México y número uno a nivel mundial (Termina, 2012); la prensa escrita, radiofónica y televisiva reportó lo sucedido a sabiendas de que sus afirmaciones podían ser refutadas, y la presencia de los estudiantes adquirió mayor fuerza dentro de la opinión pública.

Comparado con actos similares —incluso algunos que se derivarían de esta primera salida a la calle—, el número de asistentes fue pequeño. No obstante, el hecho de que cientos de estudiantes con escasa o nula experiencia en términos de protesta social se movilizaran para llamar la atención sobre el escenario poco democrático en el que se desarrollaba la contienda electoral y sobre el papel que los medios jugaban en ello, catalizó un descontento compartido por otros mexicanos que parecían haberse resignado a tolerar lo inaceptable. Como en el cuento de Hans Christian Andersen, la desnudez del emperador siempre fue evidente, pero mientras nadie se atreviera a denunciarla podía reproducirse la ficción de que estaba ataviado con un fino y hermoso traje. Cuando el #YoSoy132 denunció las prácticas mediáticas y desafió a quienes a través de ellas limitan el ejercicio pleno de la democracia, abrió la puerta para modificar un horizonte que, en términos de las elecciones, parecía predecible y que sectores contrarios al priismo —por filiación partidista o por el profundo desencanto hacia los partidos— interpretaban como un mal contra el que poco podía hacerse.

La protesta estudiantil colocó en la palestra pública demandas que aludían a un derecho a la información cuyo carácter universal es independiente de adscripciones y/o simpatías políticas. Quizá por ello acciones reactivas como el video que circuló en las redes sociales o la posterior convocatoria para salir a la calle tuvieron un impacto exponencial que pronto derivó en movilizaciones proactivas a las que se adhirieron alumnos de otras instituciones. El tránsito de uno a otro estadio mantuvo en sus inicios la frescura propia de una espontaneidad que tiende a diluirse conforme los procesos organizativos avanzan hasta decantar en demandas particulares, por lo que el espectro de sociedades que se hizo presente en la segunda marcha fue más amplio y, como veremos en el siguiente apartado, concretó la apropiación de espacios que se relacionaban con la corrupción y el dispendio del erario nacional y aludían a rutas de protesta delineadas dentro de la memoria urbana.

La consigna "Esta telenovela no tiene final feliz" que el 18 de mayo se utilizó para caricaturizar la pobreza de la oferta televisiva dominante en México, se convirtió en una advertencia premonitoria contra los poderes mediáticos que se vieron obligados a abrir pequeñas rendijas dentro del cerco informativo contra el que protestaban los estudiantes. La transmisión de los principales canales de Televisa y Televisión Azteca del segundo debate protagonizado el 10 de junio por los candidatos a la presidencia es quizá el mejor ejemplo de cómo el relato escénico se les salió de control. Independientemente de que a mediano y largo plazo los medios han mantenido su capacidad para reproducir prácticas sesgadas y socialmente cuestionables, los primeros pasos de la movilización estudiantil por las calles aledañas al ITAM y a la UIA exploraron caminos que resultaron más largos que el trayecto físico entre ambas instituciones y Televisa San Ángel o Santa Fe, y condujeron a desenlaces no necesariamente acordes con las expectativas de quienes apostaban al corto alcance de la movilización.

¿Estela de Luz versus horizonte de esperanza?: Los prolegómenos

La siguiente concentración en las calles a la que convocó la movilización identificada con el #YoSoy132 partió de un monumento construido para conmemorar el bicentenario de la independencia y desembocó en la plaza que se identifica con el centro político administrativo del país. Tanto el punto de salida como el de llegada están cargados de sentidos socialmente compartidos y, aunque aluden a temporalidades distintas (mientras el primero es un referente simbólico de corta data, el control sobre el segundo se ha usado desde su nacimiento como indicador de poder), apuntalan la premisa de que, entre las muchas aristas que posee la ciudad, son "depósito de las representaciones culturales que reproducen la identidad nacional" (Zárate, 2004: 62).

Por ello es necesario partir de la dimensión cultural del fenómeno urbano y de su espacialidad a la hora de explorar las distintas formas en que se vive y se representa (Aguilar y Ramírez Kuri, 2006: 7-8), asumiendo que alrededor de tales vivencias y representaciones se generan imaginarios que van más allá de las características físicas de un entorno con el que se construyen vínculos de distinto tipo.

Dependiendo de su propia historia y de las razones por las que una persona establece contacto con lugares específicos de la ciudad de México, al habitarla y/o transitarla la dotará de sentidos que responderán a variables individuales y a variables sociales. Como resultado de esa interacción se generan procesos que pueden definirse a partir del concepto de "territorio" o "territorialidad", el cual contempla entre las formas de apropiación del espacio aquellas que tienen que ver con el ámbito simbólico-cultural (Giménez, 2004: 315-316). La producción de significantes y significados queda así tatuada en las calles y edificios que nos circundan, y cuando se lleva la protesta social a la vía pública suelen seguirse los trazos que al respecto reproduce la memoria colectiva.

Desde tal perspectiva, el territorio no es ajeno al intercambio social, ni mucho menos constituye un contenedor vacío que habría que llenar, más bien debe verse como parte activa del conjunto de relaciones que las sociedades han desarrollado y seguirán desarrollando a lo largo del tiempo. Lo mismo aplica para la noción de "lugar", entendido como una localización concreta e identificable bajo coordenadas geográficas que, sin embargo, va más allá del punto con límites cartográficos precisos al que en principio remite.

El énfasis en la dimensión subjetiva inherente a la idea de lugar y la recuperación tanto del sentido material como del sentido cultural que la acompaña (Lindón, 2007: 6-11), permiten visualizar la Estela de Luz y el Zócalo de la ciudad de México como puntos con un diseño y modelaje que se pueden rastrear en el tiempo y que representan territorialidades con significados que también son rastreables en el tiempo.

La elección de los lugares de salida (Estela de Luz) y llegada (Zócalo) de la marcha del 23 de mayo se abonó a la producción de sentido asociada con ambos lugares, al tiempo que se refrendaron significados previamente tatuados en ellos. Ya adelantaba que una y otra edificación remiten a temporalidades distintas, añado ahora que la ruta para unirlas mediante la apropiación de vías públicas que las conectan trazó nuevas líneas dentro de las territorialidades que a lo largo de la historia han dibujado las protestas sociales frente al Palacio Nacional.

En la historia reciente de México, el Zócalo es la Meca de las movilizaciones que cuestionan al poder instituido y lo retan al hacerse presentes en un espacio cuyo acceso estuvo restringido durante largo tiempo.

El año 1968 ocupa un papel central entre los imaginarios que al respecto se han construido, pues al movimiento estudiantil se le atribuye haber sido el primero en apropiarse de la plaza que oficialmente lleva por apellido "de la Constitución". Si bien la insurgencia sindical que desde los años cincuenta protagonizaron el movimiento ferrocarrilero y el magisterial ya había incursionado en dicho espacio y había sido reprimida por ello, fue hasta una década después cuando los estudiantes terminarían de cincelar el sentido disruptivo de ese tipo de manifestaciones.

Por lo demás, los usos sociales y políticos de la plancha del Zócalo se han dado desde antes de que se erigiera allí la plaza central. Durante la Colonia, las plazas simbolizaron el punto de encuentro entre los poderes terrenales y espirituales, pues permitían que la iglesia matriz, el concejo, el cabildo y la representación real compartieran el espacio. En tanto "núcleo central, generador y articulador de todo el sistema urbano", alrededor de ellas se establecían comercios y viviendas particulares y dentro de sus límites se realizaban las fiestas cívicas, por lo que jugaban un papel fundamental como puntos de socialización (Ribera, 2003).

Si a los sentidos que la apropiación hispana le imprimió al lugar añadimos que allí se ubicaba la antigua Tenochtitlan, se potencian las cargas que acompañan a la memoria espacial en términos de disputa por el poder, y se explica tanto el interés oficial por demostrar su control sobre el área, como las expectativas de erosionarlo desde la disidencia. La utilización del Zócalo ha requerido autorizaciones que se remontan en el tiempo y que, entre otras cosas, han buscado restringir el tipo de festividades a realizar (Roca y Aguayo, 2004: 103-128), las actividades cotidianas de quienes con o sin permiso hacen suya esa parte del suelo urbano (Romero Ruiz, 2012: 182-192) y las demostraciones de protesta social. En ninguna de las tres modalidades la reglamentación formal ni el recurso de la fuerza pública ha conseguido diluir significantes que rebasen el plano normativo y que reproducen desde tradiciones populares hasta prácticas socioeconómicas pasando por simbolismos políticos. Como parte de esto último, cuando el Consejo General de Huelga (CGH) convocó a una marcha que el 13 de agosto de 1968 partiría del Casco de Santo Tomás y culminaría en el Zócalo, refrendó un sentido disruptivo al que en ocasiones anteriores se había respondido impidiendo violentamente la llegada de manifestantes a la plaza.

La agresión policíaca contra los jóvenes que el mes anterior (26 de julio) habían participado en marchas autorizadas por el Departamento del Distrito Federal (DDF) y que al concluir el trayecto aprobado decidieron dirigirse al Zócalo, fue uno de los detonantes para la movilización estudiantil. Una semana después, el 1° de agosto, no hubo sangre, pero el despliegue de fuerzas armadas que de manera amenazante se interponían en el camino evitó que un contingente de aproximadamente 100 000 estudiantes, encabezado por el rector de la Universidad Nacional Autónoma de México (UNAM), se encaminara a la Plaza de la Constitución (Castillo Troncoso, 2012: 45 y 59).

La manifestación del 13 de agosto de 1968 se convirtió en una fecha emblemática para la relación que han mantenido la sociedad civil y la sociedad política dentro del México contemporáneo. Ello no se debe a que haya sido la primera en llegar al Zócalo, sino al contexto en el que lo hizo. Heredera directa de las acciones de los ferrocarrileros y de los maestros en la década de los cincuenta, así como de las de los médicos reprimidos tres años antes, representa el inicio de "un largo periodo de marchas que estarían caracterizadas por el acercamiento del movimiento estudiantil y distintos sectores de la sociedad" (FEMOSPP, 2006: 85) y que se tradujeron en la decisión de *ganar la calle*: "… muchachas de mini con sus jóvenes piernas quemadas por el sol, maestros sin corbata, muchachos con el suéter amarrado a la cintura, al cuello, vienen a pie, vienen riendo, son muchos, vienen con esa loca alegría que se siente al caminar juntos en esta calle, nuestra calle, rumbo al Zócalo, nuestro Zócalo…" (Poniatowska, 2007: 14).

El movimiento del 68 terminó así con el tabú de que la apropiación política de los espacios públicos estaba vedada para la sociedad. Cientos de miles de personas se apropiaron de distintas calles y avenidas de la ciudad en respuesta a la convocatoria del CGH, organización recién formada que, lejos de sucumbir a los tentáculos corporativos del régimen, se atrevía a cuestionar la legitimidad del mismo y sin solicitar permiso promovía una movilización multitudinaria que pretendía "desembocar en el espacio semisagrado del Zócalo capitalino, reservado durante décadas a las marchas gregarias del presidente en turno" (Castillo Troncoso, 2012: 87).

Casi cinco décadas después han desaparecido las cortapisas legales que en ese entonces obligaban a pedir autorización para organizar manifestaciones en la vía pública o que otorgaban al poder judicial la capacidad de encarcelar a quienes cometieran el delito tipificado como "Disolución social", pero en su momento tales restricciones contribuyeron a moldear los sentidos que posee la Plaza de la Constitución para la sociedad movilizada. Las marchas del 13 y 27 de agosto, así como la del 13 de septiembre de 1968, forman parte de los símbolos territorialmente tatuados en la ciudad de México.

Las autoridades locales y federales intentaron contener tales formas de protesta: la represión que tuvo lugar el 2 de octubre en la Plaza de las Tres Culturas constituye el mejor botón de muestra de la estrategia adoptada para conseguirlo. Pero entre los saldos que dejó el movimiento estudiantil está el haber ganado la calle para las generaciones que lo sucedieron. Si bien el *halconazo* del 10 de junio de 1971 o posteriores demostraciones públicas contra las que se usó la fuerza muestran que todavía existía camino por desbrozar, la puerta ya estaba abierta.

Desde entonces hasta la fecha, las manifestaciones en la vía pública vinculadas con la protesta sociopolítica y que tienen como destino el Zócalo han sido recurrentes en el Distrito Federal; múltiples batallas contra el autoritarismo han tenido que librarse para conseguirlo, y parte de la esencia desafiante de este tipo de acción colectiva surge de una memoria espacial que ubica los lugares donde se escenificaron. No es casual que las rutas se repitan, ni que se les impriman variantes, como hizo el #YoSoy132.

En términos de inconformidad de la sociedad, vinculada con procesos electorales, las Asambleas Informativas de 2006 —que exigían un recuento de votos— fueron el antecedente de lo sucedido el 23 de mayo de 2013. A diferencia de las marchas que acompañaron tales actos, el recorrido que partió de la Estela de Luz fue convocado como un acto con consignas no circunscritas a los comicios en puerta, incluso si éstos las habían potenciado; tampoco pretendía inclinar la balanza a favor de alguno de los candidatos presidenciales, aun cuando implícitamente la mera existencia del #YoSoy132 jugara en contra de Peña Nieto.

El apartidismo enfatizado por quienes dieron vida y alimentaron el *hashtag* y las acciones iniciales concertadas a través de él, dificulta la asociación entre ambos momentos de la historia electoral mexicana, asociación que se hizo más clara cuando se tendieron puentes con la izquierda organizacional y partidaria y que aquí propongo para entender lo sucedido el 23 de mayo. En uno y otro caso las elecciones fueron el telón de fondo que sirvió de catalizador para la expresión masiva de hartazgos y demandas que las rebasaban. A pesar de los profundos abismos que las separan, existen resortes compartidos en cuanto a territorialidad entre las movilizaciones convocadas por el lopezobradorismo y la que aquí nos ocupa.

Los mexicanos que salieron a la calle el 8, el 16 y el 30 de julio de 2006 en defensa del voto y aquellos que al finalizar la tercera Asamblea se apropiaron durante mes y medio de vialidades y puntos emblemáticos del espacio público, además de apostar a una ampliación del ejercicio ciudadano por la vía de la acción colectiva (Guillén, 2011), produjeron sentidos en los lugares por los que pasaron y permanecieron en señal de protesta. A mi juicio, la estrategia no cumplió con las expectativas de quienes la diseñaron, y a la larga jugó contra López Obrador, pero independientemente de los resultados obtenidos, sus seguidores resignificaron la consigna de ganar la calle. Las formas de territorialidad construidas con la instalación de un corredor que iba de la Fuente de Petróleos al Zócalo han sido ya analizadas y dan cuenta de las dimensiones culturales de una ocupación física (Minor y Gómez, 2006) que abonó al protagonismo político-espacial de la Plaza de la Constitución (Tamayo y Cruz-Guzmán, 2008) al ubicarse allí los treinta y un contingentes que simbolizaban la presencia de los estados de la república, con López Obrador a la cabeza *in situ* del plantón.

La segunda salida a la calle del #YoSoy132 condensó prácticas de lucha y experiencias previas que entre otras cosas tienen que ver con el papel genérico de las marchas como estrategia para visibilizar la protesta y posicionar demandas en la arena pública; la herencia del 68 para definir las características particulares que dicha estrategia ha asumido en el México contemporáneo; la cercanía de la movilización poselectoral en los comicios presidenciales inmediatamente anteriores a los de 2012; la confluencia de todo lo anterior en la definición de formas de apropiación del espacio urbano que, como veremos en el siguiente apartado, establecieron sus propias variantes.

¿*Estela de Luz* versus *horizonte de esperanza?*: Innovaciones e inercias

Las marchas del 18 y 23 de mayo constituyen dos estadios centrales en la metamorfosis de comunidad virtual a movilización contenciosa del #YoSoy132. Ellas en sí mismas no produjeron organicidad, pero contribuyeron a construirla y a evidenciar tanto las innovaciones como las inercias propias de un sujeto político que de manera casi simultánea a su inesperada emergencia en la arena pública adquirió capacidad de interlocución e incidió en la coyuntura preelectoral. Como parte de los preparativos para el encuentro en la Estela de Luz, se insistió en el carácter apartidista de una acción colectiva que apostaba por la horizontalidad en la toma de decisiones y que combinaba formas de comunicación propias de la era cibernética con desafíos dirigidos a los medios tradicionales, con el fin de presionar para que la movilización no fuera ignorada por estos últimos.

El día previo, tres alumnos de la UIA fueron invitados a uno de los noticieros matutinos de Televisa con mayor audiencia en México. Llama la atención que el poder fáctico contra el que se habían pronunciado en su primera salida a la calle contribuyera a la resonancia que iba adquiriendo la protesta. Las razones para ello pueden ir desde el intento de poner en evidencia sus límites programáticos y/u organizativos, dado el carácter germinal en el que se encontraba, hasta un genuino interés por la nota periodística. En todo caso e independientemente de las motivaciones que haya tenido el consorcio, los poco más de veinte minutos durante los cuales los tres jóvenes aparecieron en las pantallas se tradujeron en una cobertura mediática de largo alcance que mostró cómo del *hashtag* reactivo emergían acciones proactivas.

Los tres estudiantes insistieron en la ausencia de liderazgos y más que asumirse como representantes del movimiento que empezaba a tomar forma se limitaron a exponer los consensos que aglutinaban a sus primeros integrantes. El manejo transparente y equitativo de la información era la demanda central y se insistía en la pluralidad partidaria de quienes, desde distintas filiaciones políticas, coincidían en el papel segregador que habían jugado los medios dentro de la coyuntura preelectoral. Se compartía también la defensa de la educación como derecho y el rechazo a que las manifestaciones públicas convocadas por el #YoSoy132 —entre las que no se encontraban las marchas anti Peña Nieto del 19 de mayo—, fueran utilizadas por individuos u organizaciones ajenos al mismo (Video 2).

Además de convertirse en escaparate de sus planteamientos, la entrevista permitió que la invitación a manifestarse por segunda vez en la calle llegara a un público no necesariamente conectado con las redes sociales. El plan era formar una cadena humana entre la Estela de Luz y el Ángel de la Independencia y que los asistentes (se esperaban alrededor de 6 000) llevaran mantas para dibujar y libros para intercambiar (Estrada, 2012). El número de personas que acudió al llamado superó los cálculos iniciales (algunas fuentes hablan de hasta de 15 000 manifestantes) y la recomendación del *Código de ética* para el no entorpecimiento del tránsito se enfrentó a un espacio físico incapaz de albergar a todos los presentes, por lo que los carriles centrales también fueron ocupados (Álvarez, 2012).

El curso de los acontecimientos rebasó a sus organizadores en términos tanto de apropiación de la calle como del carácter apartidista de la movilización. A la improvisada marcha no se sumaron todos, ni tampoco todos los que se sumaron llegaron al Zócalo. El curso que tomaron los acontecimientos perfiló los reacomodos que durante los siguientes meses viviría el #YoSoy132.

La diacronía como estrategia metodológica para reconstruir al sujeto político que trascendió al *hashtag* original me lleva a proponer que el tiempo transcurrido entre el 11 y el 23 de mayo se alejó de la linealidad y que, recuperando la noción de intensidad desarrollada por Bagú (1984: 115), los procesos que tuvieron lugar durante dicho lapso se tradujeron en una germinación acelerada de la acción colectiva organizada, en el marco de disputas internas por la hegemonía y de vaivenes en cuanto a las definiciones programáticas que a la larga moldearon el perfil del sujeto político en cuestión.

Un estudiante de la UNAM afirmó a propósito de lo sucedido en la Estela de Luz que encaminar el rumbo hacia el Zócalo fue una acción espontánea: "No sé en dónde quedó el movimiento [#YoSoy132], pero ellos iniciaron algo y ahora no podemos bajar la guardia. Estamos haciendo una manifestación espontánea" (CNN-México, 2012). Yo agregaría que en esa espontaneidad abrevaron memorias socialmente diferenciadas que plantearon retos para avanzar hacia posturas proactivas comunes por las divergencias político-ideológicas que entrañaban. Tales memorias y divergencias cristalizaron espacialmente con la ocupación de cuatro lugares que las crónicas recuperan como puntos seriados de una misma manifestación pública, cuando en realidad cada uno de ellos (Estela de Luz, Ángel de la Independencia, Televisa y Palacio Nacional) muestra distintas aristas del movimiento en curso. Ninguno de los cuatro puntos reforzó la versión apartidista que habían promocionado los organizadores; por el contrario, desde el inicio se hizo patente un sesgo anti Peña Nieto que fue subiendo de tono conforme la marcha hacia el Zócalo tomaba forma, pero entre los rechazos a la intervención de Paco Ignacio Taibo II, simpatizante abierto de López Obrador, y las consignas que en la Plaza de la Constitución precedieron la convocatoria para la siguiente asamblea, existen matices propios de un accionar colectivo en el que confluían expectativas políticas diferenciadas (García Hernández y Poy Solano, 2012).

Quienes asistieron y permanecieron en la Estela de Luz representan a los que pugnaban por el derecho a la información y la libertad de expresión en tanto pilares democráticos que el #YoSoy132 ayudaría a construir. El pliego petitorio allí leído indica los supuestos básicos de los que partían: la necesidad de un cambio para México, el papel protagónico de los jóvenes para conseguirlo y la posibilidad de empoderar al ciudadano a través del conocimiento. También plantea las exigencias generales: democratización de los medios de comunicación, competencia real en el mercado de los mismos, instalación de mecanismos que defiendan el interés público frente a ellos, garantías de seguridad para los integrantes del movimiento y para todos los que se expresan libremente, y particulares: concursos en los canales públicos para las producciones de las distintas escuelas de comunicación, acceso a Internet como derecho constitucional, debate con los medios a propósito de las demandas del pliego y transmisión en cadena nacional del debate entre los candidatos a la presidencia (Pliego, 2012).

El breve documento condensa las bases del movimiento ciudadano, sin candidato y con demandas acotadas que prevalecieron durante la primera parada de la marcha, aun cuando se hicieron presentes expectativas que iban más allá de ambos recortes. Los destinos posteriores escenificaron por su parte la convivencia de las distintas respuestas que propició la convocatoria del #YoSoy132 y la manifestación original quedó espacialmente fracturada en cuatro contingentes con intersecciones individuales que variaban dependiendo de las rutas y/o permanencias elegidas por los asistentes.

Aquellos que llegaron al Zócalo fueron una minoría respecto al total de personas que respaldó en la calle la protesta estudiantil. Sin embargo, sostengo la hipótesis de que representan la tendencia que de manera casi inmediata hegemonizó el proceso organizativo al que invitaba el pliego petitorio leído en la Estela de Luz. El análisis de las fuerzas y contrafuerzas que definieron el curso de la acción colectiva escapa a los objetivos del presente trabajo, así que no profundizaré en cómo cada una estableció, mantuvo o perdió la hegemonía al interior del movimiento, pero asumo que las diferencias en términos de experiencia de lucha y politización fueron un elemento clave en el ascenso de las posturas político-ideológicas que impulsaban proyectos transformadores más profundos (Guillén, 2014). El papel en dicho ascenso de los cientos de personas que se apropiaron de la Plaza de la Constitución fue sobre todo simbólico, pues aun cuando recogían un sentir que no se reducía a los allí presentes, sus consignas se diluían en la espontaneidad del momento. La llamada a una siguiente reunión es quizá el saldo tangible más claro y —bajo la premisa de que la juventud había despertado de su letargo y le tocaba promover los cambios requeridos por México— la idea germinal lanzada en la Estela de Luz a propósito de que "este movimiento los convoca a organizarse y sumarse y hacer suyo este pliego petitorio" (Pliego, 2012), se tradujo en una siguiente cita para avanzar en los procesos respectivos.

No hubo mayores discrepancias en cuanto al día, pero el lugar en el que se desarrollaría el encuentro fue objeto de un intercambio de coros entre los que se inclinaban por Tlatelolco, los que preferían Ciudad Universitaria y los que proponían regresar al Zócalo. Los tres sitios abonan al tatuaje espacial de sentidos vinculados con la lucha social; que en el día acordado se realizaran reuniones en el primero y en el segundo refleja tanto los sesgos anárquicos de lo sucedido el 23 de mayo frente a Palacio Nacional, como la dificultad de elegir referentes territoriales para los encuentros posteriores.

Habida cuenta de las heterogeneidades internas a las que ya me he referido, quienes protagonizaron el acto marcaron un giro en el posicionamiento discursivo del #YoSoy132. Al final no se regresaría al Zócalo capitalino el 26 de mayo, pero sus usos disruptivos ya habían sido refrendados y de la postura general que se manejó en la Estela de Luz a propósito de que "las y los jóvenes tomemos el presente en nuestras manos, es momento de que pugnemos por un México más libre, más próspero y más justo" (Pliego, 2012), se pasó a afirmar que "somos la conciencia y la voz de un pueblo organizado" y a proponer acciones de contacto con la gente: "comunicar al otro, al vecino, al amigo" para neutralizar la información sesgada de los medios y en el entendido de que la lucha a seguir no se restringía a los reclamos contra Televisa (Video 3).

Si bien en ambos lugares se partió de la crítica al sistema económico y político que prevalece en el país, en el primero se planteó que para corregir "la situación actual de miseria, desigualdad, pobreza y violencia" había que "empoderar al ciudadano a través de la información" para que pudiera "exigir de manera fundamentada a su gobierno, a los actores políticos, a los empresarios y a la sociedad misma" (Pliego, 2012). En el segundo se enfatizó la necesidad de rechazar las miradas ingenuas e incluso se recordó lo sucedido en Atenco, con lo que se implicó el compromiso de los estudiantes para corregir de raíz la problemática nacional (Video 3).

En la Estela de Luz los organizadores refrendaron posicionamientos y líneas de acción previamente consensuados y cuyas características quedaron plasmadas en un documento. Esto contrastó con lo sucedido en el Zócalo, donde quienes tomaron el micrófono evidenciaron posturas que recién empezaban a articularse como ideario. Ello implicó un giro con respecto al tipo de movimiento que se había perfilado alrededor del #YoSoy132: se recuperaron modelos y estrategias vinculados con luchas populares de larga data que resultaban menos novedosos y que tendían puentes con la izquierda organizada, incluida su esfera partidaria.

En ambos casos se dirigió la mirada hacia horizontes de esperanza que, por un lado, refutaban los sentidos luminosos del monumento para conmemorar el bicentenario de la independencia y, por el otro, recuperaban las memorias disruptivas que la protesta social había cincelado en la Plaza de la Constitución. Además de la impronta territorial que los particulariza, es posible distinguir —con base en las interpretaciones que predominaron en cada sitio sobre lo que debían hacer los jóvenes para construir un México mejor— las siguientes acciones: presionar para fortalecer la esfera ciudadana al romper los sesgos mediáticos y asegurar la libertad de expresión, o bien, combatir condicionantes estructurales que impiden el ejercicio pleno de la ciudadanía.

Tal disyuntiva quedó plasmada en dos actos separados que se realizaron en el transcurso de la misma tarde y al amparo de una convocatoria inicial también compartida. Sólo el tiempo permitirá evaluar la contribución de uno y otro en los tatuajes políticos de nuestras espacialidades urbanas. Mientras tanto conviene incluir la territorialidad entre las facetas innovadoras de la acción colectiva que promovió el #YoSoy132, habida cuenta de que también es posible identificar inercias y que la combinación de unas y otras añade complejidad y polisemia a los trazos, rutas y sitios paradigmáticos de la ciudad de México.

Conclusión

La cita en la Estela de Luz simbolizó el desencanto con una alternancia partidaria que reprodujo estructuras y prácticas viciadas y que bajo la égida presidencial panista, al igual que había sucedido durante los setenta años de hegemonía priista, toleró y/o propició corruptelas con cargo al erario público. El monumento había sido inaugurado a principios de año por el presidente Felipe Calderón, quien en el discurso respectivo señaló: "Es un homenaje a los héroes que en los últimos dos siglos han formado esta nación. Es una forma de agradecer y de sentirnos orgullosos de quienes defendieron la República", además de adelantar que "habrá de convertirse en un símbolo de la historia nacional y también en un hito de la ciudad de México" (Sanders, 2012).

El tatuaje de sentidos sobre la edificación que se construyó en Paseo de la Reforma tuvo, sin embargo, poco que ver con la luminosidad del cuarzo que cubría sus 104 metros de altura o con las conmemoraciones patrias que lo encuadraban. De entonces a la fecha ha sido un símbolo de opacidad que encierra malos manejos financieros y que ni si quiera en términos discursivos resulta salvable, pues fue entregado quince meses después del festejo que lo enmarcaba (Villamil, 2012).

El acto respectivo se adelantó un día a la fecha finalmente programada y a pesar del despliegue pirotécnico del que hizo gala, quedó descrito en algunas crónicas periodísticas como "desangelado" (Hernández López, 2012; Sánchez, 2012), descripción que contrasta con el tono festivo que mantuvieron los jóvenes. No todo fue tranquilidad y concordia entre estos últimos, por ejemplo cuando se suscitaron diferencias a propósito de lo que se debía y podía decir a través del micrófono o cuando algunos de ellos mancharon con pintura roja la columna, pero en términos generales se trató de una concentración pacífica que, a diferencia del uso acartonado que el presidente y sus invitados habían dado al lugar, lo dotó de vida y de paso evidenció el abismo existente entre los significantes oficiales de la edificación y los significados sociales de la misma.

Para efectos de la territorialidad asociada con la conformación de un sujeto político que tuvo fuerte incidencia en la coyuntura preelectoral mexicana —además de lo que en sí misma representó la concentración frente a la Estela de Luz—, destaca el papel detonante de la marcha que el 23 de mayo de 2012 sustituyó el plan original de formar una cadena humana. Coincido con Tamayo, Granados y Minor (2011) en la definición de las marchas a partir de la ritualidad que conllevan como parte de un repertorio más amplio de recursos propios de la movilización social.

En términos de *performance* político, con particularidades y eclecticismos según quiénes las protagonizan, apropiarse de la calle para mostrar fuerza y con el tiempo traducir esa fuerza en poder dentro de la arena pública, suele asumir mayores dosis de explosividad, festividad, radicalidad ideológica y antiinstitucionalidad cuando se trata de manifestaciones estudiantiles. Atrás del espacio a escala humana que generan las marchas, hay iniciativas simbólicas que apuntan a la construcción y reconstrucción de identidades colectivas (Tamayo, Granados y Minor, 2011). Desde tal perspectiva, a lo largo de la ruta Estela de Luz-Ángel de la Independencia-Televisa-Zócalo, que de manera discontinua e individualizada recorrieron los jóvenes, se hizo evidente la combinación entre un eje discursivo de carácter general e interpretaciones diversas sobre el tipo de acción colectiva asociado con el #YoSoy132.

En términos macro, los historiales y expectativas que cada participante llevó consigo al encuentro convocado por el *hashtag* reflejaban niveles de politización diferenciados dependiendo del tipo de institución del que provenían. Las movilizaciones que de 1968 a la fecha han tenido lugar en México sustentan la idea de que en las entidades públicas es posible identificar una mayor combatividad estudiantil (Zermeño, 2008), aunque ello no implica que los alumnos provenientes de escuelas privadas cuentan con menor nivel de concientización política y/o experiencia de lucha.

Distinguir entre los planos personal y colectivo ayuda a entender los pesos y contrapesos hegemónicos que en menos de dos semanas dotaron de distintas caras al movimiento. Los resortes del mismo se accionaron en instituciones privadas y retaron a la ortodoxia, pero su perfil se ha ido empalmando con modelos tradicionales de movilización social y su cercanía con la izquierda organizada, incluyendo la esfera partidaria, se ha estrechado, mutación que —más allá del dinamismo propio de todo proceso de subjetivación política— tuvo mucho que ver con una composición interna en la que alumnos provenientes de instituciones como la UNAM y otras entidades públicas transformaron la agenda.

Bajo la premisa de que con las elecciones presidenciales en puerta había que enfrentar a los medios para garantizar un ejercicio democrático pleno, el esfuerzo inicial gestado en la UIA recurrió a las redes sociales y posteriormente amplió su visibilidad pública más allá de las mismas. Las dos salidas a la calle sobre las que se estructuró el presente trabajo corresponden a dicha estrategia y muestran el paso de una postura reactiva (18 de mayo) a otra proactiva (23 de mayo), vinculadas ambas con apropiaciones espaciales que a su vez dan cuenta de cómo el objetivo germinal empezó a ampliarse con la incorporación de contingentes que representaban a instituciones públicas. Con base en los argumentos hasta aquí desarrollados, concluiría con la afirmación de que el correlato territorial de los cambios vividos por el #YoSoy132 ofrece pistas para identificar tatuajes emergentes y sentidos añejos de un paisaje urbano tan complejo como el que día con día se reproduce en la ciudad de México, al tiempo que recupera una arista más del *hashtag* que internamente logró cimbrar a la sociedad civil e impactar a la sociedad política. En el exterior se convirtió en referente de dinámicas de sociedades que rebasan los canales tradicionales de participación política.

Bibliohemerografía

AGUILAR DÍAZ, MIGUEL ÁNGEL Y PATRICIA RAMÍREZ KURI. (2006). *Pensar y habitar la ciudad. Afectividad, memoria y significado en el espacio urbano contemporáneo*. Barcelona: Anthropos-Universidad Autónoma Metropolitana.

ÁLVAREZ, LILIANA. (2012). "Las voces de la marcha 'Yo soy 132'" en *Animal Político*, 24 de mayo, consultado el 6 de septiembre de 2012 en <http://www.animalpolitico.com/2012/05/yo-soy-132-la-marcha-y-el-pliego-petitorio/#axzz2b8eQGcPN>.

ALZAGA, ÓSCAR. (2008). "Conmemoración de la Insurgencia Sindical de 1958-1959" en *Trabajadores. Revista de la Universidad Obrera de México*, año 12, núm. 68, pp. 44-48.

BAGÚ, SERGIO. (1984). *Tiempo, realidad social y conocimiento*. México, D. F.: Siglo XXI.

CANDÓN MENA, JOSÉ IGNACIO. (2012). "Movimientos sociales, Internet y medios de comunicación" en *Estudios sobre el mensaje periodístico*, vol. 18, núm. 2 (julio-diciembre). Madrid: Servicio de Publicaciones de la Universidad Complutense, pp. 679-687.

Castillo, Miriam. (2012). "Peña en la Ibero: abucheo, porras, gritos, cartelones…" en *Milenio*, 12 de mayo, consultado el 17 de julio de 2013 en <http://www.milenio.com/cdb/doc/noticias2011/6206c695bc31a6043760f5a00887c891>.

Castillo Troncoso, Alberto de. (2012). *Ensayo sobre el movimiento estudiantil de 1968. La fotografía y la construcción de un imaginario*. México, D. F.: Instituto Mora-Universidad Nacional Autónoma de México.

CNN-México. (2012). "#YoSoy132 busca convertir las protestas en organización entre jóvenes", 23 de mayo, consultado el 6 de septiembre de 2013 en <http://mexico.cnn.com/nacional/2012/05/23/yosoy132-se-manifiesta-en-la-ciudad-de-mexico>.

"Código de ética". (2012). Consultado el 17 de julio de 2013 en <https://www.facebook.com/mas131/posts/238945152877562>.

Estrada, José David. (2012). "Universitarios alistan marcha apartidista en Estela de Luz" en *Reforma*, 23 de mayo, consultado el 6 de septiembre de 2013 en <http://noticias.terra.com.mx/mexico/politica/elecciones/2012/universitarios-alistan-marcha-apartidista-en-estela-de-luz,391f5e4ee3a77310VgnVCM4000009bcceb0aRCRD.html>.

Fernández, Claudia y Andrew Paxman. (2001). *El Tigre. Emilio Azcárraga y su imperio Televisa*. México, D. F.: Grijalbo-Random House Mondadori.

Fiscalía Especial para Movimientos Sociales y Políticos del Pasado (FEMOSPP). (2006). *Informe Histórico a la Sociedad Mexicana-2006*. Ciudad de México, consultado el 16 de mayo de 2013 en <http://www.gwu.edu/~nsarchiv/NSAEBB/NSAEBB209/informe/tema03.pdf>.

García Hernández, Arturo y Laura Poy Solano. (2012). "Democratizar medios de comunicación, clamor del #YoSoy132" en *La Jornada*, 24 de mayo.

Giménez, Gilberto. (2004). "Territorio, paisaje y apego socio-territorial" en *Culturas populares e indígenas, Diálogos en la acción*. México, D. F.: Consejo Nacional para la Cultura y las Artes, pp. 315-327.

Guerrero, Manuel Alejandro. (2010). "Los medios de comunicación y el régimen político" en Soledad Loaeza y Jean-François Prud'homme (eds.), *Los grandes problemas de México XIV. Instituciones y procesos políticos*. México, D. F.: El Colegio de México, pp. 231-300.

Guillén, Diana. (2011). "Voto x voto… casilla x casilla… De la consigna postelectoral a la movilización ciudadana" en *América Latina Hoy*, vol. 57 (abril), pp. 147-176.

——. (2013). "Mexican Spring? *#YoSoy132*, the Emergence of an Unexpected Collective Actor in the National Political Arena" en *Social Movement Studies. Journal of Social, Cultural and Political Protest*, vol. 12, núm. 4, pp. 471-476.

——. (2014). "¿Participación versus representación? Viejos debates, nuevas realidades: apuntes a propósito del *#YoSoy132*" en *La representación política de cara al* *futuro: desafíos para la participación y la inclusión democráticas en México.* Tijuana: El Colegio de la Frontera Norte, pp. 451-476.

Hernández López, Julio. (2012). "Astillero" en *La Jornada*, 9 de enero.

Herrera, Claudia y Emir Olivares. (2012). "Alumnos de la *Ibero* reciben amenazas y en respuesta colocan sus fotos en Twitter" en *La Jornada*, 16 de mayo.

Leyva, José L. (2012). "Tweetácora: extiende #YoSoy132 vida" en *Reforma*, 20 de mayo, consultado el 16 de mayo de 2013 en <http://busquedas.gruporeforma.com/reforma/Documentos/printArtCom.aspx?DocId=1349997,0&strr=yosoy132&catalogo=ArticulosGC_Reforma,ArticulosCMS>.

Lindón, Alicia. (2007). "El constructivismo geográfico y las aproximaciones cualitativas" en *Revista de Geografía Norte Grande*, núm. 37, pp. 5-21.

Minor, Fredy y Juan Carlos Gómez. (2006). "La apropiación del espacio público: las mega marchas y el mega plantón del movimiento poselectoral 2006" en *El Cotidiano*, vol. 21, núm. 141 (enero-febrero), pp. 31-44.

Morales, Alberto. (2012). "Entre arengas de apoyo y rechazo, EPN en la Ibero" en *El Universal*, 11 de mayo, consultado el 17 de julio de 2013 en <http://www.eluniversal.com.mx/notas/846686.html>.

Pliego petitorio leído en la Estela de Luz el 23 de mayo de 2012. Consultado el 6 de septiembre de 2013 en <http://www.animalpolitico.com/2012/05/declaratoria-y-pliego-petitorio-de-yo-soy-132/#axzz2bti1Gxpy>.

Poniatowska, Elena. (2007). *La noche de Tlatelolco*. México, D. F.: ERA.

Poy Solano, Laura. (2012). "Estudiantes de la UIA convocan marcha pacífica" en *La Jornada*, 18 de mayo.

Rabotnikof, Nora. (2008). "Lo público hoy: lugares, lógicas y expectativas" en *Íconos. Revista de Ciencias Sociales*, núm. 32 (septiembre), pp. 37-48.

Reséndiz Rodríguez, Rafael y Federico del Valle Osorio. (2010). "Reforma del Estado y reforma de los medios: una historia sin fin" en Héctor Zamitiz Gamboa, (ed.), *Cambio político, reformas e instituciones en México, 2007-2009*. México, D. F.: Universidad Nacional Autónoma de México, pp. 27-60.

Ribera Carbó, Eulalia. (2003). "Casas, habitación y espacio urbano en México. De la colonia al liberalismo decimonónico" en *Scripta Nova. Revista electrónica de geografía y ciencias sociales*, vol. VII, núm. 146(015).

Roca, Lourdes y Fernando Aguayo. (2004). "Usos y apropiaciones de un espacio urbano. El Paseo del Zócalo, 1880-1885" en *Secuencia. Revista de Historia y Ciencias Sociales*, núm. 59 (mayo-agosto), pp. 103-128.

Romero Ruiz, Raúl. (2012). "El uso de la imagen como fuente primaria en la investigación social. Experiencia metodológica de una etnografía visual en el caso de estudio: territorialidades de la vida cotidiana en la plancha del Zócalo de la ciudad de México" en *Secuencia. Revista de Historia y Ciencias Sociales*, núm. 82 (enero-abril), pp. 175-194.

SÁNCHEZ, LETICIA. (2012). "Emblema de la nueva era para México", *Milenio*, 8 de enero, consultado el 6 de septiembre de 2013 en <http://www.milenio.com/cdb/doc/noticias2011/5ef5a29b88a5b226fc38e7cde131b226>.

SANDERS, NADIA. (2012). "Tras 15 meses de retraso, la 'Estela de Luz' es inaugurada" en *CNN-México*, 7 de enero, consultado el 6 de septiembre de 2013 en <http://mexico.cnn.com/nacional/2012/01/07/tras-15-meses-de-retraso-la-estela-de-luz-es-inaugurada>.

TAMAYO, SERGIO, GRANADOS, AZUCENA Y FREDY MINOR. (2011). "Identidades colectivas y cultura política. La protesta estudiantil" en Alejandro López Gallegos, Nicolasa López-Saavedra, Sergio Tamayo y Ricardo Torres Jiménez (coords.), *"Yo no estuve ahí, pero no olvido". La protesta en estudio*. México, D. F.: Universidad Autónoma Metropolitana, pp. 211-318.

TAMAYO, SERGIO Y XÓCHITL CRUZ GUZMÁN. (2008). "Political Appropiation of Public Space: Extraordinary Events in the Zocalo of Mexico City", en Clara Irazábal (ed.), *Ordinary Places/Extraordinary Events. Citizenship, Democracy and Public Space in Latin America*. London: Routledge Taylor & Francis Group, pp. 35-58.

"TERMINA MARCHA 'YO SOY 132' Y SE CONVIERTE EN TENDENCIA MUNDIAL EN TWITTER". (2012), en *Animal Político*, 18 de mayo, consultado el 17 de julio de 2013 en <http://mx.noticias.yahoo.com/termina-marcha-yo-soy-132-y-se-convierte-en-tendencia-mundial-en-twitter.html>.

VARGAS, ROSA ELVIRA. (2012a). "Dice la Ibero que el priista sí irá a su cita este viernes" en *La Jornada*, 9 de mayo.

———. (2012b). "Insultos, reclamos y porras en la visita de Peña Nieto a la Ibero" en *La Jornada*, 12 de mayo.

VILLAMIL, JENARO. (2012). "Estela de Luz, Monumento a la Opacidad" en *Homozapping*, 7 de enero, consultado el 6 de septiembre de 2013 en <http://homozapping.com.mx/2012/01/estela-de-luz-monumento-a-la-opacidad/>.

ZÁRATE TOSCANO, VERÓNICA. (2004). "El Paseo de la Reforma como eje monumental" en María del Carmen Collado (coord.), *Miradas recurrentes I. La ciudad de México en los siglos XIX y XX*. México, D. F.: Instituto Mora, pp. 62-83.

ZERMEÑO, SERGIO. (2008). *Resistencia y cambio en la UNAM: las batallas por la autonomía, el 68 y la gratuidad*. México, D. F.: Océano.

VIDEOS

"131 ALUMNOS DE LA IBERO RESPONDEN". (Video 1). <http://www.youtube.com/watch?v=P7XbocXsFkI>, consultado el 17 de julio de 2012.

"ENTREVISTA ESTUDIANTES DE LA IBERO CON CARLOS LORET DE MOLA". (Video 2). <http://www.dailymotion.com/video/xqzmag_entrevista-estudiantes-de-la-ibero-con-carlos-loret-de-mola-1-n-primero-noticias-yosoy132_news>, consultado el 22 de agosto de 2012.

"#Yosoy132 en el Zócalo". (Video 3). <http://www.youtube.com/watch?v=3QkGHUUh4C0>, consultado el 6 de septiembre de 2012.

Carnavalización de la protesta y cine político: Artistas Aliados y el Frente Autónomo Audiovisual #YoSoy132[1]

Raúl Diego Rivera Hernández
Villanova University

Resumen

En este ensayo analizo las características generales de los métodos de protesta del colectivo Artistas Aliados y el impacto de los videos del Frente Autónomo Audiovisual en las marchas convocadas por #YoSoy132. En la primera parte de la investigación argumento que las acciones de Artistas Aliados se definen por la invención de ambientes lúdicos y carnavalescos, y la planeación de actos culturales con sentido político. La segunda sección del estudio advierte la importancia de la dimensión simbólica del espacio de la protesta en dos casos concretos: la primera "Fiesta de la Luz" del 13 de junio y la marcha "En vela por la democracia" del 30 de junio de 2012. Para concluir, examino un par de obras cinematográficas del Frente Autónomo Audiovisual —"Manifiesto #YoSoy132" y "Luz132"— y propongo que ambas concretan un proyecto político definido por su fuerza emotiva y el énfasis en la memoria colectiva.

Palabras clave: #YoSoy132, Artistas Aliados, Frente Autónomo Audiovisual, estética política, emociones.

Abstract

In this paper, I discuss the general characteristics of the methods of protest employed by the Allied Artists collective and the impact of the videos made by the Autonomous Audiovisual Front in the mobilizations organized by #YoSoy132. In the first part of my study, I claim that the actions of Allied Artists are defined by the invention of festive and carnivalesque atmospheres, and the planning of politically oriented cultural events. The second section of the paper addresses the importance of the location of the protest and the symbolic scope of this space of protest: in the first "Festival of Light" on June 13, and the "Stay Awake for Democracy" march on June 30, 2012. To conclude, I examine two films of the Autonomous Audiovisual Front —"#YoSoy132 Manifest" and "Light132"—, and I argue that these short films materialize a political project defined by its emotive power and its emphasis on collective memory.

KEYWORDS: #YoSoy132, ALLIED ARTISTS, AUTONOMOUS AUDIOVISUAL FRONT, POLITICAL AESTHETICS, EMOTIONS.

Introducción

El lunes 14 de mayo de 2012 apareció un video en YouTube que fue un fenómeno viral en pocas horas.[2] En la grabación mencionada, 131 alumnos de la Ibero hicieron efectivo su derecho de réplica para desmentir los comentarios de Pedro Joaquín Coldwell, Emilio Gamboa Patrón y Arturo Escobar sobre la ilegitimidad de las protestas del viernes 11 de mayo en la Universidad Iberoamericana en contra de Enrique Peña Nieto (EPN). También se dirigieron a los "medios de comunicación de dudosa neutralidad" para cuestionar la falta de imparcialidad informativa con la que difunden las noticias en el país. En el video de once minutos, los estudiantes refutaron tres declaraciones en su contra emitidas por la clase política y los medios masivos de comunicación: la desafiliación institucional (los inconformes no eran estudiantes de la Ibero), la conexión con la izquierda partidista (los manifestantes eran "acarreados" de Andrés Manuel López Obrador) y la deslegitimación de las expresiones de rechazo a Peña Nieto (la protesta se estigmatizó al asociarse con grupos de choque denominados "porros"). El video viral acompaña la emergencia de #YoSoy132, los estudiantes de la Ibero eran 131 y los usuarios en Internet se definían como el 132 por solidaridad y apoyo a los universitarios.

El *hashtag* YoSoy132 saltó a las calles el 18 de mayo en dos marchas: de la Iberoamericana a Televisa Santa Fe y del Instituto Tecnológico Autónomo de México (ITAM) a Televisa San Ángel. Participaron las instituciones privadas señaladas, la Universidad Anáhuac, La Salle y el Instituto Tecnológico y de Estudios Superiores de Monterrey (ITESM, ciudad de México). Cinco días después de las protestas en Televisa, las universidades públicas y privadas respondieron a la convocatoria de la Ibero para asistir el 23 de mayo de 2012 a un evento en la Estela de Luz. En esa fecha, las escuelas del Centro Nacional de las Artes (CENART)[3] marcharon unidas como jamás se había visto. La mayoría de los estudiantes del CENART, al igual que muchos otros jóvenes, no tenían formación política o experiencia en el activismo y desconocían la sensación de *estar juntos* en las calles. Acudieron a la manifestación sin programa ni agenda política, simplemente atrapados y cautivados por las protestas del 11 de mayo en contra de EPN y la euforia viral del video de la Ibero. La anécdota no hay que pasarla por alto y merece atención. El caso de los alumnos del CENART, como el de miles de asistentes a la Estela de Luz, es un suceso extraordinario porque muchos viven la intensidad de la protesta social por primera vez.[4] La juventud encuentra un momento coyuntural —el de las elecciones— para cuestionar el estado de las cosas, en especial la influencia de los poderes fácticos en la contienda electoral.

Días después de la marcha del 23 de mayo, el CENART, treinta escuelas de arte y varios artistas independientes conformaron la Asamblea de Artistas Aliados #YoSoy132. Apostaron por la politización del arte y la cultura, experimentaron con gestos lúdicos y carnavalescos de protesta y parodiaron y subvirtieron la familiaridad de múltiples signos culturales convencionales. Algunas tácticas de Artistas Aliados —proyecciones al aire libre, actos de desobediencia cívica, teatro callejero e intervenciones en espacios públicos— se repiten en el contexto de guerrillas artísticas y del activismo global, mientras que otras acciones se adaptaron a la coyuntura electoral. En este ensayo analizo las características generales de los métodos de protesta de Artistas Aliados y el impacto de los videos del Frente Autónomo Audiovisual (FAA). En la primera parte de la investigación argumento que las acciones de Artistas Aliados se definen por la invención de ambientes lúdicos y carnavalescos, y la planeación de actos culturales con sentido político. La segunda sección del estudio advierte la importancia simbólica del espacio de la protesta en dos eventos concretos: la primera "Fiesta de la Luz"[5] del 13 de junio y la marcha "En vela por la democracia"[6] del 30 de junio de 2012. Para concluir, examino un par de obras cinematográficas del FAA, "Manifiesto #YoSoy132" y "Luz132", y propongo que ambas concretan un proyecto político definido por su fuerza emotiva y el énfasis en la memoria colectiva.

Artistas Aliados y la carnavalización de la protesta social

Artistas Aliados recurre constantemente al humor y a experiencias lúdicas en el interior de la protesta social. Los activistas reconocen que para seducir a más personas y visibilizar sus demandas requieren de estrategias frescas, novedosas e interactivas. Por eso, el humor es indispensable para atraer las miradas y los cuerpos de los simpatizantes, transeúntes y gente con poco interés en política. Esto mismo sucede con las convocatorias, campañas y carteles en redes sociales: si no generan empatía y solidaridad en Internet no impactan en las calles. Artistas Aliados maneja perfectamente las claves del humor y la crítica política, y se apoyó en ellas incluso para cuestionar a #YoSoy132. Dos anécdotas ilustran lo anterior. La primera aconteció en la Ibero en medio de una discusión interminable. Artistas Aliados irrumpió la sesión con narices de payaso y simularon una asamblea del Congreso; por supuesto, el propósito era parodiar la transformación de la reunión en un circo político. En la segunda, los músicos de Artistas Aliados manifestaron su posición política en la asamblea de las islas en Ciudad Universitaria del 30 de mayo de 2012. Ahí se reunieron 7 000 estudiantes de 54 universidades públicas y privadas para definir los temas de las mesas de trabajo de #YoSoy132. A la hora del almuerzo y el descanso, los asistentes pidieron que los músicos amenizaran la tarde. Los artistas se indignaron y permanecieron en silencio en medio del escenario y cinco minutos después dijeron: "El arte no es entretenimiento y nosotros no venimos a entretenerlos. Nosotros venimos con ideas, nosotros también somos seres políticos y no venimos a tocar musiquita" (entrevista 1).

Los integrantes de esta asamblea y varios artistas independientes asumieron rápidamente un papel protagónico en las protestas y jugaron un rol decisivo en las calles con la construcción de ambientes lúdicos. Los ambientes lúdicos son atmósferas de fiesta generadas por el encuentro de la multitud en los momentos en que los manifestantes hallan la oportunidad de burlarse y ridiculizar a los que están en el poder. La dinámica y el modelo de estas expresiones sigue la lógica del carnaval: un periodo excepcional en el que se pone en entredicho el orden establecido, las jerarquías y los poderes institucionales. En relación al carnaval y la cultura popular en la Edad Media, Mijaíl Bajtín escribió lo siguiente:

> Los espectadores no asisten al carnaval sino que *lo viven*, ya que el carnaval está hecho *para todo el pueblo*. Durante el carnaval no hay otra vida que la del carnaval. Es imposible escapar, porque el carnaval no tiene ninguna frontera *espacial*. En el curso de la fiesta sólo puede vivirse de acuerdo a sus leyes, es decir de acuerdo a las leyes de la libertad (2003: 9).

El trabajo de Bajtín me da la oportunidad de retomar la idea del carnaval para explicar —con salvedades por supuesto— el uso popular de la expresión "carnavalización de la protesta". Bajtín resalta el carácter inclusivo del carnaval y la suspensión temporal de acontecimientos ordinarios. Además de su condición sin límites en términos espaciales y su evidente potencial subversivo definido por "las leyes de la libertad", el carnaval trastoca la experiencia de lo cotidiano y pone de cabeza el orden de las cosas. El carnaval para Bajtín sitúa la risa en primer plano (2003: 10) y, a diferencia de los rituales oficiales, "el carnaval era el triunfo de una especie de liberación transitoria" (2003: 12). En este planteamiento, la plaza pública es el lugar posible para una forma de comunicación inconcebible en situaciones normales (2003: 12). Así, el carnaval define las pautas de un escenario más allá de lo habitual. El estado de ánimo de la protesta se puede leer en clave contemporánea desde las reflexiones de Bajtín: un ambiente celebratorio que trasciende la normatividad de lo ordinario. Para atrapar la imaginación y la energía de los espectadores y transformarlos en actores (como en el carnaval), los activistas necesitan crear una especie de encantamiento capaz de movilizar a los sujetos colectivos: "La revolución será divertida, o no será. Ésta parece ser una de las máximas de las nuevas formas de activismo social que nos ocupan" (González Marí, 2013: 92).

Los riesgos de la carnavalización de la protesta son los excesos, primordialmente cuando lo lúdico sobrepasa el fin político de las intervenciones artísticas. El equilibrio entre el carácter festivo, artístico y político se evalúa desde la percepción

Imagen 1. La carnavalización de la protesta social. "Fiesta de la Luz", 13 de junio de 2012. Still de video: Ezequiel Reyes Retana.

ciudadana y de los manifestantes. Mientras que para algunos el contenido político/cultural estaba perfectamente calibrado con lo festivo y lo artístico, otros opinaban que las protestas de Artistas Aliados resultaban muy *light* y por lo tanto había que impulsar expresiones más radicales de lucha.

Ahora bien, el impacto mediático de las acciones de #YoSoy132 en los meses de mayor aceptación y reconocimiento social (mayo – junio) se debió a la presencia en las calles de rostros ciudadanos sin filiación política, distintos a los ya conocidos líderes sindicales y representantes de los partidos. #YoSoy132 desconcertó a la clase política y a los medios de comunicación cuando se definió como un movimiento *horizontal, sin líderes, apartidista* y *político*. Estas características se asimilaron a las de una nueva cultura global de resistencia, presente en los ciclos de indignación que iniciaron en el norte de África y después se extendieron a España, Grecia y Estados Unidos.

> En todos los casos los movimientos ignoraron a los partidos políticos, desconfiaron de los medios de comunicación, no reconocieron ningún liderazgo y rechazaron cualquier organización formal, dependiendo de Internet y de las asambleas locales para el debate colectivo y la toma de decisiones (Castells, 2012: 21).

Esta forma alternativa de pensar la participación democrática —más allá de la representación partidista, los poderes fácticos, y la estructura organizativa y jerárquica tradicional— desató una ansiedad por definir a #YoSoy132. Las principales voces de los medios de comunicación (las comunidades "interpretativas" de la realidad en México) circularon rápidamente dos explicaciones que permearon el imaginario

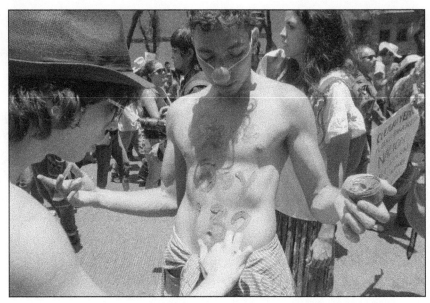

Imagen 2. Un joven se pinta el cuerpo con la leyenda #YoSoy132 en la Segunda Marcha Anti-EPN, 10 de junio de 2012. Foto: Hugo Cruz.

social: #YoSoy132 como un movimiento financiado por la izquierda y manipulado por López Obrador, y #YoSoy132 como un movimiento en contra de Enrique Peña Nieto y Televisa. En ambas definiciones #YoSoy132 fue malinterpretado porque se ligó por afiliación o por rechazo a los partidos políticos, como si la opción de la lucha estudiantil y la organización ciudadana —sin mediadores partidistas— estuvieran descartadas de antemano. A pesar de que la mayoría de los jóvenes no simpatizaban con Peña Nieto, #YoSoy132 se presentó como un movimiento apartidista pero político. Ahora bien, las dos posiciones internas que asumió #YoSoy132, antes de la elección, fueron la negativa de apoyar a cualquier candidato y la convocatoria ciudadana a ejercer su derecho democrático a través del voto libre e informado. A estas dos posturas se le añadió la primera exigencia del movimiento: la democratización del sistema de medios de comunicación. La demanda no pudo ser más puntual y certera porque ahora, más que nunca, la política profesional está atravesada por lo mediático.

Otra lectura simplista y redundante fue el estribillo del "despertar de la juventud", como si antes del 11 de mayo los jóvenes vivieran en un estado de apatía y abulia imperturbable. Ahora bien, "el hecho de que muchos de los jóvenes no opten por prácticas y formas de agrupación participativas o institucionales y que no parezcan ser portadores de proyectos políticos explícitos, desde una perspectiva tradicional, puede ocultar los nuevos sentidos de lo político" (Reguillo, 2012: 108-109). La cita de Rossana Reguillo obliga a repensar y a cuestionar "el despertar de la juventud mexicana", una frase hecha que con el tiempo se naturalizó y volvió lugar común. La emergencia de #YoSoy132 no es un simple y espontáneo "despertar de la juventud", más bien habría que reconocer y analizar los campos de acción política que los jóvenes han construido en su búsqueda por delimitar una cultura democrática mucho más autónoma de la oferta política profesional y de las restricciones del pensamiento normativo.

Esta novedosa cultura política de participación ciudadana se caracterizó por hacer de la protesta una experiencia estética. Las intervenciones de los Artistas Aliados en las marchas de #YoSoy132 se pueden considerar *espectáculos éticos*. Stephen Duncombe utilizó este concepto para enfatizar la importancia de la participación de los espectadores: "El viejo modelo de la protesta era simple y serio: marchar, cantar y escuchar (a la verdad de los líderes). Las nuevas protestas no se parecen en nada a esto" (2007: 22). El espectáculo ético es la antítesis del espectáculo mediático. El primero integra a los actores en el espectáculo mismo a través de la movilización creativa de la indignación, el enojo y el descontento; el segundo se conforma con mantener al espectador en actitud pasiva. La intención de Artistas Aliados, como destaca uno de sus integrantes, consiste en "generar una inquietud para promover un proceso de reflexión sobre el hecho político que se representa artísticamente" (entrevista 1). Si los actos estéticos y políticos no inquietan o seducen están condenados al olvido, en pocas palabras, tienen que transgredir el imaginario de los espectadores. Viktor Shklovsky, formalista ruso, aseguraba que la obra de arte debe hacernos ver las cosas no como las conocemos o las concebimos de antemano, sino producir el extrañamiento (*ostranenie*) del espectador (2004: 16). Artistas Aliados comprendió que si el hecho político se entiende desde la perspectiva artística y cultural, éste tiene que ser una transgresión constante. Transgredir en este caso significa romper las formas estéticas convencionales para sorprender al espectador y descolocar los signos familiarmente reconocidos para desorientar nuestro punto de vista.

Los espectáculos éticos de #YoSoy132 como protestas abiertas, en las que hay lugar para todos, hicieron que miles de personas salieran por primera vez —no sobra repetirlo— a las calles de la ciudad de México y de otras partes del país. Las expresiones participativas iban desde cantos, gritos de consigna, dibujos de carteles y pancartas, hasta el uso de medios tecnológicos para transmitir en vivo y en directo lo que acontecía en las marchas y asambleas. Los Artistas Aliados recrearon *performances*, obras de teatro callejero y actos circenses, musicalizaron las movilizaciones y captaron la energía de aquel momento con sus cámaras. Las protestas pacíficas, festivas y creativas de mayo y junio sirvieron de blindaje ante cualquier ataque o desacreditación de las televisoras. Televisa y TV Azteca no supieron a quién desprestigiar y calumniar porque no encontraron a los "sospechosos de siempre", según sus pautas editoriales. Estas formas de expresión lúdicas y carnavalescas fueron ampliamente discutidas y debatidas en el interior de #YoSoy132, principalmente cuando un sector del movimiento criticó algunas acciones de Artistas Aliados, como regalar flores a la policía.[7]

Imagen 3. Entrega de flores a policías durante la Marcha Fúnebre por la Democracia a las oficinas del Tribunal Electoral del Poder Judicial de la Federación (TEPJF), 31 de agosto de 2012. Foto: Víctor Galindo.

Así lo explica uno de los miembros de #YoSoy132: "El estudiante rebelde en términos de la imagen mediática mexicana es el encapuchado con su paliacate aventando una bomba molotov o tomando un espacio. Ahora el estudiante rebelde eran estudiantes regalando flores" (entrevista 1). El principio de esta estrategia consiste en desarmar al enemigo con dulzura y amabilidad. En algunas manifestaciones se contemplan variantes como muestras físicas de afecto —abrazos y besos— o acercamientos con obsequios, flores y comida. Estas demostraciones son muy exitosas en términos mediáticos porque reafirman la filosofía pacífica de los manifestantes y comunican confianza a las personas que los desconocen: "Entre hacer un bloqueo o invitarle café a la gente creo que es preferible realizar aproximaciones más amenas a la sociedad civil" (entrevista 2).

Artistas Aliados y #YoSoy132 ensayaron con tácticas del activismo en las calles que se replican a nivel global —protestas lúdicas, carnavales y espectáculos éticos—, pero también con el ciberactivismo.[8] Las convocatorias para las marchas y campañas de #YoSoy132 se hicieron desde las redes sociales y fueron planeadas en Internet con la elaboración de carteles, *hashtags*, infografías y videos. Paolo Gerbaudo explica que las acampadas, asambleas y actos de apropiación del espacio urbano en plazas como Tahrir, Puerta del Sol y Zuccotti Park, no son una simple consecuencia de la espontaneidad con la que los activistas han descrito la emergencia de estos nuevos ciclos de movilización global, sino del trabajo —muchas veces invisible— de los *coreógrafos*, personas con un alto nivel de participación en los movimientos sociales (2012: 159). Estos coreógrafos cuentan con una importante presencia en medios electrónicos y digitales, y actúan como organizadores de protestas desde las redes sociales. La invisibilidad de los coreógrafos no significa que estemos frente a una estructura horizontal y sin líderes (Gerbaudo, 2012: 134). Todo lo contrario: el ciberactivismo, según Gerbaudo, también establece formas asimétricas de poder y "jerarquías de compromiso" en el que "la organización práctica de la acción colectiva se basa principalmente en la intervención de participantes altamente involucrados, u organizadores centrales, que son los responsables de 'hacer las cosas'" (2012: 141). Los encargados de trasladar la estética de las redes sociales a las calles (los coreógrafos) fueron jóvenes especializados en cine, artes escénicas, música, artes plásticas y danza. #YoSoy132 adquirió un capital simbólico envidiado por otros movimientos sociales porque se aventuró a plantear una estetización de la política por medio de la intersección del arte, la tecnología, el activismo en las calles y el reencantamiento de la política.[9]

Intervención simbólica y acto cultural: "Fiesta de la Luz" en Televisa

Las instalaciones de Televisa[10] son uno de los espacios con mayor peso político para #YoSoy132. Hagamos un poco de memoria. Televisa es la compañía más grande en Latinoamérica de medios de comunicación masivos. Controla el 70% del mercado de la televisión abierta y su señal alcanza el 95% de los hogares en el país. Televisa es uno de los actores políticos, sociales y culturales más influyentes en la construcción de la identidad nacional, el medio más eficaz para reforzar patrones de conducta sexista y la herramienta ideal para inculcar valores morales y religiosos en las audiencias. Televisa es el aliado imprescindible de los gobiernos en la orientación de la opinión pública y la legitimación de las verdades políticas del régimen. En programas vacíos de contenido crítico y supeditados a una "actitud moralizante", Televisa dicta los patrones de la política de género y la diferencia sexual, la política de la participación democrática y la política religiosa.

> Los medios de comunicación son importantes porque son ellos los médiums entre la sociedad, el Estado y la clase política, así como el espacio donde se reproducen los discursos que nos envuelven. Ahí se refuerza día con día, hora tras hora, programa tras programa, la gramática de las relaciones sociales: quién manda y quién obedece, qué voces tienen un lugar y cuáles no, qué conductas son aceptables y cuáles es urgente rechazar (Ruiz Galicia, 2014).

Hoy más que nunca las batallas políticas se disputan en la arena mediática y en el plano de la información. #YoSoy132 cuestionó a los medios de comunicación por su desempeño como filtros de la realidad social y jueces de lo que existe y lo que no existe en el país. Por eso la primera "Fiesta de la Luz" se celebró afuera de Televisa. Las consignas "No quiero que me eduque, *La Rosa de Guadalupe*", "Queremos escuelas, no telenovelas" y "Televisa, Televisa, esto sí es noticia" son expresiones que captan el protagonismo de la televisora en las decisiones de la vida cultural, política y educativa. Al no existir una legislación favorable para la democratización del sistema de medios, resulta muy complicado contar con novedosas contrapropuestas informativas de medios públicos, comunitarios y universitarios. #YoSoy132 no pudo elegir un mejor lugar para la primera "Fiesta de la Luz", y el 13 de junio de 2012 cientos de personas se dieron cita para presenciar varios actos culturales, entre ellos, la proyección en las paredes de Televisa de un video del FAA titulado "Luz132".[11] La muestra de videos y documentales en espacios abiertos es una de las tácticas más efectivas del *artivismo* global:

> Las ventajas son obvias: con un solo proyector de alta potencia se puede dar vuelta a la cara de un edificio en un gran anuncio para la causa, revocando el mensaje en un punto que estaría de otra manera fuera del alcance. Es legalmente genuino, relativamente económico y libre de riesgos, comparado, por así decirlo, a transgredir las instalaciones de un edificio para colgar una pancarta. Lo más importante, visualmente es poderoso: se puede literalmente deslumbrar a la oposición (Boyd, 2012: 52).

La proyección sobre los muros de Televisa no se planeó anticipadamente; más bien fue un recurso de última hora. De manera improvisada y con herramientas mínimas, los Artistas Aliados instalaron un par de bocinas y ensamblaron un proyector en una camioneta para mostrar el video; sin embargo, sucedió un imprevisto: "Nos dimos cuenta que todo estaba listo pero que no había llegado la pantalla, entonces alguien dijo: 'Pues proyecten contra la pared'" (entrevista 2).

A nivel simbólico, el acto tuvo un impacto político más allá de lo imaginado por los organizadores: generó una reacción emotiva sorprendente[12] y por esa razón la intervención se replicó en la Estela de Luz, las oficinas del Tribunal Electoral del Poder Judicial de la Federación (TEPJF), el antiguo Cine Lindavista y el Senado. "Luz132" removió el velo histórico de la participación de Televisa en la masacre estudiantil del 2 de octubre de 1968 y el Jueves de Corpus del 10 de junio de 1971, el fraude electoral de 1988, la matanza de Aguas Blancas de 1995 y Acteal en 1997, y la represión en Atenco de 2006. La primera "Fiesta de la Luz" no se puede pasar por alto: primero, por ser un suceso inédito en la historia del país; segundo, por la claridad y la contundencia con la que #YoSoy132 señala a los principales actores que impiden una verdadera democracia; tercero, por el gesto simbólico que deja la toma de posesión de algo —en este caso los medios de comunicación— que siempre debió estar en manos de la ciudadanía; cuarto, por la posibilidad de poner en acto una contrapropuesta ética y crítica frente a los espectáculos mediáticos de la empresa de Emilio Azcárraga; quinto, porque al escoger un espacio estratégico para articular sus exigencias, #YoSoy132 reafirma la urgencia de la democratización del sistema de medios.

Imagen 4. Proyección de "Luz132" en las paredes de Televisa Chapultepec, 13 de junio de 2012. Still de video: Ezequiel Reyes Retana.

"En vela por la democracia": Tlatelolco, Televisa y Zócalo

El 30 de junio de 2012, un día antes de la elección presidencial, se celebró la marcha "En vela por la democracia", convocada por #YoSoy132. Los contingentes partieron de la Plaza de las Tres Culturas en Tlatelolco, pasaron por Televisa y llegaron de noche al Zócalo de la capital del país.[13] Guiomar Rovira menciona que "a diferencia de l@s indignad@s españoles o el movimiento Occupy Wall Street de Estados Unidos, que hicieron de la acampada su principal forma de protesta, el 132 se singularizó por su capacidad caminadora. Caminar juntos es *el ser-juntos performativo* del 132" (2014: 60).

La ruta de más de ocho kilómetros definió un itinerario político por la fuerza simbólica de cada sitio elegido en el mapa de la ciudad: el de la lucha estudiantil del 68, el de los poderes fácticos y el escenario de la concentración de la mayoría de las causas sociales en México. Alain Badiou reconoce el valor de la ubicación de las protestas y argumenta que el concepto "localización" es indispensable para pensar en la construcción de sitios simbólicamente significativos donde se hace visible la capacidad de la gente de dictar su propio destino (2012: 58). Entonces sugiero que la Plaza de las Tres Culturas en Tlatelolco, el sitio de salida, representa el comienzo de una larga caminata que arranca con un homenaje a la memoria estudiantil del 68. En La Plaza de Las Tres Culturas, YoSoy#132 reconoce a las víctimas de Tlatelolco y se asume como el heredero de las luchas universitarias contemporáneas. Las oficinas de Televisa simbolizan la zona intermedia y representan el epicentro de la indignación. A diferencia de Tlatelolco, Televisa tiene una carga absolutamente negativa y se recono-

Imagen 5. Miles de integrantes de #YoSoy132 y organizaciones sociales llegaron al Zócalo capitalino con veladoras y antorchas luego de partir de Tlatelolco y pasar por Televisa Chapultepec. "En vela por la democracia", 30 de junio de 2012. Foto: Hugo Cruz.

ce como uno de los principales responsables de minimizar e invisibilizar las tragedias del país. Finalmente, el Zócalo se puede considerar —continuando con Badiou— el sitio simbólicamente trascendente en el que las personas sienten el empoderamiento de dictar su propio destino.

En el análisis del recorrido de la marcha sugiero una lectura en clave espacial donde cada punto es un referente simbólico, y sostengo que el paso y los rituales que se celebran en cada uno de los sitios seleccionados crean lo que Víctor Vich denominó, al investigar los *performances* en repudio a la dictadura fujimorista, la producción de "una imagen emocional destinada a remover la conciencia colectiva" (2011: 387). Los lugares elegidos contienen una carga política y una carga afectiva, por lo tanto, es imposible desasociar los espacios de las emociones y los afectos. En Tlatelolco se mezclan los estados de ánimo y el dolor y la ira se entrelazan con una memoria de valor y resistencia. Televisa incita otras dinámicas emocionales y desata el malestar ciudadano pero, paradójicamente, da pie a expresiones positivas como la creatividad artística y el ánimo carnavalesco de las intervenciones de Artistas Aliados. En esta escala se hace perceptible un concepto que en otro texto llamé la semiótica de la indignación (2014: 69). La semiótica de la indignación visibiliza un conjunto de signos culturales de la protesta en forma de carteles, mantas y pintas integrados en la arquitectura urbana —edificios de gobierno, monumentos y memoriales— que denotan formas de sentir asociadas al descontento colectivo ante los poderes hegemónicos. La presencia de una semiótica de la indignación destaca un cambio importante: la conversión de escenarios neutrales en escenarios políticos por el momento que se vive: el ambiente electoral o el entusiasmo de la revuelta. La semiótica de la indignación tiene el potencial de mutar en una semiótica de la esperanza cuando la rabia de los signos culturales se modifica en una promesa. Ahí se encuentra la expectativa de futuro de los signos, cuando trascienden la indignación y se metamorfosean en una señal imposible de explicar desde el presente, un mensaje de algo *por-venir*. Al final de la marcha, los manifestantes entraron al Zócalo en profundo silencio y con sus veladoras ocuparon la Plaza de la Constitución. Al concluir el ritual, #YoSoy132 quedó tatuado e integrado en la memoria de la ciudad.

El Zócalo como destino final de la marcha permite a los manifestantes reconocerse en otras personas con inquietudes y afinidades políticas similares. A este fenómeno se le conoce como el encuentro. Reguillo utiliza la palabra *acuerpamiento* para explicar "una forma de empoderamiento de los 'cuerpos sociales' en el ámbito de lo público, es decir, al poder de los cuerpos que se juntan para producir presencia y categorías reconocibles" (2012: 157). El empoderamiento de los cuerpos sociales en las protestas disipa momentáneamente el miedo a la represión, aunque esto no significa que el temor a la violencia desaparezca completamente. El compañerismo, la solidaridad y el *estar juntos*, fortalecen la voluntad y atenúan la sensación de vulnerabilidad de los manifestantes. La intensidad emotiva y afectiva que despierta el encuentro en la calle es crucial para reafirmar la presencia de los indignados en la plaza. Además de estar unida, la gente siente la urgencia de apropiarse del espacio: "Hacemos nuestro un lugar cuando le damos un sentido propio, cuando sentimos que ese espacio es nuestro por uso o por identificación con él" (Fernández Droguett, 2007: 160). Al apropiarse del Zócalo, #YoSoy132 y miles de ciudadanos encarnaron una promesa simbólica: la transformación política y social del país comenzaría desde ese mismo punto.

"En vela por la democracia" fue una de las marchas con mayor impacto. Los actos simbólicos representados en cada sitio del recorrido, el contexto político-electoral y la aparición de miles de personas en el Zócalo articularon la puesta en escena de una conciencia colectiva esperanzada en el no retorno del PRI a Los Pinos. La noche cerró con la proyección de *México 132*, uno de los videos más emotivos del FAA en términos de esperanza social. Las veladoras en el Zócalo permanecieron prendidas a la espera de los resultados del 1° de julio, fecha en que los mexicanos elegirían al próximo presidente.

Frente Autónomo Audiovisual: una memoria desde el agravio histórico

El Frente Autónomo Audiovisual fue uno de los grupos de Artistas Aliados más activos y en la actualidad opera como colectivo independiente. El FAA está integrado por universitarios de escuelas de cine del Distrito Federal: Centro Universitario de Estudios Cinematográficos (CUEC-UNAM), Centro de Capacitación Cinematográfica (CCC-CENART), Arte7, Instituto Ruso Mexicano de Cine y Actuación Serguei Eisenstein, Asociación Mexicana de Cineastas Independientes (AMCI) y Estudios Cinematográficos INDIE. La obra estética, política y social del FAA se da a conocer con la filmación del "Manifiesto #YoSoy132".[14] Este material audiovisual surge como contrapropuesta al video del primer manifiesto del movimiento, dirigido y producido por Epigmenio Ibarra y Grupo Argos.[15]

El video del primer manifiesto (Grupo Argos) dura casi tres minutos y se filmó en un estudio con quince estudiantes de universidades públicas y privadas. No hay más que un fondo negro y una luz intensa para resaltar los brazos y el rostro de los participantes. La oscuridad del espacio y la ausencia de decorados despuntan una atmósfera sobria. Este ambiente se refuerza con la rigidez y la mínima expresión corporal de los jóvenes. La cámara prácticamente no se mueve excepto por ligeros acercamientos en primeros planos con el fin de presentar a los estudiantes individualmente. A diferencia del video de la Ibero, aquí no se revelan nombres propios, nada más se informa la universidad a la que pertenecen los jóvenes. La vestimenta transmite la idea de homogeneidad y uniformidad. Todos usan la misma ropa: pantalones de mezclilla azul y playera negra con el nombre "#YoSoy132". El dispositivo de la camisa con el *hashtag* del movimiento disipa las diferencias entre instituciones académicas y apunta a fortalecer un sentido de unidad y pertenencia, a un proyecto en común, de las escuelas públicas y privadas. Un detalle más, el manifiesto se dice a través de una voz en *off* colectiva que permite a todos pronunciar un fragmento. Esta estrategia resulta atractiva porque no existe una voz dominante, sino una pluralidad de quince voces estudiantiles. Así se reafirma la estructura horizontal y sin líderes de #YoSoy132.

La contrapropuesta del Frente Autónomo, "Manifiesto #YoSoy132", presenta una visión muy diferente. La filmación sobrepasa los ocho minutos y los participantes son estudiantes y miembros de la sociedad civil. En lugar de un estudio de grabación, las tomas se realizaron en parques, puentes, vagones del metro y en espacios emblemáticos del Distrito Federal: el Zócalo, la Alameda, la Torre Latinoamericana, Bellas Artes y el Monumento a la Revolución. La selección de una variedad de escenarios enfatiza la omnipresencia de #YoSoy132 en la ciudad, pero no significa que su radar de acción se limite al Distrito Federal. El video intercala imágenes de varias regiones del país —sobre todo rurales— en las que predominan la miseria y la violencia. Mientras que el otro manifiesto sólo hace referencia a las desigualdades económicas y los enfrentamientos armados, el segundo video intercala escenas de represión y ceremonias fúnebres en el campo mexicano, lo que le da una dimensión presencial a #YoSoy132 a nivel nacional. Otra característica es la polifonía del video. En la filmación de Grupo Argos se escuchan quince estudiantes en una voz en *off*; al contrario, el FAA invita a los participantes a apropiarse de un fragmento del manifiesto para decirlo de memoria ante la cámara. La socialización de los principios generales de #YoSoy132 es el gran acierto de esta producción.

Los videos del FAA están fuera de los circuitos de las cadenas de cine y del mercado. Los lugares para difundir su obra son las redes sociales, el canal de YouTube "Imágenes en Rebeldía" y los espacios públicos de la ciudad como parques, plazas, monumentos y cines abandonados. Las proyecciones en estas zonas urbanas reivindican la accesibilidad del cine para todos, así la cinematografía entra en la dinámica de la democratización de los medios al acercarse a la vista de cualquiera. Las intervenciones del FAA en las paredes de Televisa, el antiguo Cine Lindavista, el Monumento a la Revolución y el Senado de la República son acciones que van más allá de publicitar las actividades de #YoSoy132 en el país; más bien, su objetivo es visibilizar temáticas y actores sociales inexistentes para los medios de comunicación:

> Las prácticas ciudadanas de hoy tienen que ver con la producción de la presencia de aquellos sin poder y una política que reivindica derechos a la ciudad. Lo que comparten las dos situaciones es la noción de que a través de estas prácticas se constituyen nuevas formas de ciudadanía y la ciudad es un sitio clave para este tipo de trabajo político y es, de hecho, en parte constituida por estas dinámicas (Sassen, 2002: 19).

La presencia de los marginados —campesinos, indígenas, migrantes, pescadores— en las producciones del FAA reivindica las causas sociales de estas ciudadanías precarias marcadas por una triple exclusión: sin derechos, sin acceso a los medios de comunicación y sin representatividad política. En estos casos, el concepto de "ciudadanía" está disociado de las categorías legales y territoriales que determinan, por nacimiento, el acceso "automático" a los derechos elementales y al cumplimiento de obligaciones por la pertenencia al estado-nación. Entonces, la ciudadanía se obtiene por la lucha de un reconocimiento como ciudadanos completos. La ciudadanía se gana en la esfera pública y en los espacios de discusión y decisión, en la disputa diaria de los *sin parte* y *sin nombre*, como los llama Rancière, por verbalizar sus reclamos y exigencias.[16] En este punto, el cine y los medios independientes en manos de cineastas y activistas tienen el potencial de visibilizar y empoderar a estas ciudadanías precarias en su esfuerzo por adquirir su carta de ciudadanía plena.

Las filmaciones del Frente Autónomo construyen una memoria de lo ausente y de lo que no cabe en la televisión. Muchas de sus producciones parten de la necesidad de reinsertar en la Historia una memoria de la represión que el Estado y las industrias de la comunicación se empeñan en invisibilizar o desaparecer. El ejemplo más evidente corresponde a un video de cuatro minutos y medio que se proyectó el 13 de junio de 2012 en las paredes de Televisa. "Luz132" maneja la identidad gráfica para rememorar acontecimientos históricos en los que Televisa y el Estado han sido cómplices. El video recobra la tipografía de los Juegos Olímpicos[17] y ésta aparece durante toda la filmación para fechar una selección de imágenes procedentes de los noticieros de Televisa: las masacres estudiantiles de 1968 y 1971, el magnicidio del candidato priista a la presidencia Luis Donaldo Colosio Murrieta en 1994, las matanzas en Aguas Blancas en 1995 y Acteal en 1997 y la violencia en Atenco en 2006. La gráfica oficial del 68 enfatiza la continuidad de la violencia perpetrada por los gobiernos priistas. "Luz132" refuerza esta idea con las declaraciones de Díaz Ordaz sobre Tlatelolco y los comentarios de Peña Nieto sobre Atenco. Así, el video cumple con un objetivo específico: historiar y documentar el autoritarismo de los gobiernos priistas.

La proyección en las paredes de Televisa es una acción simbólica con enorme peso político por su condición *in situ*. "Luz132" interviene la sede de los poderes fácticos para señalar uno de los sitios en donde surge y se reproduce la violencia. Las reacciones de los espectadores sorprenden porque la indignación, resultado del contenido de las imágenes, se vuelca en una experiencia de todos. Esto hace que los manifestantes se identifiquen y se reconozcan al compartir la irritación moral que deviene de la complicidad del poder mediático y político. "Luz132" impacta precisamente porque afecta al espectador y lo transforma en un sujeto de la indignación: "La gente empezaba a gritarle a las imágenes, era una catarsis con respecto al sistema que se estaba volviendo a imponer" (entrevista 3). Si veinte años atrás las emociones no figuraban en las investigaciones académicas sobre política y movimientos sociales (Jasper, 2011: 286), y nada más el principio de la racionalidad se tomaba en cuenta como pretexto válido para legitimar la acción colectiva, ahora existe una revaloración —en el estudio de la protesta— del potencial revulsivo de las emociones. Las insurgencias están obligadas a superar un reto de imaginación política en la red y las calles, y están forzadas a pensar en estrategias comunicativas para producir emociones colectivas. Los movimientos no deben descuidar el aspecto motivacional de sus integrantes porque corren el riesgo de perder el apoyo ciudadano y paralelamente diezmar su fuerza de base.

Los videos del Frente reafirman el valor y el capital simbólico no sólo de las emociones, también de los procesos cognitivos en la etapa de formación política. Los videos del FAA funcionan como herramientas interactivas que cuestionan la pasividad del espectador. La pasividad no debe imaginarse exclusivamente como una negación a participar en los procesos de movilización colectiva; la pasividad que se problematiza en la mayoría de las proyecciones del FAA es la del receptor apático, el espectador ideal de las televisoras que consume contenidos sin criticar las fuentes informativas. La respuesta estética y política de "Luz132" integra cuatro estrategias comunicativas con el fin de emancipar al espectador. La primera consiste en la formulación de preguntas abiertas: "¿Qué se manipula detrás de estas paredes?" "¿Quién nos oculta la verdad?" "¿Quién silencia nuestras voces?" La segunda estrategia resalta la autonomía intelectual y el valor del espectador: "Televisa no decide por ti" y "Tú eres más grande que ellos". La tercera retoma la fuerza del mandato y exige al espectador que se desprenda de su actitud pasiva: "¡Despierta!" "Exige la verdad pacíficamente" y "Apaga la tele y prende la verdad". La cuarta y última llamada de atención cierra con el lema

Imagen 6. Marcha Fúnebre por la Democracia, 31 de agosto de 2012. Foto: Víctor Galindo.

del #132: "Si no ardemos juntos, ¿quién iluminará esta oscuridad?". Las estrategias de interpelación incitan primero a la reflexión, después al empoderamiento de los manifestantes, luego a cuestionar los contenidos informativos y finalmente a construir un sentido de unidad colectiva para transformar el estado de las cosas.

La categoría de "espectador" es una cuestión ampliamente analizada por Rancière y en su trabajo teórico se apoya en dos ejemplos clásicos del teatro: el espectador en el teatro épico de Bertolt Brecht y el espectador en el teatro de la crueldad de Antonin Artaud.[18] El primero debe ser despojado de la empatía con los personajes de la escena teatral. Al espectador se le presenta "un espectáculo extraño, inusual, un enigma del cual él ha de buscar el sentido. Se le forzará de ese modo a intercambiar la posición del espectador pasivo por la del investigador o el experimentador científico" (Rancière, 2010: 12). El teatro de Artaud, por el contrario, está en contra del distanciamiento racional y el desapego emocional del espectador. El espectador ideal debe revelarse contra la serenidad del investigador intelectual para dejarse arrastrar "al círculo mágico de la acción teatral en el que intercambiará el privilegio del observador racional por el de estar en posesión de sus energías vitales integrales" (Rancière, 2010: 12). En el teatro de Brecht y en el teatro de Artaud se valoran dos formas de conocimiento que resultan incompatibles, al menos cuando se discute en términos del espectador ideal. Mientras que el espectador de Brecht debe mirar la obra con inteligencia y sin implicaciones sentimentales, para el espectador de Artaud la condición intelectual no es suficiente y le resulta imprescindible involucrarse emocionalmente con la representación. El punto en común es que ambos ofrecen dos propuestas para la emancipación del espectador: la primera por la vía cognitiva y la segunda por la vía emotiva, con lo que se problematiza la pasividad inherente asociada con el concepto de "espectador".

La tensión entre estas dos formas de conocimiento —la experiencia intelectual-desapasionada y la experiencia emotiva-afectiva— se puede rastrear en la pugna entre ilustrados y románticos: los primeros ligados al espíritu racional y moderado; los segundos vinculados al espíritu rebelde y a la condición emotiva. Jennifer Harding y E. Deidre Pribram explican que "con el advenimiento de la Ilustración y la ciencia moderna, las emociones cada vez más se ubican en la oposición dicotómica a lo racional, así como a lo intelectual, lo cultural, lo universal, lo público y lo masculino" (2002: 415). El triunfo en el siglo XX del racionalismo ilustrado significó la victoria de un modelo desdeñoso del catalizador político de las emociones.[19] Sin embargo, los manifestantes en Tahrir, Puerta del Sol, Zuccotti Park y la Estela de Luz, anuncian un fenómeno distinto: la centralidad de las emociones en los procesos de movilización. Las acampadas, las asambleas y la presencia de millones de ciudadanos en las plazas del mundo surgieron como consecuencia del hartazgo y el malestar frente a las dictaduras de Ben Ali y Hosni Mubarak (Primavera Árabe), el desmantelamiento de las políticas sociales (15M), el colapso eco-sistémico (Occupy Wall Street) y la influencia de los poderes fácticos en la agenda nacional (#YoSoy132). Guiomar Rovira explica que "de repente, cosas que se habían tolerado se vuelven intolerables para la gente, no importa si son de izquierda o de derecha, no importa la identidad previa" (2014: 50). Las chispas de malestar global explotaron en la red y las calles en un momento en que la indignación era insostenible e inaguantable, o como sugiere Carlos San Juan (2014), se entra a lo público no solamente por una cuestión intelectual o ideológica, también por "la memoria y la experiencia del agravio" que puede causar una injusticia social en un determinado momento.

Los agravios pueden suscitar expresiones de malestar y descontento en circunstancias muy específicas. El ejemplo en México equivale a las declaraciones de Enrique Peña Nieto sobre Atenco y la descalificación de las protestas en la Ibero que detonaron la emergencia de #YoSoy132. Ahora bien, el potencial de las emociones en los procesos de acción colectiva no es suficiente para transformar el impulso inicial de la indignación en una estructura política a largo plazo. "Sin construir el empoderamiento no hay movimiento, ni revuelta que valga" (Toret, 2013). Las condiciones racional y emotiva no tienen que estar reñidas, al contrario, los proyectos ciudadanos en búsqueda de opciones alternativas de participación requieren de ambas. Los integrantes de Artistas Aliados en vez de rechazar aquello que los ilustrados y los románticos criticaron uno del otro, integraron en su repertorio estético el capital político de los procesos analíticos y de las respuestas emotivas. Los videos del FAA son la muestra más concreta de esta reconciliación porque experimentan con una estética política demandante de la energía intelectual (el sueño de Brecht) y emocional (la visión de Artaud) del espectador.

"Luz132" acentúa dos características importantes: el aspecto reflexivo con sus estrategias comunicativas de interpelación y el aspecto emotivo con el peso histórico de sus imágenes. Al hacer esto posible, la proyección audiovisual en Televisa facilita las condiciones para el ejercicio de una memoria colectiva sin mediadores institucionales y canales oficiales, y abre un espacio para la catarsis ciudadana inducida por las escenas de la represión. La apuesta es una identificación del espectador a partir del dolor y la afectación moral frente al agravio. A diferencia de las narrativas de Estado, promotoras de una memoria triunfalista y de concertación, sugiero que la intervención de "Luz132" en los muros de Televisa construye una memoria desde la confrontación del espectador con los cuerpos violentados: cuerpos de estudiantes masacrados, cuerpos de campesinos torturados y cuerpos de indígenas exterminados por el Estado. Hacer memoria desde los cuerpos violentados supone la exhibición pública de estos crímenes encubiertos por los medios de comunicación, implica el retorno a la escena del terror con el propósito de no olvidar los agravios que los medios se empeñan en desaparecer.

La violencia estatal presente en "Luz132" deja dos sensaciones: hay recuerdos que no se borran de la mente y hay otros que no se desprenden de la piel. "Luz132" y otras producciones denuncian, visibilizan y concientizan; hacen un llamado a la acción y a la resistencia; manejan narrativas emotivas que interpelan al espectador y lo cuestionan, pero sobre todo, ponen en duda el estado y el orden de las cosas. El cine del Frente Autónomo no se conforma con documentar y registrar las movilizaciones y las protestas: apuesta por la construcción de un nuevo paisaje de la memoria. Esta memoria definida por la violencia de Estado sufre un cambio radical en la segunda mitad de "Luz132". Un plano de corte, después de las declaraciones de Díaz Ordaz sobre 1968, anticipa las imágenes de una memoria reciente que captura la presencia de #YoSoy132 en las calles. De los cuerpos violentados en los primeros tres minutos de la grabación se pasa a los cuerpos animados, carnavalizados y energizados de una sociedad civil, esencialmente joven, que vive la política con gran intensidad. Como bien comenta Rossana Reguillo, "#YoSoy132 no era un llamado a la insurgencia en un sentido político tradicional, era una invitación disidente a pensar y sentir de otro modo" (2013). La estética del Frente Audiovisual se contagia de esta imaginación disidente y se va metiendo en los espacios públicos de la ciudad de México (los cines abandonados, los parques, los monumentos y las plazas). El cine del Frente se vuelve itinerante, se ensambla y se desmonta, se brigadea y se democratiza, porque a fin de cuenta el acceso al cine, como a la memoria, debe ser un derecho de todos.

Bibliohemerografía

Arditi, Benjamín. (2011). "El reencantamiento de la política como espacio de participación ciudadana" en Martín Hopenhayn y Ana Sojo (comp.), *Sentido de pertenencia en sociedades fragmentadas: América Latina desde una perspectiva global.* Buenos Aires: Siglo XXI, pp. 55-84.

Badiou, Alain. (2012). *The Rebirth of History. Times of Riots and Uprisings.* London: Verso.

Bajtín, Mijaíl. (2003). *La cultura popular en la Edad Media y en el Renacimiento. El contexto de Francois Rabelais.* Madrid: Alianza Editorial.

Boyd, Andrew. (2012). *Beautiful Trouble. A Toolbox for Revolution.* New York: OR Books.

Castells, Manuel. (2012). *Redes de indignación y esperanza.* Madrid: Alianza Editorial.

Diego Rivera Hernández, Raúl. (2014). "De la Red a las calles: #YoSoy132 y la búsqueda de un imaginario político alternativo" en *Argumentos. Estudios críticos de la sociedad,* vol 27, núm 75, mayo-agosto, pp. 59-76.

Duncombe, Stephen. (2007). *Dream: Re-imagining Progressive Politics in an Age of Fantasy.* New York: The New Press.

Fernández, Claudia y Andrew Paxman. (2000). *El Tigre. Emilio Azcárraga y su imperio Televisa.* México, D. F.: Raya en el Agua-Grijalbo.

Fernández Droguett, Roberto. (2007). "Los Lugares de la Memoria; del Golpe y la Dictadura Militar en Chile" en *Cuadernos de neuropsicología,* vol 1, no. 2, pp. 150-164.

Gerbaudo, Paolo. (2012). *Tweets and the Streets: Social Media and Contemporary Activism.* London: Pluto Press.

González de Bustamante, Celeste. (2010). "1968 Olympic Dreams and Tlatelolco Nightmares: Imagining and Imaging Modernity on Television" en *Mexican Studies/Estudios Mexicanos,* vol 26, no 1, (Winter), pp. 1-30.

González Marí, Ximo. (2013). "Injetarse en la Historia. Gesto creativo y estrategias de reapropiación en el activismo global" en *Kamchatka. Revista de Análisis Cultural,* núm 1 (abril), pp. 87-111.

Harding, Jennifer y Deidre Pribram. (2002). "The Power of Feeling: Locating Emotions in Culture" en *European Journal of Cultural Studies,* vol 5, no 4, pp. 407-426.

Jasper, James M. (2011). "Emotions and Social Movements: Twenty Years of Theory and Research" en *Annual Review of Sociology,* vol 37, pp. 285-303.

Mouffe, Chantal. (2007). *En torno a lo político.* México, D. F.: Fondo de Cultura Económica.

Rancière, Jacques. (2010). *El espectador emancipado.* Buenos Aires: Manantial.

—— (2012). *El desacuerdo. Política y filosofía.* Buenos Aires: Nueva Visión.

REGUILLO, ROSSANA. (2012). *Culturas juveniles. Formas políticas del desencanto*. México, D.F.: Siglo XXI.

———. (2013). "Disidencia: Frente al desorden de las cajas abiertas —México, breve y precario mapa de lo imposible" en *E-misférica*, vol 10, no. 2, consultado el 24 de mayo de 2014 en <http://hemisphericinstitute.org/hemi/es/e-misferica-102/reguillo>.

ROVIRA SANCHO, GUIOMAR. (2013). "De las redes a las plazas: la Web 2.0 y el nuevo ciclo de protestas en el mundo" en *Acta sociológica*, no. 62 (septiembre-diciembre), pp. 105-134.

———. (2014). "El #YoSoy132 mexicano: la aparición (inesperada) de una red activista" en *Revista CIDOB d'Afers Internacionals*, no. 105, (abril), pp. 47-66.

RUIZ GALICIA, CÉSAR ALAN. (2014). "Nosotros tan mayo, ustedes tan diciembre" en *SinEmbargo*, mayo 12, consultado el 18 de mayo de 2014 en <http://www.sinembargo.mx/opinion/12-05-2014/23861>.

SAN JUAN, CARLOS. (2014). "Crónica de un nacer tumultuoso: el surgimiento del #YoSoy132", ponencia presentada en la conferencia "Política viral, redes sociales, política distribuida: #YoSoy132 y otras insurgencias". Facultad de Ciencias Políticas y Sociales, Universidad Nacional Autónoma de México, 8 de mayo de 2014.

SASSEN, SASKIA. (2002). "The Repositioning of Citizenship: Emergent Subjects and Spaces for Politics" en *Berkeley Journal of Sociology*, vol 46, pp. 4-25.

SHKLOVSKY, VIKTOR. (2004). "Art as Technique" en Julie Rivkin y Michael Ryan (eds.), *Literary Theory: An Anthology*. Oxford, UK: Blackwell Publishing, pp. 15-21.

TORET, JAVIER. (2013). Entrevista. "El "Big Data" de la revolución", marzo 3, consultado el 18 de mayo de 2014 en <http://llamaloy.wordpress.com/2013/03/03/entrevista-a-javier-toret/>.

VICH, VÍCTOR. (2011). "Desobediencia simbólica: Performance, participación y política al final de la dictadura fujimorista" en Diana Taylor y Marcela Fuentes (eds.), *Estudios avanzados de performance*. México, D. F.: Fondo de Cultura Económica, pp. 382-399.

Entrevistas inéditas

ENTREVISTA 1. Gaitán, Ricardo. Integrante de Artistas Aliados y del Frente Autónomo Audiovisual #YoSoy132. Estudiante de licenciatura del CUEC-UNAM.

ENTREVISTA 2. Zuvire, Federico. Integrante de Artistas Aliados y del Frente Autónomo Audiovisual #YoSoy132. Estudiante de licenciatura del CCC-CENART.

ENTREVISTA 3. Reyes, Ezequiel. Integrante del Frente Autónomo Audiovisual #YoSoy132. Estudiante de licenciatura del CCC-CENART.

Videos

"131 Alumnos de la Ibero responden". Consultado el 18 de mayo de 2014 en <https://www.youtube.com/watch?v=P7XbocXsFkI>.
"Luz132". Consultado el 18 de mayo de 2014 en <https://www.youtube.com/watch?v=TSnP6UqSYUw>.
"Manifiesto #YoSoy132" del Frente Autónomo Audiovisual. Consultado el 18 de mayo de 2014 en <https://www.youtube.com/watch?v=igxPudJF6nU>.
"Manifiesto #YoSoy132". Dirigido y producido por Grupo Argos, consultado el 18 de mayo de 2014 en <https://www.youtube.com/watch?v=t6LgxA-7FiM>.

Notas

1   Para la escritura de este ensayo estoy en deuda con Martha Luz Muñoz Aristizábal, Federico Zuvire, Ezequiel Reyes, Ricardo Gaitán y Omar Saldaña Gutiérrez. A todos ellos mi más profundo y sincero agradecimiento por compartir sus testimonios y experiencias como artistas y activistas de #YoSoy132.
2   El video "131 Alumnos de la Ibero responden" se puede consultar en https://www.youtube.com/watch?v=P7XbocXsFkI.
3   El caso del CENART resulta por demás atractivo porque todas las escuelas que la integran —Centro de Capacitación Cinematográfica (CCC), Escuela Superior de Música, Escuela Nacional de Arte Teatral y Escuela Nacional de Pintura, Escultura y Grabado "La Esmeralda"— son parte de un mismo espacio universitario y nunca antes habían participado conjuntamente en una protesta o manifestación.
4   En el caso de los estudiantes de arte, la inexperiencia en el campo del activismo resultó una ventaja a corto plazo. Al desconocer las consignas, las canciones y las frases de lucha tradicionales, crearon su propio *repertorio estético* para denunciar la intervención cínica de los medios de comunicación en el proceso electoral. Incluso aquellos considerados *artepuristas* o *formalistas* se arriesgaron a proponer obras mucho más cercanas a lo social.
5   Las "Fiestas de la Luz" fueron eventos culturales —organizados por #YoSoy132 y Artistas Aliados— afuera de las oficinas corporativas de Televisa Chapultepec antes de la elección presidencial. La intención era señalar a Televisa como uno de los principales responsables de la democracia fallida en México por su alianza histórica con el poder político. Las denuncias se presentaron a través de conciertos, *performances*, lecturas de comunicados y proyecciones audiovisuales sobre las paredes de la empresa.
6   "En vela por la democracia" marcó un momento histórico en la vida política de México. Por primera vez se realizó una marcha, un día antes de la elección presidencial, que partió de la Plaza de las Tres Culturas en Tlatelolco, se detuvo en Televisa y terminó en el Zócalo de la capital del país, con la presencia de miles de personas en silencio absoluto y con veladoras al entrar a la Plaza de la Constitución.
7   Después de la validación de las elecciones presidenciales (31 de agosto de 2012), #YoSoy132 comienza a debatir opciones de protesta más radicales. El #132 se enfrentó a una contradicción. En su declaración de principios se definió como un movimiento pacífico y plural que respetaba todas las formas de lucha, sin embargo, la frustración y el descontento por los resultados electorales abrieron la puerta para discutir otras alternativas —in-

cluso no pacíficas— para visibilizar la indignación. Ahí se localiza una de las principales tensiones que definirán al #132 en adelante.

8   Guiomar Rovira argumenta que no se pueden aislar las redes de las calles, "lo que se procesa en las redes tiene que ver con lo que ocurre en las marchas, las asambleas, las acampadas" (2013: 126). Las redes no solamente hacen un llamado a la protesta, también sirven como herramientas informativas para difundir en tiempo real lo que sucede en las movilizaciones. Por ejemplo, en Twitter se comparten los enlaces directos a las transmisiones en vivo filmadas desde teléfonos inteligentes y esto permite estar alerta desde cualquier punto. Twitter también es un medio indispensable para la comunicación y la protección de los contingentes. El caso más evidente son los tuits de activistas que previenen la presencia de grupos infiltrados o notifican la ubicación de policías en las marchas.

9   Benjamín Arditi sostiene que la idea del reencantamiento está asociada a la reiteración de momentos en los que se dio "una fascinación por y con la política —periodos en los cuales ésta adquirió mayor arraigo e intensidad—, y que hoy volvemos o podemos volver a experimentar algo análogo" (2011: 69). Más adelante explica que "el reencantamiento de la política no consiste en replicar el peronismo, la Revolución Cubana o la experiencia de la Unidad Popular, sino en embarcarse en un proceso de invención política" (2011: 70).

10 El Tigre, Emilio Azcárraga Milmo, padre del actual director de Televisa, fue la cabeza de la empresa hasta 1997 y mantuvo una relación de complicidad con el poder ejecutivo. Las frases del Tigre resumen perfectamente lo dicho anteriormente: "Televisa es un soldado del PRI" y "Yo hago televisión para jodidos porque México es un país de jodidos" (Fernández, Paxman, 2000).

11 Disponible en https://www.youtube.com/watch?v=TSnP6UqSYUw.

12 Esta reacción emotiva hay que comprenderla en dos planos: desde su dimensión *in situ* y desde las reacciones en redes sociales de quienes vivieron la "Fiesta de la Luz" por *live streaming*.

13 La convocatoria lanzada por #YoSoy132 solicitó a la ciudadanía que durante la marcha no llevara carteles o propaganda partidista con el fin de respetar la veda electoral. En su lugar invitaron a la gente a cargar una veladora para encenderla al llegar a la Plaza de la Constitución.

14 Disponible en https://www.youtube.com/watch?v=igxPudJF6nU.

15 Disponible en https://www.youtube.com/watch?v=G9IF31vxio8.

16 Jacques Rancière en *El desacuerdo* explica que cuando los plebeyos se conducen ante los patricios como si fueran seres con nombre, como seres parlantes, "dotados de una palabra que no expresa meramente la necesidad, el sufrimiento y el furor, sino que manifiesta la inteligencia", no solamente se ponen al nivel de los patricios, también transgreden el mismo orden de la ciudad, "se convirtieron en seres susceptibles de hacer promesas y firmar contratos" (2012: 38-39).

17 Los XIX Juegos Olímpicos de México 1968 marcaron varios precedentes: la sede olímpica fue asignada por primera vez a un país latinoamericano y los eventos, como nunca antes, se transmitieron en vivo y a color, lo que posicionó a México como el centro de la atención mundial. Las empresas de la comunicación y los medios oficiales ayudaron a construir la imagen de un país moderno, ordenado y pacífico (González de Bustamante, 2010: 2).

18 Aunque en este ensayo me intereso en el espectador audiovisual, las reflexiones de Rancière sobre el espectador teatral son válidas para el análisis.

19 "El error del racionalismo liberal es ignorar la dimensión afectiva movilizada por las iden-
    tificaciones colectivas, e imaginar que aquellas "pasiones" supuestamente arcaicas están
    destinadas a desaparecer con el avance del individualismo y el progreso de la racionalidad
    [...]. La política democrática no puede limitarse a establecer compromisos entre intereses
    o valores, o la deliberación sobre el bien común; necesita tener un influjo real en los de-
    seos y fantasías de la gente" (Mouffe, 2007: 13).

Guillermo Alan Naranjo Estrada
Facultad de Derecho
Universidad Nacional Autónoma de México

Resumen

El 1° de diciembre de 2012 diversos ciudadanos se dieron cita en el Palacio Legislativo de San Lázaro para manifestar su inconformidad con el proceso electoral celebrado en julio de ese mismo año, así como para protestar por la implementación de diversas políticas públicas que restringían los derechos de los mexicanos. La reacción del gobierno fue la represión y criminalización de los manifestantes, además del enjuiciamiento de varios de ellos acusados de "alterar la paz pública". Los detenidos, no obstante ser víctimas de la violencia arbitraria, fueron privados de su libertad y sometidos a un largo y tortuoso camino para demostrar su inocencia. Esta situación hizo que un sector de abogados de la sociedad se organizara de manera solidaria para defender a los detenidos del 1° de diciembre.

PALABRAS CLAVE: REPRESIÓN, #YoSoy132, 1° DE DICIEMBRE, PRI, VIOLACIÓN A LOS DERECHOS HUMANOS.

Abstract

On December 1st, 2012, citizens gathered at the Legislative Palace of San Lazaro to express their discontent with the electoral process held in July of that year, while more broadly protesting against the implementation of several public policies that restricted their rights. In response, the Government repressed and criminalized protesters, also prosecuting several of them accused of "disturbing public order". Despite having been victims of arbitrary violence, the detainees were deprived of their freedom and subjected to a long process to prove their innocence. This situation prompted a sector of society that mainly included lawyers, to organize in solidarity and defend the detainees of December 1st.

KEYWORDS: REPRESSION, #YoSoy132, DECEMBER 1ST, PRI, VIOLATION OF HUMAN RIGHTS.

El 1° de diciembre de 2012 es una fecha que marcó la historia de México y trascendió al ideario del movimiento social de América Latina. Cientos de ciudadanos sin una filiación política definida, convocados por distintas organizaciones sociales, se dieron cita en el Palacio Legislativo de San Lázaro —escenario donde Enrique Peña Nieto rendiría protesta como presidente de México— para denunciar su inconformidad con los resultados electorales. El gobierno reaccionó con mano dura y ejerció la violencia contra los manifestantes.

El arribo de Enrique Peña Nieto a la presidencia también marcó el retorno de las viejas prácticas autoritarias de criminalización de la protesta social que se creían superadas, acompañadas de estrategias y tácticas de guerra sucia: detenciones ilegales, uso excesivo de la fuerza, manipulación del sistema de impartición de justicia conforme a intereses políticos y complicidad de las televisoras y medios de información para exhibir y denostar a aquellos ciudadanos inconformes con el gobierno entrante.

A contracorriente del discurso y la presión oficial, las redes sociales y los medios independientes evidenciaron múltiples expresiones de solidaridad con los manifestantes. Estas muestras de apoyo advirtieron la necesidad de difundir, expresar y defender el sentir de la ciudadanía frente a la censura del nuevo gobierno, lo que implicó utilizar diferentes mecanismos para ello, por ejemplo, el uso de la vía jurídica como herramienta de resistencia civil.

El presente trabajo lo narro desde mi perspectiva como miembro de #YoSoy132, en el que participé como defensor jurídico de los detenidos del 1° de diciembre. El ensayo aborda una línea de participación poco difundida pero de gran valor para las causas sociales: la defensa jurídica de los presos de conciencia[1] y la búsqueda de la libertad de los rehenes del Estado.[2] Mi experiencia como abogado de los detenidos se complementa con los testimonios de manifestantes y procesados del 1° de diciembre con el fin de mostrar el complejo panorama que vivieron las víctimas de la censura y para exponer las aberraciones legales instituidas en los juicios, con un evidente trasfondo político contra cualquier expresión que cuestione al gobierno y la clase política en general.

La violencia provino del Estado

La frase "México no tiene presidente" sacudió las redes sociales y las calles de la ciudad de México el 1° de diciembre de 2012. Junto a ella volvieron a la escena pública las denuncias sobre las irregularidades que prevalecieron en la jornada electoral del 1° de julio de ese mismo año: compra de votos, documentación de amenazas, violencia provocada por grupos cercanos al Partido Revolucionario Institucional (PRI) para obligar a los ciudadanos a votar por su candidato, acusaciones sobre robos de urnas e insuficiencia de boletas electorales.[3] Los partidos políticos de oposición, lejos de exigir el esclarecimiento de la elección presidencial y proteger la voluntad popular, se integraron de inmediato a la agenda política de la nueva administración. Negociaron los programas de gobierno propuestos por el entonces "presidente electo" Enrique

Peña Nieto con la firma del *Pacto por México*, un acuerdo celebrado entre Peña Nieto como presidente electo y los líderes de los principales partidos de oposición: Partido Acción Nacional (PAN) y Partido de la Revolución Democrática (PRD), además del dirigente del PRI.

El *Pacto por México* implementa políticas públicas que afectan a la ciudadanía y transforman funciones esenciales del Estado, sin permitir discusión alguna en torno a dicho programa político. Algunos ejemplos incluyen la apertura del sector energético a capitales privados, una reforma educativa cuyo trasfondo es modificar el régimen laboral de los docentes, la restricción de derechos laborales y la disminución de la participación ciudadana (*Pacto por México*, 2012). Son los partidos políticos y no los poderes públicos los que establecen los lineamientos que definirán los rumbos de la política nacional y que deberán ser acatados por todos los funcionarios de manera obligatoria.

El descontento por el proceso electoral y por la imposición de Enrique Peña Nieto como presidente de la República se hizo visible el 1° de diciembre. Los manifestantes fueron convocados por distintas agrupaciones —entre ellas #YoSoy132— para realizar, en un marco de resistencia civil pacífica, un cerco humano alrededor del Palacio Legislativo de San Lázaro y una marcha que culminaría en el Zócalo de la ciudad de México. Sin embargo, las autoridades ya habían preparado el escenario para desacreditar cualquier expresión de disenso que dañara la imagen del gobierno entrante. Se recurrió a grupos de inteligencia infiltrados en las manifestaciones para incitar a la violencia y se contó con el apoyo de las televisoras comerciales, que transmitieron secuencias de video editadas, para inducir a la opinión pública. Así regresaba el PRI a gobernar el país.

> En ninguna marcha o manifestación había visto tal cosa, ni siquiera un día después de las votaciones o el cerco a Televisa. La reacción por parte de la gente sí era una enorme muestra de inconformidad y de odio al sistema por el hecho de haber impuesto un presidente que sólo representaba intereses de muy pocos, y porque implicaba reformas estructurales que afectaban la estabilidad económica y social del país (Isabel Ruiz, #YoSoy132, estudiante de Psicología de la Facultad de Estudios Superiores, Iztacala, UNAM).

La represión anunciada

La incertidumbre fue constante con respecto al cerco a San Lázaro. Días antes, los perímetros aledaños al palacio fueron resguardados por elementos de la Policía Federal. Este gesto sin duda fue un primer acto de intimidación a las organizaciones convocantes. Incluso Marcelo Ebrard Casaubón, en ese momento Jefe de Gobierno del Distrito Federal, señaló que era "ofensivo para la ciudad el cerco que han colocado a San Lázaro" (Aristegui Noticias, 2012). La amenaza de represión se presentía en el

Imagen 1. Protestas contra la toma de posesión de Peña Nieto el 1° de diciembre. Foto: Ezequiel Reyes Retana.

despliegue de un aparatoso operativo de seguridad en el que los policías, encargados de resguardar las inmediaciones, actuaban con prepotencia hacia los transeúntes y vecinos. El miedo empezaba a hacer eco y corría el rumor de que las cosas iban a empeorar conforme se acercara la fecha de la toma de protesta de Peña Nieto.

> A las primeras horas de la madrugada me encontraba en mi casa, si bien no iba en una actitud de confrontación, después de ver el ridículo cerco a las inmediaciones del Congreso de la Unión en las noticias, y que los policías habían golpeado a un hombre sólo por preguntar y cuestionar por qué carajos había vallas metálicas rodeando San Lázaro, sabía que la autoridad mezquina sería capaz de todo, más aún cuando el partido más represor de la historia de México volvía oficialmente a reposar sus asentaderas en la silla presidencial. Por lo mismo me compré un casco para moto, jamás creí que fuera a ser crucial en mi visita al H. Congreso de la Unión el día primero (Thalía Guido, #YoSoy132, estudiante de Comunicación del Claustro de Sor Juana).

En el día señalado para organizar el cerco humano llegaron manifestantes de diversas organizaciones sociales y sindicales como el movimiento #YoSoy132, el Frente de Pueblos en Defensa de la Tierra de San Salvador Atenco (FPDT) y la Coordinadora Nacional de Trabajadores de la Educación (CNTE), además de ciudadanos de distintas partes de la República. Los primeros brotes de violencia surgieron al arribar los contingentes al Palacio Legislativo de San Lázaro, recibidos con un impresionante operativo de seguridad.

> El ambiente de la marcha era bastante nervioso. Sabíamos que no era una marcha cualquiera y que había posibilidades de ser reprimidos o de simplemente ya no vol-

Imagen 2. Inconformidad y rechazo ciudadano a la toma de posesión de Peña Nieto el 1° de diciembre. Foto: Ezequiel Reyes Retana.

ver a casa. La imposición de un presidente, el cual habíamos aborrecido desde un principio y ver cómo se consagraba como si nada estuviera sucediendo, causó mucha impotencia y coraje, diría que en el aire se respiraba hostilidad (Thalía Guido, #Yo-Soy132, estudiante de Comunicación del Claustro de Sor Juana).

A las siete de la mañana, grupos no identificados comenzaron a lanzar bombas caseras y piedras con la intención de provocar a los cuerpos policiacos. Los uniformados respondieron con gases lacrimógenos, gas pimienta, piedras y proyectiles de goma dirigidos a los grupos de manifestantes que se encontraban en la zona, sin tocar siquiera a los que provocaron las agresiones. Pasaron las horas y se intensificó el ataque a los contingentes. Los casos más graves de lesiones en los enfrentamientos fueron los de Uriel Sandoval y Francisco Kuy Kendal. El primero perdió el ojo derecho por un proyectil que le explotó en la cara y el segundo tuvo que ser inducido a coma por un explosivo que causó una fractura expuesta de cráneo con pérdida de masa encefálica.[4] Así como otros tres lesionados por proyectiles en forma de balas de goma y cartuchos de gas pimienta (Alarcón López, 2012). Estos casos incitaron más el enojo de los manifestantes y así aumentó el grado de hostilidad en los enfrentamientos.[5] Algunos pedían el alto a las agresiones sin que los policías pararan y otros, al ver su vida en peligro, comenzaron a repeler los ataques con lo que encontraban a su paso.

Los contingentes se replegaron para concentrarse en diversos puntos del Palacio Legislativo cuando el cuerpo de granaderos inició los ataques. El objetivo era retirarse y terminar la protesta en el Zócalo de la ciudad de México, tal como estaba planeado. Eso no fue posible porque los mandos policiacos del Gobierno del Distrito Federal dividieron a los contingentes en su camino al Zócalo para detenerlos. La CNTE y el FPDT se distanciaron y sólo quedaron manifestantes de #YoSoy132 y algunos independientes. De esta forma, la marcha multitudinaria inicial quedó dividida en pequeñas marchas fragmentadas. Las detenciones se concentraron en cinco diferentes puntos del Centro Histórico: frente al Palacio de Bellas Artes, Eje Central y Avenida Juárez; frente a la Glorieta de Colón, la Alameda Central y Calle Filomeno Mata. Todas ellas se realizaron de manera indiscriminada y con violencia contra estudiantes, manifestantes o jóvenes que sólo pasaban por el lugar.[6]

> La situación se volvía de histeria, por donde avanzaba la marcha, los compas nos avisaban que ya había granaderos esperándonos. Las cosas se pusieron críticas cuando nos vimos rodeados y sólo había un camino para salir, a una cuadra de nosotros nos avisaban que los granaderos estaban reprimiendo a otra banda de manifestantes. Unos pedían ir al auxilio de los otros compas y otros terminar la marcha. La decisión final fue: "no hay condiciones para seguir, que cada quien decida qué hacer" y así se rompió la marcha (Paulina Castro, #YoSoy132, egresada de Relaciones Multiculturales, Playa del Carmen, Quintana Roo).

Liga de Abogados 1° de diciembre

La cifra final fue de 107 detenidos con un promedio de edad entre los veinte y treinta años, aunque también había contados casos de menores de dieciocho. Conforme llegaban los detenidos a las oficinas de la fiscalía investigadora, se advirtió el despliegue arbitrario y lo desproporcionado de la violencia que los policías ejercieron en las detenciones. Había quienes eran arrastrados con marcas de golpes, heridas y con la cara llena de sangre. Las fiscalías prohibieron el acceso de abogados y familiares al interior de las oficinas de investigación donde tenían encerrados a los manifestantes, y a los detenidos no les permitieron comunicarse para dar noticia de su situación, pese a que la *Constitución Política* prohíbe toda forma de incomunicación.[7]

La mayoría de los detenidos se enfrentaba a la represión política por primera vez y fueron testigos de la simulación de procedimientos legales donde su suerte ya estaba determinada de antemano: debían ser sometidos a un juicio sin que existieran requisitos para ello. El objetivo de los procesos judiciales fue amedrentar las marchas y manifestaciones en contra del nuevo gobierno y dejar claro cuáles serían las consecuencias para aquellos que abiertamente expresaran su rechazo.

La represión vino acompañada de un fuerte dispositivo de criminalización mediática. El propósito fue generar opinión pública negativa en los medios de información comerciales, y los noticieros comenzaron a vincular a los detenidos con los grupos agresores e incitadores de la violencia en San Lázaro y Bellas Artes. Además, en sus espacios informativos exaltaron la supuesta responsabilidad del movimiento #YoSoy132.[8]

> La información en los medios me pareció toda una farsa. Nunca pasaron lo que estaba sucediendo en ese momento, gente amedrentada, golpeada y derechos humanos violentados y ellos jamás dijeron nada. Sólo transmitían el feliz momento del triunfo de los empresarios más ricos del país y los partidos políticos que habían pactado por Peña para salir beneficiados, y algunos connatos de vandalismo (Isabel Ruiz, #YoSoy132, estudiante de Psicología de la Facultad de Estudios Superiores Iztacala, UNAM).

Alrededor de las tres de la tarde, manifestantes, familiares, amigos y organizaciones populares arribaron a la fiscalía para mostrar su inconformidad con un acto considerado represivo. Incluso la ciudadanía ajena al movimiento quedó impresionada al observar cómo el gobierno del Distrito Federal, supuestamente de izquierda, permitía que sus funcionarios sancionaran las manifestaciones en contra del Gobierno Federal. Todavía más sorprendente fue descubrir que consintieran la manipulación de pruebas, otorgaran valor a las contradictorias declaraciones de los policías[9] y obstaculizaran la actividad de los abogados defensores. Algunos familiares esperaban que todo fuera un malentendido y que después de algunas horas dejarían en libertad a los manifestantes; otros intentaron hacer uso de sus influencias e incluso recurrir a sobornos. Nada dio resultado y la desesperación aumentaba. El panorama para las víctimas de las detenciones ilegales multitudinarias lucía complicado.

Algunos integrantes del movimiento #YoSoy132 llegaron por la tarde a la agencia ministerial para mostrar su apoyo. También se solidarizaron abogados de diferentes organizaciones sociales y defensores particulares llamados por familiares y amigos.[10] Todos nos quedamos afuera de la agencia ministerial en espera de obtener información y la oportunidad de comunicarnos con los acusados.

A las 22:00 horas, aproximadamente quinientos policías formaron una valla alrededor de los que estábamos afuera de la agencia, sin permitirnos entrar ni salir del cuadro marcado por ellos. Por momentos amenazaban con violencia, cerraban más el espacio y nos intimidaban al golpear sus escudos con los toletes. Fue un estado de sitio frente a las oficinas gubernamentales. Para sobrellevar la situación comenzamos a entablar diálogos e intercambiar ideas sobre lo que sucedía. El resultado tras tres horas de encapsulamiento fue descubrir que la mayoría simpatizaba con las causas sociales. Afuera de la agencia ministerial, alguien propuso la creación de un frente jurídico que asumiera la defensa común de todos los detenidos. La creación espontánea de la Liga de Abogados 1° de diciembre fue la manera que concebimos para resistir los abusos de autoridad en contra de los ciudadanos manifestantes.

La defensa se tomó de forma solidaria y gratuita con la exigencia de hacer cumplir nuestros derechos humanos y nuestro derecho a manifestarnos y a disentir.

Con ello demostramos que la sociedad puede organizarse, a pesar de sus distintas ideologías y pluralidad de opiniones políticas, para hacer un frente común al abuso de autoridad. De este sentir colectivo asumimos que mientras los manifestantes no obtuvieran su libertad, todos estábamos presos. El 1° de diciembre se convirtió en el día en que *todos fuimos presos.*

> Declaramos que, como consecuencia de las graves violaciones a los derechos humanos, así como de las irregularidades y arbitrariedades que se presentaron durante las detenciones y en la integración de la averiguación previa, hemos decidido conformar un frente denominado "Liga de Abogados 1° de diciembre", cuya finalidad será la de asesorar, jurídica y legalmente, de manera solidaria y gratuita, a todo aquel inculpado y víctima de la represión que no cuente con los medios necesarios para allegarse a una adecuada defensa. Las acciones realizadas hasta ahora por la "Liga de Abogados 1° de diciembre" han consistido en asistir jurídica y humanamente a todos los detenidos y sus familiares desde el inicio de las averiguaciones previas (Fragmento del Primer Comunicado de la Liga de Abogados 1° de diciembre).

Los presos por luchar

La presión de los familiares y la Comisión de Derechos Humanos del Distrito Federal (CDHDF) lograron que se abriera el cerco y se permitiera el ingreso de una comisión de familiares para hablar con el Fiscal Guillermo Terán. Este grupo prefirió que los abogados fueran sus representantes y cedieron su lugar. Las autoridades se mostraron impactadas y preocupadas por lo acontecido y se comprometieron a cumplir tres promesas: llevar un proceso limpio y transparente, facilitar la comunicación oportuna de los familiares con los detenidos (para darle tiempo a los abogados defensores para prepararse) y tomar declaraciones hasta el día siguiente. Esto último fue lo único que se respetó. El 3 de diciembre concluyeron las declaraciones y alistaron a los hombres para trasladarlos al Reclusorio Preventivo Varonil Norte y a las mujeres a la Penitenciaría de Santa Martha Acatitla. Nada más los menores de edad y algunas afortunadas excepciones obtuvieron su libertad.

Todos los procesos judiciales en México se ven marcados por el letargo burocrático y el desdén de muchos funcionarios encargados de procurar justicia. Sin embargo, la línea política que seguían las actuaciones ministeriales nos hizo reconocer tres problemas: las autoridades se negaban a respetar los derechos más elementales de los indiciados; no valoraron las pruebas aportadas (videos donde se advertía la inocencia de los detenidos); los detenidos no recibieron información apropiada sobre los cargos que se les imputaban ni les señalaron las evidencias que se ofrecían en su contra. La corrupción que opera en los aparatos de procuración y administración de justicia en México es conocida por todos, pero no tiene comparación al abuso y la violencia institucional que ejerce la autoridad cuando se trata de procesos con trasfondo político.

> Al conformar la Liga de Abogados, nunca me imaginé lo que era litigar en contra
> del Estado. No sólo contra una autoridad, pues todas las instituciones jurídicas eran
> manipuladas a nuestro perjuicio: los plazos procesales se acortaban y el acceso a las
> instalaciones nos era negado, no obstante ya haber sido designados como abogados
> por los presos. Fue ahí cuando nos dimos cuenta que desde meses atrás al estarnos
> manifestando contra Enrique Peña Nieto, realmente nos manifestábamos en contra
> de todos los partidos políticos junto con sus grupos de poder y la estructura estatal
> (Guillermo Naranjo, #YoSoy132, Facultad de Derecho, UNAM).

Litigar contra el Estado implicó no confiar siquiera en el contenido de la ley pues se interpretaría en el sentido que más perjudicara a los detenidos. Tal y como se observó en las subsecuentes etapas judiciales, es decir, las actuaciones ante jueces, viciadas desde el inicio por la intervención de autoridades Federales y del Distrito Federal. Dichas actuaciones tendían a entorpecer la defensa de los detenidos con estrategias de presión: cercos policiacos para impedir nuestro acceso a los juicios, infiltrados en las discusiones y reuniones de la Liga de Abogados, juntas largas y desgastantes con funcionarios de la Secretaría de Gobierno del Distrito Federal y argucias para retrasar la resolución de los amparos interpuestos. Al mismo tiempo, las autoridades nos prometieron dejar en libertad a algunos detenidos si renunciábamos a ofrecer pruebas, lo que no hicimos, pero que posteriormente utilizarían para sembrar la desconfianza entre los familiares de los detenidos con los abogados.

Gracias a la presión social de los movimientos ciudadanos en las marchas, protestas, y campañas en redes sociales y medios alternativos, se garantizaron las condiciones mínimas para ejercer una defensa adecuada, pues las autoridades por sí solas no mostraban interés en hacerlo. Al terminar con las declaraciones, los compañeros iban a ser trasladados a los centros penitenciarios, acusados formalmente por el delito de "ataques a la paz pública" previsto en el *Código Penal para el Distrito Federal*. El artículo 362 señala lo siguiente:

> Artículo 362. Se le impondrán de cinco a treinta años de prisión y suspensión de
> derechos políticos hasta por diez años, al que mediante la utilización de sustancias
> tóxicas, por incendio, inundación o violencia extrema, realice actos en contra de las
> personas, las cosas o servicios públicos, que perturben la paz pública o menoscaben
> la autoridad del Gobierno del Distrito Federal, o presionen a la autoridad para que
> tome una determinación (*Código Penal para el Distrito Federal*).

La noticia del delito por el que se acusó a los compañeros desconcertó a familiares y amigos porque las condenas podían alcanzar penas más severas que las contempladas para homicidas, violadores y secuestradores. Los manifestantes fueron equiparados con terroristas.

Al trasladarme al reclusorio me apuntaron con una pistola y me dijeron: "Esto es por si intentas correr te disparo". El sentimiento era de vacío, me decían que la pena era de treinta años, y al llegar al reclusorio tuve contacto con todos los demás detenidos (Bryan Reyes, preso y víctima del 1° de diciembre, #YoSoy132, Acampada Revolución).

Sabía de antemano que mucha gente inocente fuimos detenidos de forma arbitraria, golpeados y torturados, y esperaba que se solucionara, no había garantía de que todos saliéramos pero sí me dio sorpresa saber que me iba a quedar porque un puto policía de investigación dijo que le pegué cuando nunca fue así (Dionisio Barrera, preso y víctima del 1° de diciembre).

La noticia fue un duro golpe para los familiares porque el delito por el que los manifestantes fueron procesados implicaba que permanecerían privados de su libertad el tiempo que durara su proceso. No hubo espacio para lamentaciones, pues contrario a la práctica común, los procesos continuaban ininterrumpidamente en los juzgados.

Al llegar al reclusorio tuve un sentimiento de impotencia, enojo y después miedo, ya que nos informaron que la pena iría de siete a treinta años de prisión, ahí en verdad que tuve miedo; sin embargo ahí sentí la solidaridad de mis compañeros. Y luego nos bajaron a los juzgados (Alejandro Sandino, preso y víctima del 1° de diciembre).

Pesadilla jurídica

A la par de las detenciones, las marchas de apoyo empezaron a surgir con más fuerza; sin embargo, éstas tenían en su contra un fuerte dispositivo de seguridad cuyo único objetivo era la intimidación a los manifestantes. También las protestas ciudadanas se enfrentaban a una campaña de criminalización de los principales medios de información y organizaciones de corte conservador que exigían al gobierno "castigos ejemplares" y la "regulación de las marchas". Por otro lado, la presión que ejercían diferentes movimientos sociales, especialmente #YoSoy132, se dirigía a que la Asamblea Legislativa del Distrito Federal derogara el artículo 362 del *Código Penal*. La ambigüedad del artículo en lo que concierne a su definición, "actos en contra de las personas, las cosas o servicios públicos, que perturben la paz pública", lo mismo implica a la persona que incendia un edificio como el que convoca a una manifestación según el criterio de la autoridad. Las opiniones se dividían y lo peor era que retornaba el miedo y el temor a disentir del Estado.

Pensé que sería el principio del fin porque el PRI había logrado lo que quería, nos dieron un golpe fuertísimo al satanizarnos de esa manera y quitarnos el apoyo de la gente, sin la sociedad civil, los movimientos dejan de tener contundencia e incidencia social. Además de los golpes al alma y al corazón cuando detuvieron a nuestra gente (no sólo del 132 sino hermanos de lucha) y todos los que sufrieron de golpes, balazos de goma, etc. Fue muy doloroso para mí. Durante una semana no pude dejar de llorar de coraje, impotencia y dolor (Thalía Guido, #YoSoy132, estudiante de Comunicación del Claustro de Sor Juana).

El delito por el que se acusó a los compañeros se consideraba grave por su penalidad de hasta treinta años de prisión, y no existía la posibilidad de llevar su juicio en libertad. El proceso continuó en el juzgado 47 de lo penal del Reclusorio Norte, con excepción del caso de Bryan Reyes, remitido al juzgado 11 por ser detenido en un lugar distinto, antes de los conatos violentos en el Centro Histórico. De acuerdo a los preceptos legales aplicables, el juez que conozca de un proceso penal cuenta con 72 horas para resolver la situación jurídica de los detenidos. En ese plazo, el juez debe revisar si las detenciones se realizaron conforme a derecho y si el Ministerio Público reunió suficientes pruebas para iniciar un procedimiento, y que lo anterior no haya excedido las 48 horas a partir de que los detenidos queden a disposición del propio Ministerio Público.[11] De no ser así, el juzgador está constreñido a dictar la inmediata libertad de los indiciados.

Estos ordenamientos no se cumplieron en el caso del 1° de diciembre. Todas las detenciones se calificaron de legales a pesar de que la defensa presentó videos y fotografías que mostraban lo contrario, además de que el Ministerio Público se excedió en el plazo de 48 horas para integrar las acusaciones, lo que incluso constaba en sus propias certificaciones.[12] Así continuó el proceso. La juez obligaba a los detenidos a probar su inocencia al dar trámite a acusaciones ambiguas y sin señalamientos directos, contrariando el dogma jurídico de que la inocencia se presume hasta que se demuestre lo contrario.

> La inspección de los videos de cargo fue una de las pruebas más difíciles, pues de manera absurda nos presentaban los videos donde supuestamente habían captado a nuestros compañeros realizando conductas ilícitas, sin embargo no precisaban minuto ni segundo de la supuesta aparición, por lo que tuvimos que revisar de forma continua las nueve horas de videos para tratar de averiguar si era cierto; es decir, también la defensa era encargada de buscar las conductas delictivas de las que había que defenderse. Pasamos toda la noche en vela, nos queríamos turnar para que unos durmieran en tanto otros veían los videos, pero si te salías a dormir ya no te dejaban entrar al juzgado (Guillermo Naranjo, #YoSoy132, Facultad de Derecho, UNAM).

Algunos servidores públicos hablaban de una negociación donde prácticamente pedían que se quedaran cinco pagadores y los demás salieran libres, lo que no aceptamos de ninguna manera. Pese a todos los obstáculos y dificultades del caso, la presión social y la labor jurídica dieron sus primeros resultados. El 9 de diciembre de 2012 se dictó la resolución de la juez con la que dejó en libertad a 56 compañeros. A partir de ese momento quedaban catorce personas bajo proceso. Con el revés judicial del Gobierno del Distrito Federal, la unión del movimiento #YoSoy132 se hizo más fuerte y la presión se concentró en la Asamblea Legislativa. Por un lado renacían las manifestaciones y mítines que volvían a ganar simpatía; por otro, los medios comerciales rechazaban la exoneración de los procesados con el argumento de que se solapaba la impunidad del vandalismo en la ciudad.

> Por fin llegué al fondo y pude ver realmente el México que vivimos, en el país donde no pasa nada y si pasa no se hace nada. Aprendí que en estos tiempos más que nunca no podemos quedarnos callados, debemos seguir denunciando, gritando, haciendo de la protesta un derecho y herramienta, no de uno, sino de todos los habitantes de este país, hacer de la protesta un verdadero objeto que nos permita defender nuestros derechos e intereses colectivos. Me surgió una gran necesidad de permanecer unidos (Isabel Ruiz, #YoSoy132, estudiante de Psicología de la Facultad de Estudios Superiores Iztacala, UNAM).

El proceso de los detenidos continuó entre las declaraciones de testigos, las contradicciones de los policías aprehensores y una prueba pericial en identificación de imágenes porque no se ubicó la presencia de los detenidos en los actos violentos del Centro Histórico grabados en video. En tanto el juicio se resolvía, los procesados estaban privados de su libertad. La presión del movimiento #YoSoy132 y de otros colectivos ciudadanos rindió fruto el 27 de diciembre de 2012. En esa fecha se modificó el artículo 362 del *Código Penal* para volverlo un delito no grave. Así, todas las personas procesadas por ese delito llevarían su procedimiento en libertad previo pago de una fianza. Inmediatamente se gestionó el pago de fianzas y se concedió la libertad a los compañeros.

La reforma del artículo 362 no fue resultado de un acto de gracia o benevolencia de la autoridad sino que ésta se vio obligada a buscar una solución, pero sin reconocer de manera oficial su responsabilidad en el uso de las instituciones estatales para criminalizar a la disidencia política, infiltrar las manifestaciones, reprimirlas y fabricar culpables. Fue una solución para apaciguar el descontento popular.

Y la batalla continúa

Carlos Monsiváis decía que "no se discute el derecho a defenderse de los gobiernos, sino el olvido criminal de las funciones esenciales del Estado, la abolición en la práctica de los derechos constitucionales" (Sherer y Monsiváis, 2004), y ante ello, conforme pasa el tiempo, la verdad histórica inclina la balanza a favor de los manifestantes. Por los eventos ocurridos el 1° de diciembre de 2012, la CDHDF emitió el 10 de abril de 2013 la recomendación 7/2013.[13] En ella documenta las torturas, detenciones ilegales, violencia injustificada y uso de armas por parte de los policías.

También denuncia el operativo policiaco durante la manifestación, la incomunicación de los detenidos con sus familiares y abogados en la agencia ministerial y la falta de aplicación de los controles de legalidad y derechos humanos por parte de la juez 47 de lo penal. La recomendación 7/2013 se dirigió a la Secretaría de Gobernación del Distrito Federal, la Procuraduría General de Justicia del Distrito Federal y al Tribunal Superior de Justicia del Distrito Federal, con la finalidad de que cada dependencia iniciara procedimientos de sanción contra policías, agentes del ministerio público y jueces respectivamente, además de exigir la reparación del daño a las víctimas de las detenciones. La recomendación de la CDHDF ha sido aceptada pero no se ha cumplido.

La única mujer procesada, Rita Neri, fue liberada por la resolución de un juicio de amparo.[14] A su vez, la Liga de Abogados interpuso el juicio de amparo por otros nueve procesados; los tres procesados restantes decidieron no interponer amparo y esperar a que se resolviera su juicio y les dictaran sentencia, misma que determinó la inocencia de Alejandro Lugo y Obed Palagot.

El 21 de marzo de 2014 fue notificada la resolución del juicio de amparo pese a dos tipos de presiones: los insistentes reclamos de la juez de la causa para que nuestros defendidos se desistieran del amparo promovido y el constante asedio para dividir a los familiares y convencerlos de renunciar a nuestra representación. Dicha resolución ordena dejar sin efectos el proceso de nueve de los diez detenidos, es decir, el juez de amparo resolvió que no había elementos para mantener en proceso a los nueve que se ampararon. Con ello se evidenció que al menos doce personas permanecieron en prisión preventiva veintiocho días injustificadamente, y si no es por la modificación al artículo 362 hubieran permanecido al menos dos años en prisión. El hecho de que personas inocentes pasen largos periodos privados de su libertad durante el desarrollo de sus procesos es un problema estructural del sistema penal mexicano. Sin embargo, este fenómeno cobra un matiz especial cuando se atribuyen elementos políticos a los procesos, pues, seguimos insistiendo, no había motivo para que se efectuaran tales detenciones.

El tercer procesado, Oswaldo Rigel, fue declarado culpable y condenado a cinco años y nueve meses. La gravedad de la pena implica que no puede alcanzar libertad bajo fianza por lo que la determinación de su situación jurídica se encuentra pendiente. En el mismo sentido, Bryan Reyes fue condenado a dos años y seis meses de prisión. Ahora su caso está ante la última instancia del país para resolverse: la Suprema Corte de Justicia de la Nación. Sin embargo, no hay argumento jurídico que sustente la responsabilidad de ninguno de ellos.

La Liga de Abogados 1° de diciembre sigue funcionando y apoyando de manera solidaria y gratuita a los ciudadanos reprimidos por el ejercicio de su legítimo derecho a la libertad de expresión. Pese a la reducción en el número de los integrantes, la convicción de lucha se ha fortalecido entre los que aún continuamos no nada más en #YoSoy132 sino en otras organizaciones ciudadanas que han conformado una amplia red de solidaridad moral.

> El 1° de diciembre me afectó completamente, en lo familiar, económico, personal, físico y mental, me generó estrés general por la situación, pero siempre con la vista arriba y sin dejar de luchar en que seremos libres. Me quedo con sentimientos encontrados, por una parte contento porque la gente se manifiesta y triste por la respuesta de las autoridades (Stylianos García, preso y víctima del 1° de diciembre).

> En la conciencia social esta experiencia me la reforzó más, las injusticias las había visto de lejos y el vivirlo en carne propia te da más conciencia para no parar y me unió más con mi familia. La vida me cambió, no quería que mi familia me visitara en el reclusorio (Alejandro Sandino, preso y víctima del 1° de diciembre).

> Ese día se quebró todo menos nuestro espíritu, había una herida grande, grave, habíamos caído en su juego, dimos un paso en falso, sabía que vendría una satanización tremenda a #YoSoy132 desde que nos subimos al carro y encendimos la radio, sabía que harían todo por destruirnos; pero también encendieron una mecha, se gestó una nueva etapa de resistencia (Thalía Guido, #YoSoy132, estudiante de Comunicación del Claustro de Sor Juana).

El 1° de diciembre de 2012, más allá de las cárceles, las detenciones arbitrarias o los policías, fue el día en que dimensionamos la represión del Estado a través de un sistema de justicia utilizado a voluntad del grupo político en el poder; un sistema penal construido a partir de nuestro miedo, nuestra ignorancia y nuestro silencio. Este sistema al develarse sin disimulos nos mostró que no estamos solos y nos exige unirnos para que día con día reconstruyamos nuestra libertad.

Bibliohemerografía

ALARCÓN LOPEZ, JUAN CARLOS. (2012). "Cruz Roja identifica cinco lesionados en inmediaciones de Palacio Legislativo" en *Noticias MVS*, 1° de diciembre, consultado el 20 de abril de 2013 en <http://www.noticiasmvs.com/#!/ noticias/cruz-roja-identifica-cinco-lesionados-en-inmediaciones-de-palacio-legislativo-327.html>.

AMNISTÍA INTERNACIONAL. (2013). "¿Quiénes son?: Presos de conciencia", consultado el 6 de abril de 2013 en <https://www.es.amnesty.org/temas/presos-de-conciencia/quienes-son/>.

ARISTEGUI NOTICIAS. (2012). "'Ofensivo' el cerco en San Lázaro: Marcelo Ebrard", 6 de noviembre, consultado el 20 de abril de 2013 en <http://aristeguinoticias. com/2611/mexico/ofensivo-el-cerco-en-san-lazaro-marcelo-ebrard/>.

CÓDIGO PENAL PARA EL DISTRITO FEDERAL. (2012). Consultado el 10 de febrero de

2014 en <http://www.metro.df.gob.mx/transparencia/imagenes/fr1/normaplicable/cpdf0712.pdf>.

COMISIÓN DE DERECHOS HUMANOS DEL DISTRITO FEDERAL. (2013). "Recomendación CDHDF, Violaciones a derechos humanos en el contexto del operativo policial del 1° de diciembre de 2012 denominado por las autoridades del Distrito Federal 'Transmisión del Poder Ejecutivo Federal' y 'Palacio Nacional'", 10 de abril, consultado el 10 de febrero de 2014 en <http://www.cdhdf.org.mx/index.php/recomendaciones/por-ano/2013>.

CONSTITUCIÓN POLÍTICA DE LOS ESTADOS UNIDOS MEXICANOS. (2012). Consultada el 10 de febrero de 2014 en <http://www.normateca.gob.mx/Archivos/66_D_3207_15-08-2012.pdf>.

LIGA DE ABOGADOS 1° DE DICIEMBRE. (2012). "Primer comunicado Liga de Abogados 1° de diciembre", consultado el 20 de abril de 2013 en <http://ligaabogados1dmx.wordpress.com/>.

MILENIO NOTICIAS. (2012). "Policías Auxiliares señalan a #Yosoy132, SME y antorchistas", diciembre 25, consultado el 10 de febrero de 2014 en <http://www.milenio.com/cdb/doc/noticias2011/a33db28de6af22fdbe5a32356231170d>.

PACTO POR MÉXICO. (2012). 29 de noviembre, consultado el 20 de abril de 2013 en <http://pactopormexico.org/>.

SCHERER GARCÍA, JULIO y CARLOS MONSIVÁIS (EDS.). (2004). Los patriotas. De Tlatelolco a la guerra sucia. México D. F.: Aguilar.

Notas

1   "Presos de conciencia" es un concepto político que alude a "toda persona encarcelada o sometida a otras restricciones físicas por sus convicciones políticas, religiosas o de cualquier otro motivo de conciencia, así como por su origen étnico, sexo, color, idioma, origen nacional o social, situación económica, nacimiento, orientación sexual u otras circunstancias, siempre que esa persona no haya recurrido a la violencia ni propugnado su uso" (Amnistía Internacional, 2013).

2   Utilizo el término "rehenes del Estado", porque un número considerable de las personas detenidas (aproximadamente treinta) no manifestaban simpatía por ninguna ideología política; sin embargo, fueron presentados como líderes del movimiento y responsables de los destrozos a varios comercios del Centro Histórico de la ciudad de México.

3   Las denuncias ciudadanas ante la Fiscalía Especializada Para la Atención de Delitos Electorales (FEPADE), órgano encargado de vigilar la legalidad de la elección, no trascendieron al fallo de la misma. El 31 de agosto de 2012 el Tribunal Electoral del Poder Judicial de la Federación (TEPJF), máxima autoridad en materia electoral, procedió a declarar la legalidad de la elección presidencial ignorando las irregularidades documentadas en los medios de información y en los reportes e informes emitidos por ciudadanos. Todo ello puso en tela de juicio la vigencia de la democracia auténtica en nuestro país.

4   Después de pasar más de un año en coma, el día 25 de enero de 2014, falleció Francisco Kuy Kendal como consecuencia de la lesión producida el 1° de diciembre de 2012.

5 Algunos manifestantes que se acercaron a las vallas colocadas por los policías en San Lázaro observaron la presencia de civiles vestidos con atuendos similares a los que utilizan los grupos de reivindicación anarquista. Estas personas se distinguían fácilmente de los demás porque traían la cara cubierta y usaban ropa negra. Los granaderos los dejaron transitar libremente y los resguardaron para que se desplazaran hacia el otro lado del palacio, una zona que estaba bajo el cuidado de las fuerzas de seguridad. A ellos posteriormente se les identificó como "grupo de choque", responsables de la violencia afuera de San Lázaro y de la que se desató más adelante en Bellas Artes, Avenida Juárez y la glorieta de Colón.

6 En la presentación pública de la recomendación 07/2013 emitida por la CDHDF en contra de la SSP del D. F., se incluyeron grabaciones en las que los mandos policiacos ordenaron la detención de "los jóvenes que tuvieran mochilas".

7 Artículo 20, B, fracción II de la *Constitución Política de los Estados Unidos Mexicanos*.

8 Tal es el caso de Milenio Noticias: "Policías que participaron en los operativos del pasado 1º de diciembre identificaron a grupos como el Frente Popular Francisco Villa, Antorcha Campesina y el Sindicato Mexicano de Electricistas, además del movimiento #YoSoy132, como los que causaron los disturbios en Avenida Juárez, Reforma y Eje Central".

9 Algunos policías afirmaban que habían detenido a un mismo manifestante en distintas horas, lugares y momentos.

10 Entre ellos, Juan de Dios Hernández y Pedro Suárez (abogados de los presos de San Salvador Atenco), Lizbeth Lugo del Centro de Derechos Humanos Zeferino Ladrillero; el defensor de derechos humanos Jesús Robles Maloof y Andrés Aullet de la Liga de Trabajadores por el Socialismo. También apoyaron defensores solidarios y ex activistas estudiantiles como Miguel Méndez, Alejandro Esquivel, Rosalba Hernández, Daniel Hernández, Jorge Miranda, Sergio Soto y aproximadamente veinte defensores más.

11 Artículos 16 y 19 de la *Constitución Política de los Estados Unidos Mexicanos*.

12 La recomendación del 10 de abril de 2013, 7/2013 (CDHDF, 2013), que emitió la Comisión de Derechos Humanos del Distrito Federal, enfatiza tres puntos importantes: advierte la existencia de huellas de tortura en los detenidos, violaciones al debido proceso legal e incumplimiento del plazo de 48 horas del Ministerio Público para integrar las acusaciones.

13 La Recomendación 7/2013 emitida por la CDHDF por violaciones a derechos humanos registradas el 1º de diciembre de 2012 durante operativo policiaco se puede consultar en http://www.cdhdf.org.mx/index.php/recomendaciones/por-ano/2013.

14 Juicio ante tribunales federales para examinar la constitucionalidad de un acto de autoridad. En este caso, para revisar la constitucionalidad del acto por el cual se inició el juicio en contra de Rita, sin tener las pruebas suficientes para ello.

TRASCENDIENDO LA COYUNTURA ELECTORAL: CONSENSOS Y TENSIONES
AL INTERIOR DE #YoSoy132

Iván Benumea Gómez
FACULTAD DE DERECHO
UNIVERSIDAD NACIONAL AUTÓNOMA DE MÉXICO

Resumen

Este ensayo aborda algunas de las causas por las cuales #YoSoy132 no logró trascender la coyuntura electoral e impulsar un programa político de largo alcance. Aunque supieron convivir durante la coyuntura electoral, las tensiones entre las tendencias ideológicas a nuestro interior —la corriente institucionalista y la corriente antisistémica— no lograron conciliarse en los espacios de discusión creados por el movimiento. La principal consecuencia de este fenómeno fue la pérdida progresiva de integrantes y con ello la imposibilidad de promover un programa político que exigiera soluciones a las fallas estructurales del país, entre ellas la democratización de los medios de comunicación.

PALABRAS CLAVES: #YoSoy132, DEMOCRATIZACIÓN DE MEDIOS, ELECCIONES MEXICANAS, PARTICIPACIÓN CIUDADANA, MOVIMIENTOS ESTUDIANTILES.

Abstract

This paper discusses some of the causes of #YoSoy132's inability to last beyond the electoral moment and crystallize a long-term political program. Although the tensions between the ideological tendencies within our movement —the institutional wing and the anti-systemic wing— learned to coexist during the electoral situation, they failed to be reconciled in the discussions held during the movement's forums. The main consequence of this phenomenon was a progressive loss of members, and the ensuing inability to promote a political agenda that demanded solutions to the country's structural problems, including the democratization of the media.

KEYWORDS: #YoSoy132, DEMOCRATIZATION OF THE MEDIA, MEXICAN ELECTIONS, CITIZEN PARTICIPATION, STUDENT MOVEMENTS.

Introducción

A menos de dos meses de celebrarse las elecciones federales de 2012, la primera marcha de más de 40 000 personas convocada por los estudiantes de las universidades privadas demostró que #YoSoy132 tenía muchas oportunidades para constituirse como la principal fuerza de oposición no partidista que podría obstaculizar el retorno del PRI al poder. Con la incorporación de las escuelas públicas, el movimiento se fortaleció y tan sólo unos días después de la manifestación del 23 de mayo, #YoSoy132 ya contaba con un modelo de organización central, la Asamblea General Interuniversitaria (AGI), y con representación en varios estados y en el extranjero.

Uno de los objetivos principales de #YoSoy132 era trascender la coyuntura electoral y consolidarse como un espacio de resistencia de largo aliento. Para cumplir tal propósito, el movimiento definió un modelo organizativo plural e incluyente y asumió otras problemáticas estructurales como parte de su agenda política: la denuncia a las graves violaciones de derechos humanos en el contexto de la guerra contra el narcotráfico, las condiciones de marginación y pobreza que imperan en el país o las fallas del modelo educativo nacional, por destacar algunas. Aunque en principio estos temas de interés público tenían poco que ver con lo que motivó nuestro surgimiento —la concentración del poder mediático y su vínculo con el poder político—, los universitarios tenían muchas más preocupaciones e inquietudes que la lucha por la democratización de los medios.

El vigor de los primeros días poco a poco empezó a desvanecerse. A pesar de estar organizados era difícil ponernos de acuerdo y conforme avanzaba el tiempo las tensiones internas comenzaron a ser más evidentes, especialmente con las corrientes políticas institucionalistas y antisistémicas. Por otro lado, las protestas y las campañas en redes sociales a las que convocábamos ya no eran apoyadas por la misma cantidad de personas, y quienes antes hablaban de nosotros, para bien o para mal, de pronto dejaron de hacerlo.

A pesar de la fuerza inicial y de las expectativas de su crecimiento como frente político, #YoSoy132 perdió simpatía entre la población y disminuyó su capacidad de convocatoria e incidencia. Aunque aún existen pequeñas células de #YoSoy132 en distintas zonas del país, en mi opinión ya no pueden ser consideradas como parte del plan original del movimiento: articulación a nivel nacional, aumento del número de integrantes, definición de principios y objetivos políticos claros, y consolidación como un actor político en permanente oposición. Este ensayo abordará cuáles fueron algunas de las circunstancias al interior del movimiento que causaron nuestra pérdida de integrantes y nuestra incapacidad de incidir en la vida pública.

Comenzamos a organizarnos

Aunque los medios de comunicación nos catalogaban constantemente como "el despertar de la juventud mexicana", en realidad #YoSoy132, como bien apunta Emiliano Treré (2013), es heredero de una larga tradición de protesta y resistencia que encontró en 2012 otra forma de manifestarse. Sorpresivamente, esta nueva manifestación comenzaría en una de las universidades privadas más caras del país. La protesta en la Ibero atrajo no por lo que se le recriminó a Peña Nieto —su responsabilidad en la represión de Atenco en 2006—, sino porque los indignados que alzaron la voz fueron los estudiantes que se habían mantenido al margen de la historia del movimiento estudiantil. Por primera vez, la rebeldía de los alumnos de las privadas había encerrado en el baño de la Ibero a quien, a menos de dos meses de las elecciones, creíamos intocable.

Los medios de comunicación y representantes del Partido Revolucionario Institucional (PRI) minimizaron la protesta y estigmatizaron a los estudiantes que cuestionaron legítimamente al candidato priista. Al final de su visita, Peña Nieto señaló que no todas las expresiones de los jóvenes eran genuinas; Luis Videgaray, actual secretario de Hacienda, declaró que los alumnos eran violentos; Pedro Joaquín Coldwell, ex dirigente del PRI, llamó a los universitarios "porros" y "acarreados".[1] Por su parte, los medios de comunicación reprodujeron exclusivamente las versiones oficialistas sobre lo sucedido en la Ibero. El medio de comunicación más evidente en hacerlo fue la Organización Editorial Mexicana (OEM), una cadena de periódicos con más de setenta títulos en todo el país. En sus primeras planas, la OEM reprodujo el siguiente encabezado: "Éxito de Peña en la Ibero pese a intento orquestado de boicot".

En un contexto distinto quizá la estrategia hubiese logrado su cometido. Convencer a la gente de que los estudiantes de la Ibero eran porros y acarreados era realmente asequible. El PRI y los medios sabían que al asociar la protesta a presuntos simpatizantes de Andrés Manuel López Obrador —candidato de la izquierda partidista— resultaba más convincente en términos mediáticos en lugar de reconocer que las críticas venían de los sectores académicos y económicos más privilegiados. Sin embargo, las versiones oficialistas fueron sepultadas el lunes 14 de mayo de 2012. Los agraviados subieron un video a YouTube titulado "131 alumnos de la Ibero responden" para hacer uso de su derecho de réplica y denunciar la campaña de estigmatización en su contra.

Gracias al apoyo inicial de los alumnos de otras universidades privadas de la ciudad de México, lo sucedido en la Ibero no pasó a formar parte de la larga lista de curiosas anécdotas electorales. Tras la viralidad del video en redes sociales, los estudiantes de algunas instituciones privadas —igualmente ajenas a la historia del movimiento estudiantil— como el ITAM, el Tecnológico de Monterrey (ITESM) y la Universidad Anáhuac, marcharon el 18 de mayo de 2012 hacia las instalaciones de

Televisa para solidarizarse con los estudiantes de la Ibero y denunciar el favoritismo de los medios de comunicación por Peña Nieto. Aunque Televisa no participó directamente en la campaña de desprestigio, los jóvenes reconocieron a esta empresa como la principal promotora de la imagen mediática del candidato priista desde su gestión como gobernador del Estado de México (2005 – 2011).

Durante este periodo de gestación, #YoSoy132 comenzó a articularse en torno a la Coordinadora Interuniversitaria, la cual estuvo conformada por estudiantes de universidades privadas, y en menor medida de universidades públicas, que se organizaron para canalizar y prolongar el descontento surgido en la Ibero. Para los primeros involucrados en la formación de #YoSoy132, la demanda principal podía traducirse en la lucha por la democratización de los medios. En su primer acto público, la Coordinadora manifestó: "Nuestra preocupación se deriva del estado actual de la prensa nacional y los medios de comunicación, así como de su papel político en el contexto democrático". De esta forma "nuestro movimiento busca la democratización de los medios de comunicación, con el fin de garantizar información transparente, plural e imparcial para fomentar una conciencia y pensamiento críticos".[2]

La primera estructura formal de #YoSoy132 no se pronunció en contra de la candidatura de Enrique Peña Nieto (EPN) y se limitó a buscar la democratización de los medios de comunicación. A pesar de haber surgido durante una protesta en su contra, la Coordinadora quiso diferenciarse del efímero movimiento AntiEPN, que surgió a la par de las protestas estudiantiles. Este movimiento se expresó fuertemente en las redes sociales e incluso logró que cerca de 46 000 personas marcharan en contra del candidato priista el 19 de mayo de 2012.[3] Sin embargo, no contó con una dirección política clara ni mostró ninguna intención de organizarse formalmente. Aunque muchos de los que pertenecimos a la Coordinadora apoyábamos al movimiento AntiEPN, a su vez reconocíamos que #YoSoy132 tenía una demanda más específica, es decir, la democratización de los medios de comunicación.

La marcha del 23 de mayo en la Estela de Luz marcó el inicio de una nueva fase caracterizada por el profundo antagonismo hacia la candidatura de Enrique Peña Nieto. Ese día resultó evidente que las consignas y pancartas de los 40 000 asistentes tenían en común el rechazo al ex gobernador del Estado de México, incluso a pesar de los esfuerzos de la Coordinadora por mantener la demanda de la democratización de los medios en primer plano. A raíz de la marcha, #YoSoy132 dejó de ser una coordinación entre estudiantes y se convirtió en un movimiento estudiantil masivo. A diferencia del movimiento AntiEPN, efímero y momentáneo, los jóvenes de universidades públicas y privadas comenzaron a discutir sus ideas y a conformar asambleas en sus centros de estudio.

#YoSoy132 definió un modelo organizativo en muy poco tiempo. Unas semanas después de nuestro surgimiento, no sólo existían asambleas estudiantiles a lo largo y ancho del país, también habíamos conformado una coordinación central: la

Asamblea General Interuniversitaria (AGI). La unión entre universitarios, además de traducirse en el aumento de estudiantes involucrados en la estructura orgánica del movimiento, también generó que #YoSoy132 incorporara a su agenda política otras problemáticas nacionales. En principio, la constitución de las asambleas estudiantiles y el haber visibilizado algunas de las fallas estructurales del régimen político nos hizo creer que teníamos grandes oportunidades para consolidarnos como un espacio de participación ciudadana y de resistencia de largo aliento. Sin embargo, no era suficiente estar organizados y tener algo que decir para garantizar nuestra existencia a futuro y el movimiento no superó el máximo reto: ponerse de acuerdo.

Asambleas estudiantiles: consensos y tensiones

La autonomía asamblearia fue el modelo rector de las reuniones de #Yo-Soy132. Gracias a la existencia de este principio político, las asambleas podían tomar decisiones y realizar acciones que sus miembros hubiesen elegido democráticamente, sin importar si eran diez o doscientas personas. Las asambleas no tenían que seguir las instrucciones de un órgano central para realizar una protesta o para volantear y brigadear en el metro y las calles de la ciudad. La autonomía asamblearia permitió que el campo de acción del movimiento fuera enorme.

Organizarnos en asambleas representaba un mensaje político de rechazo a las formas verticales y centralistas de hacer política. A su vez, gracias a la estructura horizontal del movimiento, las estrategias de deslegitimación emprendidas por el gobierno y los medios de comunicación no lograron desmotivarnos. "El movimiento no tiene líderes", repetíamos constantemente para evitar que los medios de comunicación fabricaran protagonismos con el fin de corromperlos y de esa forma poner en riesgo el trabajo y las acciones colectivas de #YoSoy132. Así quedó evidenciado con los casos de Manuel Cossío, hoy trabajador del CISEN,[4] y Antonio Attolini, ex integrante de la asamblea del ITAM y ahora conductor de Televisa.[5]

En la fase más activa del movimiento, por lo menos hasta el día en que el Tribunal Electoral del Poder Judicial de la Federación (TEPJDF) declaró formalmente la victoria de Peña Nieto en agosto de 2012, #YoSoy132 llegó a contar con más de 150 asambleas estudiantiles representadas en la AGI. Debido a este consenso general, #YoSoy132 tuvo un margen de acción muy amplio durante sus primeros meses. A veces de forma individual, en ocasiones colectivamente, las distintas asambleas planearon acciones e intervenciones con la finalidad de reducir la popularidad de Peña Nieto. Esta aspiración consintió que los estudiantes de universidades públicas y privadas, por primera vez en la historia del movimiento estudiantil mexicano, actuaran unidos. El acuerdo era claro: teníamos poco tiempo para impedir el triunfo de quien representaba la principal amenaza a los proyectos políticos que #YoSoy132 emprendiera.

La posibilidad de frenar la llegada del PRI al poder era una aspiración compartida por la mayoría de las asambleas, incluso a pesar de la pluralidad de tendencias políticas y la compleja diversidad de pensamiento entre los integrantes de #YoSoy132. El consenso general permitió que las tendencias ideológicas al interior del movimiento alcanzaran acuerdos importantes. De manera esquemática, puede decirse que la tendencia institucionalista y la tendencia antisistémica fueron las corrientes predominantes. La realidad de ambas es mucho más compleja y está repleta de "ismos"; sin embargo, con fines inteligibles he preferido simplificarlo. Para explicar brevemente en qué consistían estas tendencias, y partiendo de la premisa de que #YoSoy132 fue un movimiento preponderantemente estudiantil, vale la pena referirnos a las formas tradicionales de hacer política que prevalecen en las universidades públicas y privadas.

La tradición antisistémica fue predominante en los alumnos de las universidades públicas, donde existen diversas agrupaciones políticas de izquierda no partidista que gozan de gran experiencia política y suelen agruparse bajo el rechazo hacia el sistema económico capitalista y el autoritarismo del Estado, aunque también existen colectivos que operan a favor de los partidos políticos y que no gozan de credibilidad en el seno de la comunidad universitaria. En #YoSoy132, esta tradición buscaba que el movimiento no reconociera la legitimidad de los gobernantes y enfatizaba un enfoque en la lucha contra el neoliberalismo. Cabe destacar que la existencia de los colectivos de izquierda tradicionales no significa que la principal característica de las escuelas públicas sea el alto grado de rechazo al sistema político de sus estudiantes, pues de hecho estos grupos son fuertemente estigmatizados por la propia comunidad estudiantil y por otros colectivos que han comenzado a imitar el tipo de participación política que caracteriza a las escuelas privadas.

Mientras que en las universidades públicas como la Universidad Nacional Autónoma de México (UNAM), el Instituto Politéctico Nacional (IPN) y la Universidad Autónoma Metropolitana (UAM) es común encontrar protestas antisistema permanentemente —como la ocupación de salones y auditorios, además de distintas intervenciones del espacio público—, con la finalidad de visibilizar distintas problemáticas, en las escuelas privadas la participación política se caracteriza por una crítica moderada a las instituciones. Las actividades en estas universidades incluyen tertulias y convivios con personalidades influyentes y poderosas, así como otra serie de acercamientos que son aprovechados por los alumnos como una manera de aproximarse a la clase política dominante. En otros casos, la política estudiantil que se aleje de esta perspectiva se encuentra regulada de manera estricta. Tal es el caso del Tecnológico de Monterrey, donde los alumnos deben usar un lenguaje "adecuado" y conducirse con "respeto" cuando expresan sus puntos de vista en actividades no institucionales.[6] En #YoSoy132, de manera general, la tendencia institucionalista insistía en mejorar la competencia entre el mercado de la televisión, se negaba a desconocer a las instituciones, actuaba bajo los cauces legales y confiaba en los organismos electorales, o por lo menos no los condenaba *a priori*.[7]

Independientemente de sus contradicciones, ambas tradiciones supieron convivir en los momentos de mayor efervescencia del movimiento, incluso muchos de nosotros nos adaptamos a una u otra tradición según la acción política que más nos convenciera. La confrontación de diferencias no impidió que se dieran eventos de enorme trascendencia para el movimiento y la participación ciudadana. Esto se vio en el #Debate132, la Marcha del Silencio que reunió a cerca de 100 000 personas (un día antes de las elecciones) y la conformación misma de la AGI. El ejemplo más representativo en que las tendencias ideológicas lograron un acuerdo fue en el modo en que #YoSoy132 definió su postura en torno al voto.

La decisión que tomáramos respecto a nuestro papel en las elecciones era muy importante para dar un mensaje de aceptación o de rechazo al sistema. Llamar a votar de manera crítica, libre e informada, tal y como había sido aceptado en los primeros días del movimiento —cuando la cultura institucionalista sobresalía antes del ingreso masivo de las universidades públicas—, significaba otorgarle cierto grado de legitimidad a las instituciones, lo cual fue duramente criticado por quienes pertenecían a la tradición antisistémica. En la Facultad de Arquitectura de la UNAM, después de ocho horas de discusión, #YoSoy132 llegó a un consenso que reflejaría la pluralidad existente en nuestro interior: "Respetamos el voto libre, crítico e informado para quienes han decidido dar la lucha política electoral, pero también respetamos las distintas formas de lucha que van más allá de las elecciones".[8]

Con el fraseo anterior, la lucha institucional y la lucha antisistémica pasarían a ser parte de nuestra naturaleza. Esto también permeó en los métodos de protesta elegidos por las asambleas del movimiento. Podían pintarse grafitis y borrarse al día siguiente, marchar por la banqueta y levantar plumas en las casetas de las autopistas, regalar flores a los policías y gritarles groserías, marchar para pedir elecciones transparentes y negar el reconocimiento de las autoridades electorales. Nuestra pluralidad incluso se manifestó en la idea misma de la "democratización de los medios". Mientras que para algunos institucionalistas la democratización de los medios conllevaba la búsqueda de una competencia real en el sector de la radiodifusión y las telecomunicaciones, otros impulsaban una concepción muy distinta:

> Consideramos que la democratización y apertura de los medios de comunicación no se conseguirán con la participación de más consorcios de telecomunicaciones cuyo interés no es el de dar voz a amplios sectores de la sociedad ni ofrecer contenidos de calidad, pues se manejan bajo la lógica de la persecución de ganancias. Por ello una auténtica democratización y apertura de los medios de comunicación va de la mano de sumar a esta lucha a los trabajadores de las comunicaciones (como los telefonistas o el SME) para luchar por la expropiación de estas empresas bajo control de ellos mismos.[9]

El consenso general que nos permitió actuar conjuntamente llegó a su fin con el inminente retorno del PRI al poder y las tensiones se revitalizaron cuando el movimiento se quedó sin rumbo fijo. Las asambleas continuaron trabajando en una agenda de resistencia, pero la falta de discusión sobre las diferencias ideológicas fue el principal obstáculo para impulsar y acordar una estrategia de incidencia común. La Asamblea General, foro en donde se tomaron algunas de las decisiones más importantes del movimiento, se convirtió en una estructura inoperante para debatir y reflexionar sobre nuestros puntos de vista encontrados. Las asambleas locales, confundidas, cayeron en un estado de ansiedad hiperactivista y continuaron manifestándose de acuerdo a sus prioridades e intereses. Todo esto sin importar si llegaban únicamente treinta personas a un levantamiento de pluma o a una protesta afuera de la Cámara de Senadores. Para muchas de las asambleas, lo imprescindible en esos momentos era seguir mostrando músculo político.

La AGI fue un espacio clave para la organización del movimiento pero improductivo para resolver las tensiones de las distintas culturas políticas. Por una parte, el formato y la agenda de trabajo en las sesiones de la AGI impedían una discusión profunda sobre nuestros problemas. Primero, se elegían moderadores y relatores —en muchas ocasiones estudiantes sin experiencia— responsables de evitar interrupciones y de aprovechar el tiempo para la discusión sin caer en distracciones; segundo, las asambleas locales explicaban sus planes de acción y acuerdos; tercero, se discutía por horas cómo hacer más incluyente el modelo asambleario, si se les daba más votos a las entidades federativas o si permitíamos la participación de asambleas no estudiantiles; cuarto, el movimiento aprobaba sus próximas protestas y posicionamientos políticos. Al concluir el encuentro muchas asambleas locales quedaban insatisfechas porque sus asuntos no se planteaban extensivamente o porque se quedaban al margen de los debates por la cantidad numerosa de participantes.

La AGI no supo hacer frente al fenómeno de la multitud. Como bien ha señalado Enrique Pineda (2012), este problema se presentó en nuestra incapacidad para lograr la síntesis de lo múltiple y lo diverso, la irrepresentatividad y las dificultades de identificar lo central y lo común. La escasa discusión sobre las consecuencias de hacer uso indiscriminado de la autonomía asamblearia impidió la construcción de una estrategia de incidencia adecuada. Los métodos de protesta abordaban temas y objetivos muy distintos, y las acciones que cada corriente política al interior del movimiento realizara, en lugar de ser entendidas y admitidas para así diseñar una estrategia en conjunto más o menos satisfactoria para todas las partes, comenzaron a provocar reclamos entre los distintos bandos.

En ocasiones, para que una acción resultara más contundente, un grupo de asambleas se reunía para planear alguna protesta, no sin antes recibir críticas por sus prácticas excluyentes. En otros casos, dos asambleas podían hacer cosas totalmente distintas el mismo día y a la misma hora y ninguna tener el impacto mediático esperado. Con el tiempo, los integrantes del movimiento prefirieron impulsar la agenda más apegada a sus tendencias y afinidades políticas. El contexto electoral había permitido que las tensiones ideológicas pasaran a un segundo plano, pero en la fase poselectoral, donde el enemigo en común no quedaba del todo claro, muchos integrantes del movimiento dejaron de involucrarse en acciones de las que no estuvieran políticamente convencidos. Se volvió común leer *posts* en Facebook de integrantes que se despedían del movimiento para reincorporarse a su colectivo político o para emprender un nuevo proyecto.

La última ocasión en la que existió un consenso general entre las asambleas del movimiento ocurrió tras los hechos del 1° de diciembre de 2012, el día de la toma de protesta de Peña Nieto como presidente de México. La represión gubernamental motivó que durante unos cuantos meses las asambleas estudiantiles olvidaran sus iniciativas autónomas y se concentraran en la defensa de los presos políticos y la denuncia de las violaciones de derechos humanos cometidas por el gobierno federal y el gobierno de la ciudad de México. La pluralidad ideológica y la creatividad colectiva resurgieron durante esta coyuntura y se manifestó en campañas en redes sociales, marchas, pintas y hasta en la búsqueda del diálogo con actores políticos. Sin importar su corriente ideológica, las asambleas realizaron lo que estuvo a su alcance para apoyar a las víctimas y para exhibir las acciones autoritarias de Peña Nieto, otra vez Peña Nieto.

¿Y la democratización de los medios?

A pesar del júbilo que se vivió el 30 de mayo de 2012 en las islas de CU durante la primera asamblea interuniversitaria, el discurso elaborado por la Mesa de Memoria Histórica leído frente a 10 000 estudiantes desconcertó a muchos sectores del movimiento:

> No olvidamos los esfuerzos de las luchas de movimientos obreros y campesinos, el magonismo, el villismo, el zapatismo, el movimiento ferrocarrilero y el movimiento médico. No olvidamos la expropiación petrolera, la lucha por la autonomía universitaria, la insurrección social armada de los años sesenta [...]. No olvidamos la guerra sucia y sus desaparecidos, las huelgas universitarias del 86 y del 99. El movimiento 132 somos nosotros.[10]

¿Por qué de pronto comenzamos a citar a Villa y Zapata en nuestros discursos? ¿Teníamos alguna relación con las huelgas estudiantiles en defensa de la autonomía universitaria? La primera asamblea masiva celebrada en las islas de Ciudad Universitaria el 30 de mayo de 2012 reunió a los estudiantes para luchar por la democratización de los medios de comunicación que originalmente exigieron los alumnos de la Ibero. A esta demanda se le sumaron prácticamente todos los problemas de la agenda pública: solucionar las fallas estructurales del sistema educativo y de salud, denunciar las violaciones a los derechos humanos provocadas por la guerra contra el narcotráfico y modificar el modelo económico neoliberal, entre otras exigencias que se anexaron a la extensa lista de aspiraciones políticas de #YoSoy132.[11]

#YoSoy132 comenzó siendo un movimiento en contra de los medios masivos de comunicación y su vínculo con Peña Nieto, y más tarde se convertiría en un movimiento estudiantil con múltiples pretensiones políticas. Prácticamente todos los problemas nacionales requirieron de nuestra atención, no sólo aquellos que surgieron durante nuestra existencia, sino también las injusticias que no habían sido resueltas. Todas estas problemáticas, ajenas directamente al origen de #YoSoy132, en un primer momento sirvieron para justificar el motivo de nuestra indignación, pero posteriormente se transformaron en parte de nuestras demandas.

#YoSoy132 hizo suyas otras problemáticas estructurales con la finalidad de que sin importar lo que sucediera el día de la jornada electoral contáramos con un programa político de largo aliento. El movimiento no sólo se había comprometido a denunciar las fallas estructurales del sistema político, sino que también había creado distintos espacios de participación estudiantil, como las Mesas de Trabajo o los proyectos especiales, para profundizar sus exigencias políticas.

Las Mesas de Trabajo fueron creadas por iniciativa de distintos integrantes con el fin de profundizar en las demandas de #YoSoy132. A pesar de los problemas para organizarnos en tiempo récord, las disputas ideológicas y la complejidad para responder con inteligencia prácticamente a todas las coyunturas, #YoSoy132 consolidó estos grupos de trabajo que generaron una agenda colectiva a mediano y largo plazo. Existieron Mesas para discutir asuntos como migración, salud, reforma energética, educación y medio ambiente; sin embargo, aquélla dedicada al estudio del fenómeno mediático del país fue la más activa y la más relevante.

La Mesa por la Democratización de los Medios posicionó varios temas en la agenda pública incluso cuando el movimiento ya no contaba con la misma capacidad de encantamiento ciudadano. Esta Mesa trascendió la coyuntura electoral y siguió convocando a protestas, publicando videos, redactando documentos especializados[12] y estableciendo alianzas importantes con académicos, organizaciones civiles y otros expertos, además de jugar un papel importante como figura opositora a la reforma constitucional en el marco jurídico de las telecomunicaciones y la radiodifusión.

La AGI y las asambleas autónomas no le prestaron la atención necesaria a las Mesas de Trabajo y encaminaron sus esfuerzos a responder a las coyunturas nacionales. Cuando la resolución de las disputas ideológicas resultó imposible, es decir, con el progresivo reflujo del movimiento, las Mesas perdieron su legitimidad para continuar realizando acciones a nombre de #YoSoy132. Ya no se representaba a los miles de estudiantes y no había destinatarios con quien presentar y discutir los resultados y las conclusiones del trabajo especializado.

La pérdida de interés de la sociedad en las acciones del movimiento fue otro factor que impidió el impulso de una agenda que atendiera las fallas estructurales. Independientemente de nuestros conflictos internos y la poca disposición de los miembros de #YoSoy132 para participar en las Mesas de Trabajo, los ciudadanos ya no marchaban a nuestro lado ni tuiteaban nuestro *hashtag*. El apoyo se desvaneció. Esta desgana e indiferencia no sólo fue expuesta por la sociedad efímera y desorganizada, sino también por las organizaciones sociales que durante el contexto electoral habían mostrado su apoyo, como sucedió con algunos grupos pertenecientes a la Convención Nacional contra la Imposición (un conjunto de más de trescientas organizaciones y movimientos sociales que buscaban impedir la llegada de Peña Nieto a la presidencia).[13]

Existen muchos factores que explican esta pérdida de apoyo. Lo que dijeron y lo que no dijeron los medios de comunicación masivos sobre nosotros tuvo algún efecto en la percepción social. Por otro lado, la represión gubernamental del 1° de diciembre de 2012 y el incremento durante el 2013 de las violaciones de derechos humanos en contra de manifestantes y periodistas también causaron que muchas personas se alejaran de las calles. La criminalización de la protesta social ejecutada por el gobierno, difundida y defendida por las televisoras, desmovilizó a la sociedad y a muchos de nosotros.

Al interior del movimiento, sabíamos que el apoyo social disminuiría con el tiempo. Así como la coyuntura electoral había llamado la atención de tantas personas, su desaparición provocaría que las calles poco a poco quedaran vacías. A pesar del pronóstico, #YoSoy132 no logró diseñar una estrategia que le permitiera fortalecer sus bases. El acercamiento con los estudiantes de nuestros campos de estudio y el contacto directo con la ciudadanía para convencerla de sumarse a nuestras protestas fueron acciones que se quedaron en un segundo plano. Sin el apoyo visible de la gente, el levantamiento de plumas o las campañas en redes sociales pasaban inadvertidos. Los documentos especializados de las Mesas de Trabajo se subían a la web, pero no bajaban a las calles. Se tuiteaba mucho, pero se hablaba poco. Con el tiempo, las asambleas locales se darían cuenta de que no bastaba anunciar una "acción contundente" para que miles de personas acudieran a la convocatoria.

Aprendizajes

El surgimiento de #YoSoy132 logró colocar en primer plano la relación de poder entre el sistema político y las industrias privadas de la comunicación. Fue tal la necesidad de abatir este problema que amplios sectores de la sociedad se sumaron a nuestra causa, incluso aquellos que se habían mantenido al margen de la protesta social. Sin embargo, cuando #YoSoy132 intentó consolidarse hacia el futuro, organizándose en asambleas y asumiendo otras problemáticas nacionales, un abanico muy amplio de ideologías, prácticas y costumbres políticas comenzaron a interactuar, y las diferencias fundamentales entre ellas impidieron que la juventud politizada continuara explorando sus límites. La cantidad de estudiantes que participaban en las AGI nos hacía creer que sería posible garantizar la existencia del movimiento a largo plazo. Pero con el paso del tiempo, y al contrario de nuestros pronósticos, las asambleas eran cada vez menos concurridas y las decisiones tomadas menos satisfactorias. Al igual que con otros movimientos masivos, #YoSoy132 evidencia uno de los obstáculos que deben enfrentar los ejercicios deliberativos horizontales: la posibilidad de lograr consensos.

A pesar de no consolidarnos como organización política, #YoSoy132 trascendió en otros sentidos. A cuatro años de nuestro surgimiento, seguimos levantando la voz. Hoy seguimos marchando, tuiteando y denunciando las violaciones a los derechos humanos. Muchos de nosotros, sin importar corrientes ideológicas, nos hemos unido y hemos comenzado nuevos proyectos. Quienes nos sumamos al movimiento conocimos el significado de vivir en democracia, el sentido de decir lo que pensamos, de soñar y luchar por lo que queremos. Más allá de los resultados cuantificables de nuestra existencia —restarle votos a EPN, el #Debate132, la disminución de la popularidad de Televisa—, el legado de #YoSoy132 se presentará con el tiempo, incluso ya desde ahora se nota cada vez que se denuncia el poder de las televisoras y su capacidad de intervenir en los asuntos de la vida pública.

Los efectos de nuestra existencia también se manifiestan en el fortalecimiento del régimen político-empresarial. La clase dominante también aprendió de nosotros y hoy cuenta con más herramientas para proteger sus intereses. En una época en que la gente cada vez más se acostumbraba a tomar las calles para defender sus derechos, los políticos modificaron sus leyes con el fin de criminalizar la protesta social. Cuando el *rating* de Televisa disminuyó, encontró la manera de ser la principal beneficiada de la próxima ley en telecomunicaciones y radiodifusión. Ante la amenaza que representa la movilización social, la clase dominante reactivó sus estrategias para perpetuar sus intereses. #YoSoy132 también fue la oportunidad de vivir en carne propia la represión gubernamental y la indiferencia de la clase política, las campañas de manipulación mediática y las mentiras de muchos periodistas. La indignación en la sociedad ha aumentado, pero también el poder de quienes controlan el mercado y las legislaturas.

Bibliohemerografía

ÁNGEL, WALTER. (2013). "La Convención que no luchó contra la Imposición" en *Revista Hashtag*, núm. 3, mayo-junio, pp. 32-35.

"CONTRA CORRIENTE EN EL MOVIMIENTO YO SOY 132". (2012). En *Rebelión*, 8 de junio, consultado el 1 de mayo de 2014 en <http://www.rebelion.org/noticia.php?id=150981>.

"GRAN DISCURSO #YoSoy132. 1ER ASAMBLEA. MEMORIA Y CONSCIENCIA". (2012). Mesa

14, 30 de mayo, Ciudad Universitaria, consultado el 1 de mayo de 2014 en <https://www.youtube.com/watch?v=E9dkSK1pgzA>.

MONTALVO, TANIA L. Y MAURICIO TORRES. (2012). "Miles de ciudadanos se manifiestan en la marcha Anti-Peña Nieto" en *CNN México*, mayo 19, consultado el 1 de mayo de 2014 en <http://mexico.cnn.com/nacional/2012/05/19/miles-de-ciudadanos-se-manifiestan-en-la-marcha-anti-pena-nieto>.

PINEDA, CÉSAR ENRIQUE. (2012). "'#YoSoy132': corte de caja" en *Rebelión*, 8 de octubre, consultado el 1° de mayo de 2014 en <http://www.rebelion.org/noticia.php?id=157285>.

"PROGRAMA DE LUCHA (NO ACCIÓN) #YO SOY 132". (2012). 9 de julio, consultado el 1 de mayo de 2014 en <https://enah132.wordpress.com/2012/07/09/programa-de-lucha-no-accion-yo-soy-132/>.

ROSAGEL, SHAILA. (2013). "El priista que infiltró a #YoSoy132 en 2012, ganó su confianza y casi lo destruye, hoy es funcionario del CISEN", en *SinEmbargo*, 3 de junio, consultado el 1 de mayo de 2014 en <http://www.sinembargo.mx/03-06-2013/642497>.

TRERÉ, EMILIANO. (2013). "#YoSoy132: la experiencia de los nuevos movimientos sociales en México y el papel de las redes sociales desde una perspectiva crítica", en *Educación social: revista de intervención socioeducativa*, núm 55, pp. 112-121.

"#YoSoy132 PROPONE 'UN NUEVO SISTEMA DE MEDIOS'". (2012). En *Animal político*, noviembre 8, consultado el 1 de mayo de 2014 en <http://www.animalpolitico.com/2012/11/yosoy132-propone-un-nuevo-sistema-de-medios/#axzz30WoEEqZ5>.

"YO SOY 132: DECLARATORIA Y PLIEGO PETITORIO". (2012). En *Animal político*, mayo 23, consultado el 1 de mayo de 2014 en <http://www.animalpolitico.com/2012/05/declaratoria-y-pliego-petitorio-de-yo-soy-132/#axzz30WoEEqZ5>.

"YoSoy132ITAM SE DESLINDA DE ANTONIO ATTOLINI". (2012). En *ADN político*, 25 de octubre, consultado el 1 de mayo de 2014 en <http://www.adnpolitico.com/ciudadanos/2012/10/25/yosoy132itam-se-deslinda-de-antonio-attolini>

Notas

1   *Porro* es el término que se le asigna a los estudiantes que realizan política dentro de las preparatorias y universidades públicas a nombre de un partido político. Estos grupos, identificados con el PRI, utilizan la violencia como forma de operar e intimidan a las agrupaciones opositoras estudiantiles y de izquierda de las instituciones públicas. Este fenómeno no sucede en las escuelas privadas. *Acarreado* es una persona que acude a una presentación pública de algún personaje o partido político bajo la promesa de recibir alguna retribución en dinero, en especie o, incluso, de entretenimiento.

2   La declaratoria de principios y pliego petitorio de #YoSoy132 fue el primer documento realizado por la Coordinadora Interuniversitaria. Disponible en http://www.animalpo-

litico.com/2012/05/declaratoria-y-pliego-petitorio-de-yo-soy-132/#axzz30WoEEqZ5.

3 Tania L. Montalvo y Mauricio Torres. "Miles de ciudadanos se manifiestan en la Marcha Anti-Peña Nieto", consultado en http://mexico.cnn.com/nacional/2012/05/19/miles-de-ciudadanos-se-manifiestan-en-la-marcha-anti-pena-nieto.

4 Rosagel, Shaila. "El priista que infiltró a #YoSoy132 en 2012, ganó su confianza y casi lo destruye hoy es funcionario del CISEN", consultado en http://www.sinembargo.mx/03-06-2013/642497.

5 "#YoSoy132ITAM se deslinda de Antonio Attolini", consultado en http://www.adnpolitico.com/ciudadanos/2012/10/25/yosoy132itam-se-deslinda-de-antonio-attolini.

6 El artículo 18 del Reglamento General de Alumnos del Tecnológico de Monterrey pone énfasis en este punto. Disponible en http://www.chs.itesm.mx/webcontent/reglamentos/pdf/rga.pdf.

7 En un interesante ensayo, César Enrique Pineda identifica cinco tipos de tendencias políticas al interior de #YoSoy132: la liberal progresista, el lopezobradorismo, la tendencia antisistémica, las posiciones autonomistas y libertarias, y la de los "indignados". Ver "'#YoSoy132': corte de caja" en http://rebelion.org/noticia.php?id=157285.

8 Asamblea Interuniversitaria del 5 de junio de 2012, Facultad de Arquitectura. Documento disponible en http://yosoy132media.files.wordpress.com/2012/06/minuta-5-de-junio-de-2012-ultima.pdf.

9 "Contra Corriente en el Movimiento #YoSoy132". Disponible en http://www.rebelion.org/noticia.php?id=150981.

10 "Gran Discurso #YoSoy132. 1ª Asamblea. Memoria y Conciencia". Mesa 14, Ciudad Universitaria (30-05-2012) Disponible en https://www.youtube.com/watch?v=E9dkSK1pgzA.

11 El Programa de Lucha fue el primer documento en donde se registró el programa político del movimiento y posteriormente amplió sus horizontes y abordó más problemas. Ver http://enah132.wordpress.com/2012/07/09/programa-de-lucha-no-accion-yo-soy-132/.

12 El 8 de noviembre de 2012, la Mesa de Trabajo por la Democratización de los Medios presentó el "Documento de Exigencias Mínimas para un nuevo sistema de medios". El texto está disponible en http://www.animalpolitico.com/2012/11/yosoy132-propone-un-nuevo-sistema-de-medios/#axzz30WoEEqZ5.

13 Para un análisis sobre la Convención Nacional contra la Imposición, ver Walter Ángel, "La Convención que no luchó contra la Imposición". Disponible en http://www.revista-hashtag.net/columnas2/item/135.

Manifiesto[1]

Guiomar Rovira Sancho
UNIVERSIDAD AUTÓNOMA METROPOLITANA XOCHIMILCO

Acontecimiento #YoSoy132, apertura y conexión
Somos la vida.
Somos la continuidad, la reproducción y el cuidado, somos lo común.
Caen hechas pedazos las dicotomías como lo público y lo privado,
feminismo, ecologismo, cultura libre, colaborar, compartir, remezclar, inventar,
irreverencia, autoría atenuada, remix y reloaded.

La técnica maldita puede ser nuestra, apropiada, flexible.
La técnica es lúdica, es segunda técnica, es modernidad alternativa.
Es cultura hacker, es hackear la cultura, hackear la política, hackear la autoridad.
Las redes que coloniza el capitalismo global
son ahora a su pesar política distribuida,
la risa y el meme, lo irreverente, tejido flexible, replicante.
Remezclamos, somos afectos y nos afectamos.
Espacio público sin aura, inmediato, accesible,
al alcance táctil del mouse.
Trituración de la autoridad del político, del locutor, del opinador profesional.
Sale a escena *la política de cualquiera*,
en primera persona, interrumpe e irrumpe,
se viraliza, es la vida cotidiana y más allá
no es un espacio privilegiado, no es un medio alternativo,
son los instrumentos del diario,
esos que sirven para echar novio o echar selfies,
de repente son potencia política,
es lo de aquí y lo de allá que se convierte en indignación viral,
semillas, polinización, contagio que difumina las fronteras entre lo mío y lo tuyo,
lo de aquí y lo extranjero, lo público y lo privado, lo online y lo in situ.
Aquí no queremos ver al Estado. Menos sus bordes armados.

Yo me siento online en este sitio. Yo soy in situ translocal.
Soy el alma risueña conectada agitando cascabeles.
Soy un afecto contagioso de risa que se extiende.
Soy el entusiasmo por la revolución,
por la revuelta, por la traducción equívoca.
No hay reverencia, quien se tome en serio pierde.
Aquí todo se suma, el tercero excluido, la contradicción hace la vista gorda
y engordamos juntas la *global revolution*.

Hashtag

Un hashtag, un asentamiento virtual, crece una nube luminosa alrededor del signo,
como alrededor de la ceiba crece un pueblo en la Selva Lacandona.
Cabemos todos en un hashtag porque no es una sala ni un auditorio
no es una asamblea ni una plaza
es un lugar donde no hay límite de aforo y la ventana está abierta.
Somos trazo, hipervínculo, profundidad, ni tú ni yo
conexión yosiendohaciati.

Internet: los estados y las corporaciones
son los dueños de la infraestructura material:
"Sus cimientos son líneas de cable de fibra óptica
 que se extienden a través de los suelos oceánicos,
satélites que giran sobre nuestras cabezas,
servidores alojados en edificios de ciudades…"
Flujos bancarios que sostienen el capital.

Pero la idea, ¿de quién es la idea?
El sueño de una realidad interconectada
estaba ahí antes que sus cables y sus antenas y sus drones y sus guerras.
El primero en hablar de "ciberespacio", William Gibson, tecleó el Neuromancer en
        una máquina de escribir.
Las potencias son imaginadas antes de llegar a darse.
Hay que hacer brotar el sueño
recuperarlo, vestirlo, ensayarlo, cuidarlo.
Lo que hemos perdido no ha sido el sueño,
sino su realización.

La tecnología es capitalismo,
Han comprado el código,
pero ahí está el movimiento por el software libre.

Han colocado sus espías,
pero ahí está Snowden.
Han ocultado su negocio ensangrentado,
pero ahí está Chelsea Manning y Wikileaks.
Han cooptado las redes,
pero ahí está Anonymous, ahí estamos nosotros.
Porque lo que no es "apropiable" es el uso de las cosas.
La vida misma. El amor.
Nunca lo tendrán todo.
El sueño, el deseo, la imaginación.
El sistema metafórico es nuestro…
La maquinaria sin alma de la valorización del valor
opera sobre lo inapropiable, un resto que se le escapa: estar vivos unos con otros.
Resolver la comida, el cuidado, el afecto.
Reproducción, nacimiento, enfermedad, muerte.

La natalidad, garantía del perpetuo cuestionar el orden,
la libertad es el llamado constante a crear el mundo común.
Cada generación exige su derecho a decidir cómo queremos vivir juntos.
"Cada generación sueña la siguiente".
YoSoy132 era esperado en México,
en cada rincón de esta tragedia.
Ustedes eran esperadas. Ustedes son mi sueño.

"Los hombres navegan en un mar sin límites y sin fondo…"
No es cierto, la actividad política, no acontece en un vacío
sino que está siempre envuelta
en capas sedimentadas de pasados vivos y de presentes anhelantes.
Lo político es apertura,
recuperación de la capacidad de fundar,
lo político se actualiza bajo una forma concreta.
Unos cuerpos, una tierra, un aire compartido donde tejer,
como artesanas, con las manos, como las abuelas más viejas.
Se crea espacio para una libertad inicial, recién inaugurada.
Hoy menos que nunca las aperturas son clausuras o programas.
Nunca los medios han sido tanto los fines.
Ya nada justifica nada. Todo ha de ser aquí y ahora.
Somos cuerpos, somos vida amenazada por la urgencia.
Quisiera detener este momento.
Hacerlo estallar por dentro.
Detonarlo en luces de colores.

Si no ardemos juntos, quién iluminará esta oscuridad.
Poner el cuerpo en la plaza, arder juntos,
ser brasa, ser estopa, ser aire que sopla.

En el 132, todos "se hicieron poetas".
La gente no coreaba las mismas consignas, "las iba inventando paso a paso". Hacerse
    poetas.
Bajarle los humos al lenguaje y al sistema.
Acabar con sus límites y su muerte,
estallarlo como clavel y como rosa,
construir nuevos sentidos, alcanzar lo inefable.
Las palabras son gestos son videos son carteles son gráfica son canciones son hashtags.

Calles de la ciudad de México bañadas por la lluvia temprana.
Jóvenes caminando el asfalto y abriéndolo a cada paso.
No es que debajo de los adoquines esté la playa,
es que no nos podemos detener, es tanta la vida que nos empuja.
Apurar el momento de ser juntos, aquí y ahora cantamos,
Camina Reforma, patea el asfalto, conviértelo en playa.
Pisa, abre el Zócalo, ventila las axilas de los parques.
Venimos a enmarañarnos los cabellos con los sueños,
a construir la tela de múltiples hilos.
"Llenamos la plaza de música, de libros, de poesía, de performance. *Hacemos que florezca*
    el concreto. Al amanecer cantamos de nuevo."

132 singular-plural, vuelto infinito
política de cualquiera
nombre impropio, sin color ni sabor:
ni etnia, ni clase, ni Dios, ni amo,
ser un número no denota cualidad
ser un número es simplemente "contar".
Contar de cuenta
y contar de cuento.
"Acto de ciudadanía",
política prefigurativa.
Como si estar en la cuenta
implicara "tener derechos" en un país con 90% de impunidad.

Abrir el momento

¿Por dónde empezar?

¿Por las montañas de muertos de la guerra contra el narcotráfico?

¿Cifra de desaparecidos? ¿Cuál fue la gota que derrama el vaso?

Abrirnos al dolor, percibir lo que pasa, darnos cuenta

(contarnos unos a otros, ver los que faltan, el cuento y la cuenta de los incontados).

En el 132, "todos se hicieron poetas".

¿De qué otra manera se puede sino abrazar el dolor de tanto México?

Notas

1   Este texto se presentó en la mesa "5 manifiestos de 5 minutos" del "IX ENCUENTRO" en Montréal, Québec, organizado por el Hemispheric Institute of Performance and Politics y Université Concordia, del 21-28 de junio de 2014.

Imagen1. Diseño: Martha Luz Muñoz Aristizábal

BENJAMÍN ARDITI. Profesor de Teoría Política en la UNAM. Ha sido profesor en las universidades de Santa Catarina (Brasil), Maryland (Estados Unidos) y Essex (Reino Unido), investigador visitante en las universidades de Edimburgo y St. Andrews (Reino Unido). Su libro más reciente es *La política en los bordes del liberalismo: diferencia, populismo, revolución y emancipación* (Gedisa, 2010, segunda edición 2014). Sus artículos académicos han sido publicados en revistas tales como *Angelaki, Constellations, Contemporary Politics, Contemporary Political Theory, Critical Review of International Social and Political Philosophy, Latin American Research Review, New Political Science, Parallax, Political Studies, Telos* y *Zona Abierta*. Es co-editor de *Taking on the Political*, colección de libros de pensamiento Continental publicada por Edinburgh University Press. Combina la investigación con el activismo. Actualmente trabaja sobre el pensamiento político de Jacques Rancière, la política posliberal, la posthegemonía y la conectividad viral.

DIANA TAYLOR. Directora y fundadora del Instituto Hemisférico de Performance y Política (*Hemispheric Institute of Performance and Politics*), profesora del Departamento de Estudios de Performance y del Departamento de Español y Portugués de la Universidad de Nueva York (NYU). Autora de *Performance* (Duke University Press, 2015), *Acciones de memoria: Performance, historia, y trauma*. Perú: Fondo Editorial de la Asamblea Nacional de Rectores, 2012. Su libro *The Archive and the Repertoire: Performing Cultural Memory in the Americas* (Duke University Press, 2003) fue traducido al portugués por Eliana Lourenço de Lima Reis, Belo Horizonte, Brasil: Universidade Federal de Minas Gerais Press en noviembre 2012 y al español por Anabelle Contreras, Ediciones Universidad Alberto Hurtado, Santiago de Chile (marzo 2015); *Disappearing Acts: Spectacles of Gender and Nationalism in Argentina's Dirty War*, (Duke University Press, 1997) y *Theatre of Crisis: Drama and Politics in Latin America* (The University Press of Kentucky, 1991). Es co-editora de *Estudios avanzados de performance* (Fondo de Cultura Económica, 2011); *Stages of Conflict: A Critical Anthology of Latin American Theatre and Performance* (University of Michigan, 2008) y *Holy Terrors: Latin American Women Perform* (Duke University Press, 2004).

Arnau Monterde. Doctor en Sociedad de la Información y el Conocimiento por la Universitat Oberta de Catalunya (UOC). Coordina el Programa de Comunicación y Sociedad Civil en esta misma universidad e investiga la relación entre las tecnologías de la comunicación y los movimientos-red, con especial atención a la multiplicidad y complejidad de las redes del 15M y sus transformaciones. También trabaja en las relaciones entre tecnología, participación y democracia, y su relación con los movimientos. (Blog: arnaumonty.wordpress.com | Twitter: @arnaumonty).

Pablo Aragón. Doctorando en el grupo de Inteligencia Artificial en la Universitat Pompeu Fabra. Desde 2011 trabaja como investigador en el grupo de Digital Humanities en Eurecat-Centro Tecnológico de Cataluña (anteriomente, grupo de Social Media en Barcelona Media), donde sus principales actividades se basan en el rastreo, análisis y visualización de grandes volúmenes de datos de la Web Social. En concreto, se centra en el estudio de las dinámicas de comunicación y de difusión de información en el contexto de discusión política y movimientos emergentes (e.g. 15M). También colabora regularmente con el Internet Interdisciplinary Institute (IN3) de la Universitat Oberta de Catalunya (UOC) en los proyectos DatAnalysis15M y D-CENT. Twitter: @elaragon.

Laura Elizabeth Guzmán Garibay. Egresada de la carrera de Psicología de la Facultad de Psicología de la UNAM. Integró la Comisión de Comunicación y Prensa de #YoSoy132 como una de las encargadas de redes sociales. Actualmente investiga la interacción social en escenarios virtuales y su potencial político, además de la gentrificación en Latinoamérica, como parte de su tesis de licenciatura.

Ignacio Corona. Profesor Asociado en el Departamento de Español y Portugués de la Universidad Estatal de Ohio. Autor del libro *Después de Tlatelolco: las narrativas políticas en México, 1976-1990: un análisis de sus estrategias retóricas y representacionales* (Universidad de Guadalajara, 2001). Co-editor de *Gender Violence at the U. S. – Mexico Border: Media Representations and Public Intervention* (University of Arizona Press, 2010); *Postnational Musical Identities: Production, Marketing, and Consumption in a Globalized Scenario* (Lexington Books, 2008) y *The Contemporary Mexican Chronicle: Theoretical Perspectives on the Liminal Genre* (Sunny Press, 2002). Premio al mejor artículo en Humanidades de la sección México de Latin American Studies Association (LASA 2012) con "*La avanzada regia:* Monterrey's Alternative Music Scene and the Aesthetics of Transnationalism," en Alejandro L. Madrid (ed.), *Transnational Encounters: Music and Performance at the U. S. – Mexico Border* (Oxford University Press, 2011).

Israel Espinosa Ramírez. Maestro en Historia y Etnohistoria por la Escuela Nacional de Antropología e Historia. Se especializa en cultura maya prehispánica y ha publicado distintos ensayos: "El poder y el dominio del tiempo en Nakbé", en *Kinkaban* 1.1 (enero – junio, 2012) y "Don Esteban: trabajar con el Ixtle, transformar la naturaleza", en *Creadores populares del estado de Guanajuato 2012* (Ediciones La Rana,

2012) y es colaborador en el medio electrónico Más de 131. Fue conductor del programa #TodosSomos132 por Rompeviento Televisión por Internet de 2012 a 2013.

Ricardo Bernal Lugo. Director editorial de *RevistaHashtag*. Licenciado en Filosofía por la Universidad La Salle, maestro en Humanidades con línea en filosofía moral y política por la Universidad Autónoma Metropolitana plantel Iztapalapa. Doctorando en Filosofía Política por el mismo plantel, actualmente cursa la licenciatura en Lengua y Literaturas Hispánicas en la Universidad Nacional Autónoma de México. Es profesor de Filosofía Social y Filosofía de la Historia en la Universidad La Salle. Sus áreas de especialidad son filosofía política, filosofía y derechos humanos, y filosofía de la comunicación.

Diana Guillén. Doctora en Estudios Latinoamericanos por la Facultad de Ciencias Políticas y Sociales de la UNAM. Profesora e investigadora de tiempo completo en el Instituto de Investigaciones Dr. José María Luis Mora y profesora de asignatura en la UNAM. Con el apoyo del CONACYT realizó una estancia sabática en El Colegio de la Frontera Norte que entre otros resultados produjo el texto incluido en el presente volumen. De sus libros publicados destaca *Chiapas 1973 – 1993. Mediaciones, política e institucionalidad* (Instituto Mora, 1998) y el que coordinó con Alejandro Monsiváis titulado *La representación política de cara al futuro: desafíos para la participación e inclusión democráticas en México* (El Colegio de la Frontera Norte, 2014). Recientemente publicó "Miradas fotográficas y construcción de huellas documentales: el nacimiento de los Caracoles zapatistas", *Política y cultura*, 41 (2014) y "Sociedades en movimiento, inercias estatales y nuevas configuraciones de gestión pública. Una mirada al caso mexicano" en *Los movimientos sociales en la dinámica de la globalización* (México: Instituto de Investigaciones Sociales, Universidad Nacional Autónoma de México, 2015). Sus principales líneas de investigación y docencia se centran en cuatro grandes ejes: historia reciente de América Latina; instituciones, prácticas y representaciones sociopolíticas; apropiaciones, usos y transformaciones del espacio; y el uso de la imagen como fuente para la investigación social.

Raúl Diego Rivera Hernández. Profesor Asistente en el Departamento de Lenguas Romance y Literatura de Villanova University. Su línea de investigación se centra en el género policial latinoamericano y los movimientos sociales contemporáneos en México. Recientemente publicó "De la Red a las calles: #YoSoy132 y la búsqueda de un imaginario político alternativo" en *Argumentos. Estudios críticos de la sociedad* 75 (2014). Actualmente analiza el papel de las emociones y los afectos en las acciones colectivas encabezadas por familiares de víctimas de desaparición forzada en el caso de los 43 normalistas de Ayotzinapa, y las caravanas de madres centroamericanas en busca de migrantes desaparecidos en tránsito por México. Ha sido profesor en Denison University (2011–2012), la Universidad Autónoma de Yucatán (verano 2012) y University of South Carolina (2012–2015).

Guillermo Alan Naranjo Estrada. Abogado por la Facultad de Derecho de la UNAM, estudió la especialidad en Derechos Humanos en la División de Estudios de Posgrados de la Facultad de Derecho y cuenta con estudios en Filosofía por la Facultad de Filosofía y Letras de la UNAM. Es miembro de la Liga de Abogados 1dmx, donde ha coordinado estrategias de litigio de diversos casos de violación a los derechos humanos. Ha sido conferenciante sobre temas de libertad de expresión y criminalización de la protesta social.

Iván Benumea Gómez. Egresado de la Facultad de Derecho de la Universidad Nacional Autónoma de México. Participó activamente en distintos órganos del movimiento #YoSoy132, como la Comisión de Comunicación y la Mesa de Democratización de Medios. Actualmente es investigador del área de Estrategias Jurídicas de "Fundar", Centro de Análisis e Investigación A. C., organización no gubernamental dedicada a la promoción de los derechos humanos.

Guiomar Rovira Sancho. Doctora en Ciencias Sociales, área de Comunicación y Política. Profesora investigadora de la Universidad Autónoma Metropolitana Xochimilco. Autora de los libros: *Zapatistas sin fronteras. Las redes de solidaridad con Chiapas y el altermundismo* (México: Era, 2009), *Mujeres de Maíz* (México: Era, 1997), *Zapata Vive* (Barcelona:Virus, 1994). Coordinadora con Claudio Albertani y Massimo Modonesi, *La autonomía posible. Reinvención de la política y emancipación* (México: UACM, 2009). Recientemente publicó los ensayos "Networks, insurgencies, and prefigurative politics: A cycle of global indignation", en *Convergence* 20,4 (2014). "Un espacio público sin aura. Redes digitales y política en la era de la reproductibilidad técnica", en *Observatorio Social de América Latina* (mayo 2014). "El #YoSoy132 mexicano. La aparición (inesperada) de una red activista", en *Revista CIDOB d Afers Internacionals* 105 (2014). "Activismo mediático y criminalización de la protesta: medios y movimientos sociales en México", en *Convergencia. Revista de Ciencias Sociales* 61 (2013).